シリーズ沖縄史を読み解く

5

それからの琉球王国

日本の戦国・織豊期と琉球中世後期

上

Kurima Yasuo
来間泰男

日本経済評論社

はじめに

シリーズの完結

「シリーズ沖縄史を読み解く」は、この巻で完結とする。シリーズの趣旨と特徴は、「沖縄（琉球）史」を、それと関連する諸地域、すなわち日本・朝鮮・中国・東南アジアの歴史と重ねながら描くということであり、そのさい「読み解く」としたのは、非歴史家である私が、歴史家たちの研究の成果を「読み解（いていい）く」というもので、まったくの専門論文にまでは及ばないが、通史・講座などとして一般に提供されている文献を当たっていくという方法をとっている。それは学界・学会の位置づけでは「研究ノート」というレベルであり、自らの学説を提起するというものではない。ただ、歴史家たちの研究は、文字どおり日進月歩であって、二〇年、三〇年前に「勉強したことがある」という程度の皆さんには（私も含まれるが）、きわめて新鮮な内容になっているはずである。

しかし、こと沖縄史についていえば、かなり積極的に検討し、私見を提起してきたので、「研究論文」に近い内容になっているのではないかと考えている。第一巻から振り返ってみれば、①日本列島への稲作の伝来は、沖縄を通る「海上の道」などではけっしてなく、明らかに朝鮮半島を経由している。②関連して、「照葉樹林文化論」の欺瞞性にも思い至った。③八世紀の隋書に出てくる「流求国」伝で当時の琉球を語ることはできない。④古代日本の律令国家が「南島」と位置づけた南の島々には、沖縄諸島は含まれていない。⑤琉球王国が成立する以前、あるいはそのころ現れてくるグスクは、戦いのための城郭・城砦ではない。⑥そのグスクと対応して、按司を武士と取り違えてはならない。沖縄史には、その後も武士は生まれなかった。⑦琉球王国は、沖縄史の成熟の延長線上に生まれたのではなく、むしろほとんどまったく成熟することのなかった状況で、ようやく原始社会から脱出し始めた段階で、中国で建国されたばかりの「明《ミン》」が、自らの必要から琉球を国家に仕立て上げたのである。それは倭寇の跳梁する時代の落とし子であった。⑧沖縄への稲作の伝来・定着はこのころのことで、それまでも繰り返し伝来してきてはいただろうが、それが温帯系の品種であったために、亜熱帯の沖縄諸島には定着できなかった。定着できる南方系の品種は、九州からではなく、むしろ中国大陸から伝わったであろう。⑨こうして成立した琉球王国は、人によって「大交易時代」と称されるような局面があったものの、その時代は長くことはなかった。

シリーズ全体は、次のように構成されている（第二巻を除いて、いずれも上下二冊）。

第一巻『稲作の起源・伝来と〝海上の道〟』

第二巻『〈流求国〉と〈南島〉―古代の日本史と沖縄史』

第三巻『グスクと按司―日本の中世前期と琉球古代』

第四巻『琉球王国の成立―日本の中世後期と琉球中世前期』

第五巻『それからの琉球王国―日本の戦国・織豊期と琉球中世後期』

第五巻で扱う時代

本書は、日本の戦国時代と織豊政権期、すなわち一五世紀後半から一六世紀末までを扱う。この時代の沖縄史は、琉球王国が成立してほぼ半世紀以降に始まり、薩摩・島津氏の侵攻を受けるころまでに相当する。形だけの国家として出発したこの国は、しばらくは「交易」で栄えたが、このころからその終息過程に入る。それは、①中国に見放されていったことと、②日本や中国自身の海商勢力が展開していったことと、③さらにポルトガルが東南アジア、次いで東アジアに進出してきたことが原因であった。この事態に直面して、琉球王国の自立へと模索が続けられるようになるが、経済力の弱い琉球であったから、それはついに成功することはなく、日本、とくに島津氏への従属化が進むことになる。一六〇九年の島津氏の琉球侵攻でこの時代が終わるが、本書ではそれは扱わず、そこに流れていく状況を描くにとどめる。それに全面的に取り組むには、さらに一巻ほどのスペースを要するからである。

また、このシリーズを完結させるのも同様の理由による。つまり、私の叙述方法は、関連資料と関連文献が増えれば、いくらでも分量が多くなるというものになっている。この調子で書き進めたら、「日本近世」と「琉球近世」には、四、五巻を要するであろう。そこでシリーズは断念することとしたのである。

しかし、私の学習と執筆が終わるわけではない。また、この時代以降となれば、「近代」「現代」をも含めて、私にも若干の作品がすでにある。これらを活かしつつ、現代に至る全時代を書きとおすことを願っているし、それを刊行することも考えている。そしてさらに、簡略な「通史」も書きたいと思っている。

凡例

私の文章の書き方や引用の仕方について。私は「歴史を読み解いている」のであるから、先学の著作に依拠しており、引用が多くなる。文字どおり引用する場合は、「　」でくくってある。読み解き翻訳した部分でも、原文が分かるように「　」でくった部分を含めてある。引用文の中にさらに「　」がある場合は、〈　〉に変えた。著者自身が〈　〉を使っている場合には、《　》などを使った。どの本のどのページにあるかもいちいち示しておいた。また、原文に振り仮名がついているときは、それをそのまま示したが、それだけでなく、固有名詞や歴史用語、また読みづらい語句には仮名を加えた。読点を増やした。『広辞苑』（岩波書店）や『日本歴史大事典』（小学館）によって語句の解説を加えたりもしている。数字の表記は、原文に「十世紀」「四十三年十一月二十五日」「二百三十四貫文」のようにあっても、地《じ》の文と一致させるため、「一〇世紀」「四三年一一月二五日」「二三四貫文」と表記した。

目次　それからの琉球王国―日本の戦国・織豊期と琉球中世後期―　上

下巻／目次

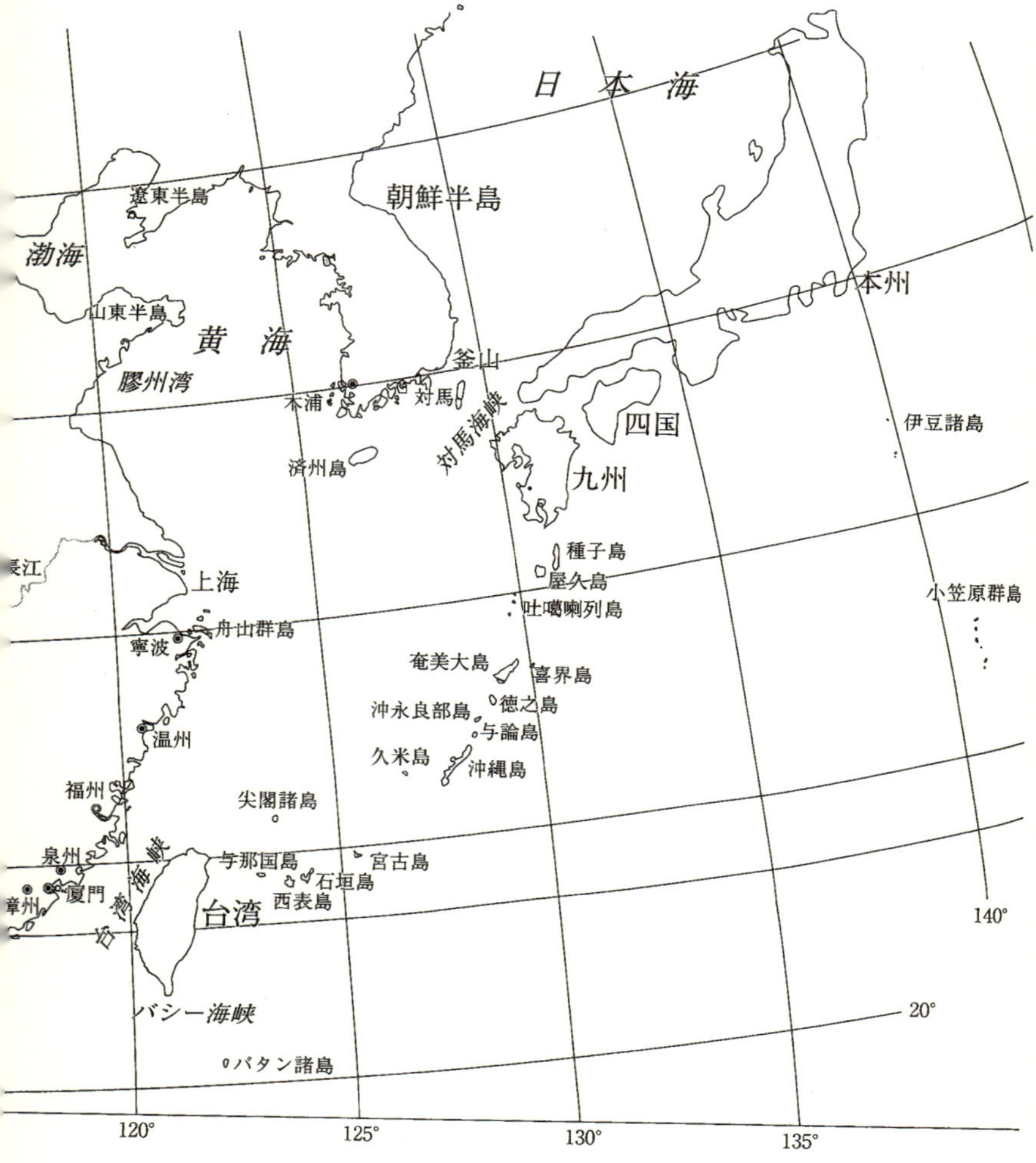
日本海
朝鮮半島
遼東半島
渤海
山東半島
黄海
膠州湾
釜山
木浦
対馬
対馬海峡
済州島
本州
四国
九州
伊豆諸島
種子島
屋久島
吐噶喇列島
小笠原群島
上海
舟山群島
寧波
奄美大島
喜界島
沖永良部島
徳之島
与論島
久米島
沖縄島
温州
福州
尖閣諸島
泉州
厦門
台湾海峡
与那国島
宮古島
石垣島
西表島
台湾
バシー海峡
バタン諸島
140°
20°
120°
125°
130°
135°

第一章　戦国時代の日本（一五世紀後半）

第一節　戦国時代の諸相とその歴史的意義

「戦国時代」という時代は、沖縄史にはない。そもそも「武士」は沖縄史には出てこない。そのことは、日本史と沖縄史の際立った違いを示す事柄である。

日本史では、「その後の日本ができたのはこの戦国時代である」とされる。すなわち、この戦国時代をくぐり抜けることによって、その過程で、日本という社会が大きく変化し、作り上げられて、その構造が長く続くとされている（戦後の高度成長期まで）。つまりそれは、日本という社会の構造と沖縄という社会の構造が大きく異なったものであることを示しているのであり、そのことに深く思いを致す必要性を、きびしく問うているのである。

沖縄史は日本史とは別の、一種の外国史であるというのは正しい。しかしそれだけでなく、そのことが、行政の仕組みとして「日本」に組み込まれた、明治の初年のいわゆる「琉球処分」によっても、また、戦後二七年にわたるアメリカ軍の占領支配を経て、一九七二年に「日本」に復帰した後も、その構造が異なるために、さまざまな問題・対立・矛盾を引き起こし続けてきた、このような沖縄について、深く理解することが、なんとしても必要なのである。そのためにはまず、日本の戦国時代を見ておく必要がある（来間泰男「日本史における戦国時代の意義と沖縄史におけるその欠落」、沖縄国際大学南島文化研究所編『南島文化』第三八号、二〇一六年）。

1　戦国時代は「近代」日本の出発点、琉球との対比

勝俣鎮夫《かつまたしずお》「一五-一六世紀の日本　戦国の争乱」（朝尾直弘《あさおなおひろ》ほか編『日本通史　第10巻　中世4』岩波書店・講座、一九九四年）は、その「はじめに―転換期としての戦国時代」において、内藤湖南《ないとうこなん》が一九二一年の講演で述べたことが、近年、クローズアップされつつある、という。「内藤は、歴史は下級人民の向上発展の記録であるという観点にたち、応仁の乱以後の一〇〇年は、日本全体の身代《しんだい》の入れ替わりで、まったく日本を新しくしてしまった時代であるとした。そのうえで、〈大体今日の日本を知るために日本の歴史を研究するには、古代の歴史を研究する必要は殆んどありませぬ。応仁の乱以後の歴史を知っておったらそれでたくさんです。それ以前の事は、外国の歴史と同じくらいにしか感ぜられませぬが、応仁の乱以後はわれわれの真の身体骨肉に直接触れた歴史であって、これをほんとうに知っておれば、それで日本歴史は充分だと云っていいのであります〉とのべ、戦国時代を近代日本の出発点とし、日本歴史を二分する大転換期と位置づけたのである（内藤「応仁

の乱について」『内藤湖南全集』9、筑摩書房、一九六九年)」(三頁)。

そして、そのことが「再評価」されるようになったのは、一九七〇年代からであること、それは、「一九六〇年代にはじまる、いわゆる高度経済成長期以降のわれわれが生きている同時代としての現代日本社会が、内藤が生きた近代社会と質的にことなる社会へと転換しつつあるという歴史認識から生み出されたものである」、この「近代」とは異なって、「現代は、この時代につくられた家と村・町およびそこではぐくまれた価値規範・行動規範の崩壊期であると位置づけられる」と指摘している(三-四頁)。日本社会は、高度成長期を境に、もう一つの転換をとげつつあるというのである。

そのうえで勝俣は、「なぜこの時代[戦国時代―来間]は転換期といえるのか」を、次のように説明している。「①この時代は、民衆が歴史を動かす主体勢力として、日本の歴史上はじめて、はっきりとその姿をあらわした時代であった」。より具体的には次の如くである。「祖先をまつり、家の存続・繁栄を最大の価値規範とする**家族共同体としての家**が、しだいに百姓の家として形成されてきた。そして、この永続する家の維持のため、百姓自身がつくりだした非常に強固な共同体が、農村では惣村《そうそん》・郷村《ごうそん》などと称される**村**であり、都市では**町**であった」。すなわち、「戦国時代は、百姓たちがみずからつくりだした、自律的・自治的性格の強い村や町を基礎とする社会体制、すなわち村町制《むらまちせい》の体制的形成期であったのであり、戦国時代における政治的・社会的混乱は、村町制を基盤とする新たな体制・秩序を生みだすことに起因するものであった」(四頁)。民衆レベルで「家」が生まれ、「村」や「町」ができたのはこの時代であった。一方、沖縄にはその「家」は生まれず、沖縄の「村」や「町」の性格も、日本のそれとは異なったものである。少し説明を加えよう。

沖縄にも「家（ヤー）」と呼ばれる、「家」に似たものがある。しかし、その後の近代にも引き継がれる「日本の家」はそれとは異なっている。「日本の家」は、家業を成り立たせている財産（土地や家屋、暖簾《のれん》）・人材（人的構成）・商品（農産物、商業用の品物など）を、継続して維持し、代々引き継がせようというものである。そのためには血筋は二義的にしか問われない。これに対して沖縄の「家（ヤー）」は、男の血筋を守ることを第一義として、その位牌の継承が重視される。家業は二の次なのである。また、「村」や「町」も、沖縄では下から、民衆の力で作られたことはない。

「②つぎにこの時代は、原始社会以来の自然の中の、自然に支配された、いわば〈野生の時代〉から、人間の生活、人間社会をしだいに分離独立させつつあった、いわば文明の時代へ離陸する第一歩となった時代である」。より具体的には次の如くである。「今日、**日本の伝統文化**とされる芸能など多くのものがこの時代に形をととのえて姿をあらわした」。戦国時代はまた「技術革新の時代」であり、「**貨幣経済**の発達、村や町にまでおよんだ**文字**の普及によって、西欧が生みだしたそれとは異なるとはいえ、一種の近代的合理主義の観念を社会に定着させた」。そのことが「それ以前よりはるかにシステマチックな統一的国家組織・社会組織を成立させていった」（五頁）。「琉球文化」とは区別される「日本文化」の生まれた時代であり、貨幣経済や文字の普及も沖縄では見られなかった。

「③最後に、この時代は、日本列島に居住するさまざまな民族が国民として掌握され、この国民を構成員としてつくられた**国民国家的性格の強い国家**の形成期であった。ここで形成された国家の支配領域は、ほぼ現代の日本国家の国土に重なるが、この日本国家は、伝統的東アジアの国際秩序である中国を中心とする華夷《かい》秩序から脱した独立国家として登場する。さらに、この国家は、王法と仏法は両輪といわれ〈マツリゴト〉を政治の基本とする国家体制から脱した、**武家による俗的国家**として成立した。武家勢力は強大な勢力をほこった寺社勢力を圧伏し、これらの勢力を解体して体制下にくみいれたのであり、ここにはじめて**政教分離の俗権力による国家**が成立した」。そこに至る過程は、まず戦国時代に「この日本国家の原型としての地域的国家」が各地に形成され、さらに豊臣秀吉によって、それらを統合した「日本国家」が創出されたのである（五-六頁）。

勝俣はまた別のところで、「〈**国家**〉という新しい言葉の登場」を指摘し、それが「戦国大名自身によってしばしば使用された」という。「この国家という言葉は、…日本国という国家を意味するものではな」く、「大名の領国内」という、限定された、「戦国大名がつくりだした国家であり、江戸時代の国持ち大名のいわゆる藩をさす語として継承されていった」、それである。この国家は「大名の家と国が合体した概念であり、戦国大名はこの国家に自己のアイデンティティを見出していた」。「戦国大名は、…国家の存続を至上目的とし、国家のためと称してその構成員に対し国家への忠誠を強制し、その政策を国家の意思としての国法というかたちで実現させようとしていた」（二一八-二一九頁）。

いうなれば、日本はこの戦国時代に、民衆の力が強くなり、それぞれの「村」や「町」をつくるようになり、それが戦国大名によって地域ごとに統合されて「国」（地域的国家）ができ、さらに大きく統合されて「日本国」ができていったということになる。ここでの指摘もまた、日本と沖縄の違いを印象づけるものといえる。ここで誕生した「日本国」に沖縄は包摂されておらず、依然として「中国を中心とする華夷秩序」の中にあったし、「武家国家」は沖縄には生まれなかった。「日本国」の前提として各地に「地域的国家」がまず生まれたのが日本であるが、「琉球王国」はそのような「地域的国家」の類型には含まれない。

勝俣鎮夫は、沖縄を少しも意識することなく述べているのだが、以上のように、われわれには、日本と沖縄の差異を的確に指摘した文章のように読める。

2 戦国時代のキーワード、「一揆」と「戦国大名」

久留島典子《くるしまのりこ》『一揆と戦国大名』（講談社・学術文庫・日本の歴史⑬、二〇〇九年。初出は二〇〇一年）は、冒頭で「戦国時代のキーワード」と題して、次のように述べている。キーワードは、タイトルに表されているように、「一揆」と「戦国大名」である。論旨は、上にみた勝俣の議論を承けている。

「では、〈一揆〉とは何なのか。一揆と聞くと、権力者に対する農民の反乱をイメージしがちだが、実はそれは近世になってから一揆の一つの側面が強調された結果であって、中世における一揆はもっと広い概念であった。一揆とはある目的をもって組織や集団をつくること、そして造られた集団自体をいうのである。だから、農民や都市民だけでなく、武士たちも、僧侶も神官も、あらゆる階層で一揆が結ばれた。その目的も支配者に対立するものだけではなく、支配者同士対抗し合うための一揆もあった（勝俣鎮夫氏による＝『一揆』岩波書店・新書、一九八二年）。もちろん、各地の武家領主たちも領域を支配していくための相互対等の同盟＝一揆を結んでいる」。

次は「戦国大名」である。それは「上は当主から下は足軽《あしがる》まで、すべてが上下関係で構成されている」。このようにみると、「構成原理」は、「一揆」の場合「構成員の相互対等」に特徴があり、「戦国大名」の場合は「上下関係」であるから、「正反対」のようにもみえるが、そうではない。「一揆」も「結成される時には神仏に誓う形の契約が交わされる」し、「戦国大名」の方は、その「神仏」の代わりに「大名家の当主」が置かれているのである。両者は「意外に似た構造を持っているのである」。

「つまり、**戦国大名**というものも、武家領主たちが自己の領域を支配していくためにつくり上げた、当主を推戴《すいたい》した一揆だといえる。一揆は大名に対立するものではなく、戦国大名自体が一揆を自らのなかに抱え込んでいるのである」（以上、一〇－一一頁）。戦国大名というあり方もまた一揆なのである。

一揆と民衆については、さらに次のように述べている。この時代の「社会変動の原動力」ないしは「主役」は、「戦国大名」「領主たち」に加えて「民衆」があった。民衆が「新しい社会構造」を形成していったのである。「中世」において、「同じ土地に住んでいるという縁をもとに、庶民たちが一揆を結成したのが、**村や町**である。一揆というと、一時的につくられた組織という側面が強くイメージされるかもしれないが、考えてみると、ある事件や問題の発生を契機に、目的を持って結成された集団が恒常化し、日常的に存在するようになる例は、珍しいことではない」。自分たちの住んでいるところに、「他所《よそ》からの侵入者」「他者の出現」があり、それに対抗・排除するために、団結する。民衆自身が「共通の目的」を掲げて「集団」を形成するのである。「領主たち」もそれを「集団」として認知する。「そして、当初の目的が達成されたとしても、そこで集団がなくなってしまうのではなく、新たな目的や問題に備えたり、また現実に新たな問題が発生したりすることで、日常的に相互扶助を行う集団、すなわち〈村〉ができるのである。村ができる契機・目的としては、他者との紛争のほか、開発などもあげられよう。そして一度できあがった村は、対等な関係ばかりでなく経済的な格差や身分の差による支配関係をも含み込むようになるし、村として、村の構成員に対して強制力を発動するようにもなる。この点は大名の家とも同じである」。「こうした村の形成自体は、中世初期、あるいはそれ以前から始まっているが、戦国時代には多くの地域で村が一般化し、さらには都市を中心に〈町〉という集団も形成され始めた。そして、この町や村の形成の運動が、領主たちの所領保持の危機につながり、求心的な戦国大名の家形成の原動力となったとも考えられるのである。このように、民衆の一揆を背景とする領主たちの危機を克服する方向もまた、**領主たちの一揆**として実現されようとした点に、〈一揆〉をこの時代を考える際のキーワードとする理由がある」（一二―一三頁）。

久留島はまた、「戦国大名」を「地域国家」といってもよいものとしつつ、同様の現象が「京都や畿内だけではなく、全国各地域で」進行し、生まれたとしている。戦国時代から、ほかならぬ「各地域の歴史」が始まるのであり、現代の人びとが「地域国家」と「戦国大名」をこそ、自分たちのものとして、親しみを持って振り返ることにつながっている、というのである（一三頁）。

3　守護大名と戦国大名の異同

久留島典子は、「いったい何が、戦国時代には異なっているのだろうか」と問い、次のように答えている。「一つには、領主たちの家の構造が、当主と家臣からなる集権的な組織〈家中《かちゅう》〉へと変化していることがあげられる。そしてこの家中は明らかに領域拡大の志向性を持っていた」。所領を守り、それを不断に拡大していこうとする「志向」があり、より大きく「統合」していこうとする流れがあった。それまでにも、領主たちはそのような性格を持ってはいたのであるが、それは「以前から存在する領主たち」に限られていて、「後から参入した多くの者たち」（彼らも「領主」である）にとっては、自分たちの「参入」する余地がなかったので、それを突き破ろうとする動きとなるのである。「新たな統合の動きは、彼らを加えて始まり、やはり軍事的手段、すなわち戦争として現出した」。それは、中央だけでなく、地方にも、全般的に起こっていった。このなかで「どの領主が戦国大名になり生き残れたのかは偶然」であっても、「各地域で統合が進んでいく」のである（一七六‐一七七頁）。

この「統合の過程は、領主たちにとっては〈家中〉から〈国家〉へという軌跡をたどった」。この国家は「それ以前の朝廷や幕府を中心とする国家」とは異なっており、新しい「村落の動向」と「領主たちの動向」が関係し合い、「新たな社会が形成されていく」のである（一七七頁）。「新しい村落の動向」とは、荘園制の時代においては**荘園**が「政治や経済の単位」であったが、それが崩れていって、**村や町**が、「政治や経済の単位」となったことをいう。この村や町が、「つい最近に至るまで」続くことになる。そのような「生活の枠組み」が「室町時代から戦国時代にかけてのこの時期にできあがってきた」(六七-六八頁)。

久留島はまた、身分呼称の変化について、次のように述べている。まず「**百姓**《ひゃくしょう》」であるが、これはもともと「領主に対して年貢・公事《くじ》を請け負う者」を意味したが、それが「名主《みょうしゅ》」(収納の取りまとめをしたり、村の代表を勤めている人間)と「狭義の百姓」に分裂していく。さらに「**侍**《さむらい》」は、律令時代には「朝廷の身分秩序における六位以下の有官者の呼称」(当時は「さぶらい」と言われた)で、鎌倉時代には「将軍と主従関係を結ぶ御家人」のこと(それ以外の者は「凡下《ぼんげ》」という)となり、後には「御家人に限定されない、より広い意味での武士」を意味するようになって、それまでの凡下は「侍」と「一般庶民」に分かれていく。「侍」に対して「被官《ひかん》」という語もある。「被官」は「主人を持つ」人びとのことであろう。

なお、杉山博《すぎやまひろし》『戦国大名』(中央公論社・文庫・日本の歴史11、一九七四年)は、端的に、次のように述べている。「いったい戦国大名とはなにか。簡単にいえば、戦国大名は守護大名とちがって、日本の歴史はじまって以来、はじめて一国内の土地と人民を一元的に支配した権力であったといえよう。というよりは、下剋上の怒涛のなかで立ち上がった人民たちが、戦国大名によって一元的に掌握されてしまったといったほうがより正確であろう。この戦国大名の成果のうえに、近世の幕藩大名は、世界にも類をみないほどの封建的社会をうちたてることができた。この意味で、戦国大名は近世および近代の日本を開花せしめた起点として、きわめて重要な存在であった」（三頁）。「一元的に掌握」というのは、域内に複数の荘園があり、また公領もあるという状況を打ち破って、それらすべてを自らが支配・掌握したということであろう。

杉山は、勝俣鎮夫・久留島典子と同様に、近世・近代にもつながる時代の転換を見据えたうえで、戦国大名を捉えているのである。

もう一つ、今谷《いまたに》明《あきら》『戦国の世』（岩波書店・ジュニア新書・日本の歴史⑤、二〇〇〇年）も見る。「戦国大名とは、とりあえず前代の守護大名の後身であるとは言える」。「有力な大名の大半は室町時代の守護、または守護代という、旧勢力の権限をそのまま引き継いだものである」。「戦国大名が守護の後身、ないしその権限の継承者である、という保守的側面が強いこと…」。「法制的、形式的にみれば、戦国大名とは、幕府公認の守護大名にほかならない」。このことを前提にして、今谷の「私見」が次のように示されている。「〝何が最も守護と異なるのか〟…それは主人と従者との主従関係のあり方、言いかえれば大名と家臣団との力関係である」。「戦国大名とは、専制君主であった室町殿の主従関係儀礼の擬制《ぎせい》を領国において疑似的に実現した権力であった、といえる。このような儀礼が定型化した背景には、領地、戦功などに応じた家臣団の身分差・序列が形成され、それに応じて軍役《ぐんやく》の負担体系もできあがっていたことが推測される」。以前の守護大名の場合、領内に「守護不入の地」である荘園がいくつもあって、そこに依拠する武士たちと主従関係を結ぶことはできず、間接的な関係にとどまらざるを得なかったが、「戦国大名は、このような間接支配方式から脱却して、直接的に分国内の武士を把握し、登用し、内衆はすべて城下に集住させるという、強固な体制をうち立てたといえよう」（八六–九二頁）。

4　一揆の時代の諸相

榎原雅治《えばらまさはる》「一揆の時代」（榎原編『一揆の時代』吉川弘文館・日本の時代史11、二〇〇三年）は、「一揆の時代」を次のように描いている。

「誕生した後も長期にわたる内乱状況を経験しなければならなかった室町幕府は、鎌倉時代に比べはるかに多くの権限を守護《しゅご》に与えた。使節遵行権《しせつじゅんぎょうけん》、苅田《かりた》狼藉《ろうぜき》の取締権、闕所《けっしょ》地処分権などである。使節遵行権［幕府や守護の使節が土地紛争に関する裁定を現地で執行すること―広辞苑］と闕所地処分権［没収された所領・家屋・家財を処分する権利―『日本歴史大事典』］の付与は、守護の所領相論《そうろん》［訴訟して争うこと―広辞苑］解決権の強化である。また相論当事者が自己の所領であることの示威《じい》行動として行うことの多かった苅田狼藉［田畑の稲を不法に刈り盗むこと―広辞苑］を取り締まる権限は、相論当事者の自力による紛争解決権の否定である。長引く内乱の基底には所領支配をめぐり、各地で一族間あるいは近隣の武士間での対立が頻発《ひんぱつ》しているという事情があったが、そうした紛争を武断的に解決していくための諸権限を守護は与えられたのである。また戦時に兵《ひょう》粮米《ろうまい》や人夫《にんぷ》を強制的に調達する権限も公認された。国家的な段銭《たんせん》［面積当たりの賦課―来間］の徴収も基本的には守護によってなされるようになった。こうした広範な権限を根拠に守護は国人《こくじん》たちの統御《とうぎょ》を進めたのである。ことに闕所地や半済《はんぜい》地［荘園の年貢の半分を守護が得ることになった土地―広辞苑」を任意の者に預け置く権限を得たことは、守護が国人を被官化していく大きな契機となった」（四一‐四二頁）。

池亨《いけすすむ》「戦国期の地域権力」（歴史学研究会・日本史研究会編『近世の形成』東京大学出版会・日本史講座5、二〇〇四年）は、このテーマに関わって、次の諸点を指摘している。①「支配と保護は表裏一体の関係にあ」り、**支配**というものは権力が一方的に抑圧するという形になるものではなく、他方で被支配の側を**保護**するという相互関係の中に成立するものである。②この戦国期には各種の権力が生まれるが、支配と保護という観点からすれば、「**地域権力**としての共通性」がある。すなわち、戦国大名、有力国人領主（国衆）、そして惣国《そうこく》一揆、一向《いっこう》一揆などである。この場合の「地域権力」とは、中央に対する地方というのではなく、特定の領域を押さえ、自立的に支配している権力を捉えているのである。③そのような地域権力は、なぜ結合したかという契機はさまざまであり、そのためその規模も大小さまざまである。④一つの領域・地域のなかにも、さまざまな地域権力がいくつもあって、相互に共同し、また対立しあっている。その共同と対立は、領主と百姓のあいだにあるだけでなく、百姓相互、村落相互、領主相互のあいだにも存在している（一‐二頁）。

そのうえで、「地域権力」がなぜ成立したかについては、次のようにいう。①「応仁の乱を契機に室町幕府―守護による全国支配は解体し、各地で多様な地域権力が成立した」。しかし、それは全国的な権力が分割されて地域権力が成立したのではなく、地域社会において、すでに、「自力救済能力を有する社会集団による自律的秩序が存在しており、幕府―守護の支配もその掌握を通じて実現されていた」のである。それが、地域社会における矛盾の深まりとともに、地域権力が本格的に成立し、その反面で、全国的な権力が解体していったのである。②この流れのなかで、在京していた有力守護たちが地方・地域に移り、その支配に本格的に乗り出すことになった。守護は将軍から任命される存在ではなくなり、自立してその領域・地域の秩序をつくり出すようになる。③この時代は耕地開発が進展した。それは小規模開発であり、**集約的小農民経営**の自立の基礎となった。それに伴って「境相論」(境界争い)が多発した。これがまた、惣村などの地域権力の形成につながっていく。④小経営農民が各地に広く成立していくと、流通問題も生まれる。自給物資だけでなく、それ以外の商品を求めて**地域市場**《いちば》を生みだし、地域経済圏が形成されていく。そこには争いがつきまとい、それを抑制する権力が求められる。⑤またこの時代は戦国争乱に対応した地域防衛の課題もあった(三－一〇頁)。

池亨は次に、同様に「地域権力」であり、その内部の権力構造という面では「構成員同士の対等性」があるが、「公儀権力」と「一揆権力」とでは組織原理が異なると、次のように述べている。初めに「**公儀権力**」について。①「領主権力は主人(家長)を頂点とする人格的関係によって結ばれた**家権力**だった。…それは特定の家における主従関係という枠組みを前提とし」ていた。それはまず、「〈公儀〉(公共的事項)を家中が共同執行する」というものであったが、「〈公儀〉が特定の人格によって体現される段階」へと「移行」あるいは「転回」する。このように、「主人が〈公儀〉に関する権限を基本的に掌握する段階に到達した家権力を〈**公儀権力**〉と呼ぶ」。②この「公儀権力」は、「知行―軍役関係を媒介とする主従制的結合を強化した権力体となる」。外に対する軍事・戦闘を整える一方、内の家臣団に対しては戦功に対する正当な恩賞が保障されることによって、結束を固めていく。このことが成長してきた「中間層＝小領主を被官として編成する」ことを可能にした。③「公儀権力」による支配は、非人格的ではなく、人格的な結合関係を通じてなされるものである。「その特徴は、家中だけでなく、領民全体に及ぶものだった」。「支配・被支配」と「保護・被保護」という関係は、贈答儀礼などを通じて確認され、再生産されていった。つまり「御恩―奉公関係」が貫かれていたのである（一〇―一四頁）。

次に「**一揆権力**」について。①これは「公儀権力」と対比される性格をもっていた。応仁の乱ののち「上位権力」が衰退するが、この状況のなかで成立したものである。②構成員の独立性はまだ強くなかった。③新たな身分編成の方向が弱く、領主と村のあいだにある中間層が、時に領主の、時に百姓層の利害を代表して、行き来した。④地域に即した結合体であり、「兵」と「農」との身分的違いは明瞭ではなく、百姓も戦争に動員された。⑤一揆集団は他の一揆集団とも広域的に結んだりした。このような広域的な共同関係は、一時的なものであり、不安定であった。その一つの形態が「惣国一揆」である（一四―一六頁）。

「**惣国一揆**」については、次のように述べている。①惣国一揆が成立するのは「畿内・近国」であるが、そこでは上級権力が安定せず、しかも互いに分裂抗争を繰り返していた。この状況に対応するため、「郷村の代表や国人領主が、所領や階層の違いを越え、地域的共同性にもとづき結集し、自治的権力を形成する動きが生まれることになる。それが、惣国一揆と呼ばれるものだった」。②「山城国乙訓《おとくに》郡一揆」は、「守護権力による直接支配・外部勢力の侵入という地域社会の危機に対応するため結集した集団であり、国人の主導下に、郡内の各郷と本所が、領有関係を越えて合力し、その正当性も〈惣国大儀〉［惣国の危機―来間］という地域的利害の論理にもとづいていた」。これは「武家による支配の一元化という形で解決された」。③「山城国一揆」は、「守護勢力を排除し、〈国持〉体制を実現したとされる」が、「ここでも〈惣国〉は、地域の共通課題にもとづいて成立した自治組織だった」。④「乙訓郡一揆も山城国一揆も、国人から地下《じげ》の土民までが〈国〉の論理で結集した地域自治権力であったが、限定的状況下で形成される臨時的性格を有していた。それは畿内政権の支配下にある地域社会が、秩序の非一元性・不安定性を前提に発生した危機への対応として作りだしたものだった」。⑤「甲賀《こうか》郡中惣」は、「〈郡中奉行〉という組織、〈郡中掟〉という法を有し、郡内寺社間の相論の裁定を行っており、地域社会の秩序維持のための自治権力という性格がみられる」。「甲賀郡中惣もまた、畿内政権下にある地域社会が〈危機〉への対応として作りだしたものであり、織豊政権による新たな地域支配の展開とともに、領主と百姓が分裂し、その役割を終えたのである」。⑥加賀の一向一揆は、「一世紀にわたり〈百姓ノ持タル国〉を実現したとされる」が、一向一揆一般と同様に、「宗教集団の立場からの教団の存続・発展」を目的としたものである。「加賀一国に対する世俗的支配権を行使するようになった」この一揆は、本願寺教団の「宗教集団としての結束力の強さ」と、「本願寺が室町幕府から加賀における守護権行使を承認され」ていたことにより、存続できたのであり、したがって、「畿内政権の解体は、惣国一揆としての加賀一向一揆の存立条件を奪う」ことになったのである（一六―一八頁）。

　さらに続ける。「広域的〈公儀権力〉としての**戦国大名**の基本的特徴」である。①戦国大名は、「公儀」の立場から「国」（地域的国家）に対する支配権を行使した。②戦国大名は、地域社会の領主層を武士団として編成した。③戦国大名は、「畿内政権とは統属関係をもたない独立的権力だった」。④分割された地域権力である戦国大名は、所領紛争に明け暮れる一方、それを乗り越えるルール作りに取り組んだ。⑤その内部秩序は、「領国」の中にその細分された「領」を抱えているという「重層性」を特徴とした。⑥したがって、さまざまな部面での抗争が避けられず、いわば「内乱こそが領主層結集の直接的契機であり、それを勝ち抜くことにより、広域的統治能力を軍事的・政治的に実証した者が、戦国大名権力を確立するのである」。そして「一六世紀後半になると、戦争は戦国大名間の領土紛争へと転化する」（二八−三〇頁）。

村井章介《むらいしょうすけ》・高埜利彦《たかのとしひこ》「戦国動乱から天下統一へ」（宮地正人《みやちまさと》編『日本史』山川出版社・新版世界の歴史1、二〇〇八年）は、次のように述べている。「室町時代はよく〈一揆の時代〉と表現される。「土一揆・徳政一揆についてはすでにふれたが、打ち続く戦乱の帰趨《きすう》を左右したのは、しばしば在地領主の一揆（国人《こくじん》一揆）だった。この一揆は、二者間の契約から複数の国にまたがる連合体まで、きわめて多様な姿をとるが、法的にはたがいに対等な構成員が、〈一味同心〉して結束を神に誓い、特定個人に代表されない〈機関の権力〉に自らを委ねることで成立する、という共通点をもつ。直接の成立契機は戦陣への参加がほとんどだが、内部的には構成員を強力に規制する法規範をもち、裁判や強制執行の主体となった。その法規範はときに成文化されて、〈一揆契諾状《けいだくじょう》〉が成立することもあった」（二一八頁）。一揆は、一方では、それ自身が「地域権力へと上昇進化する」ことがあり、その例としては「山城《やましろ》国一揆」「伊賀《いが》惣国一揆」「紀州《きしゅう》雑賀一揆」のような「惣国《そうこく》一揆」や、また「一向《いっこう》一揆」があげられる。一揆は、他方では、「戦国大名の領国」のように、それ自身が「一揆的構造」を引き継ぐものもあった（二一八―二二一頁）。

5　戦国時代の時期区分

(1)　一四四一〜一五八二年（有光友学）

なお、戦国時代の時期区分については、次の議論がある。有光友学《ありみつゆうがく》「群雄の台頭と戦国大名―東国を舞台として―」（有光編『戦国の地域国家』吉川弘文館・日本の時代史12、二〇〇三年）は、「戦国時代の時期区分」を次のように論じている。

「一般に戦国時代は、一四六七年（応仁元）に引き起った応仁《おうにん》・文明《ぶんめい》の乱から、織田信長《おだのぶなが》が最後の室町将軍となる足利義昭《あしかがよしあき》を奉じて入京した一五六八年（永禄一一）、あるいはその信長が義昭を追放して室町幕府が名実ともに滅亡した一五七三年（天正元）までのおよそ一〇〇年間とされている」。それは「あながち間違いとはいえない」し、「一概に誤りとはいえない」。「しかしながら、応仁・文明の乱に先立つ二十数年以前の一四四一年（嘉吉元）に、時の六代将軍足利義教《よしのり》が播磨《はりま》・備《び》前《ぜん》・美作《みまさか》の守護赤松満祐《あかまつみつすけ》に惨殺されるという事件が起きている（嘉吉《かきつ》の政変《せいへん》）。また、関東においても、一四五四年（享徳三）に、東日本の統治権を有していた鎌倉府《かまくらふ》（関東幕府ともいわれる）の頂点に位置する公方《くぼう》足利成氏《しげうじ》が、関東管領上杉憲忠《かんれいうえすぎのりただ》を謀殺し、これ以降、公方と上杉方との対立が激化し、戦闘が繰り返される。また、「鎌倉府は古河《こが》［下総《しもうさ》国―有光により来間］公方と堀越《ほりこし》［伊豆《いず》国―同］公方に分裂し、東国は、これ以降錯乱状態に落ち入り戦国の動乱に移って行くのである」。

西国でも、守護勢力が「家督争いや国人の台頭に直面して支配権を維持するのに腐心する状況にあった」。また、中央でも、「応仁・文明の乱の時点では、戦国時代における地方権力の担い手といってもよい、いわゆる戦国大名が目に見える形で登場するには至っていない」。これらを踏まえれば、「応仁・文明の乱の世紀をその始点とするのには、…なお問題を含んでいるといえよう」。一方の終点については、「一五七〇年前後の信長の登場、幕府の滅亡といっても、その時点では、信長の支配の及ぶ範囲やその政策の内容からいって全国統一の覇者としての実質を手にしていたとはいえない」。したがって、それらをもって「戦国時代の終焉とするのにも問題がある」（八－一一頁）。

　有光は「では、戦国時代はいつからいつまでと考えればよいのか」と問い、次のように答えている。「まず、その始期であるが、室町時代（中世後期）の政治体制は、近年、将軍権力と守護権力とによる相互に依存・牽制《けんせい》し合う**〈室町幕府—守護体制〉**と捉えられている（川岡勉・二〇〇一＝「室町幕府—守護体制の変質と地域権力」『日本史研究』464、のち同著『室町幕府と守護権力』所収、吉川弘文館、二〇〇二年）。それが、いつどのようにして崩れていったのかが問題となるが、幕府の所在した畿内及び周辺地域についてみれば、一四四一年の将軍義教《よしのり》の殺害という嘉吉《かきつ》の政変《せいへん》は、その大きな節目といえよう。しかし、当時の管領《かんれい》家である細川氏や侍所頭人《さむらいどころとうにん》である山名《やまな》氏などによって赤松満祐《あかまつみつすけ》は倒滅され、一応〈室町幕府—守護体制〉は維持された。しかし、将軍が家臣である守護によって殺害されるという下剋上《げこくじょう》の最たるこの事件は、幕府・将軍の権威が急速に衰退したことを世間に示したといえる。事件直後、畿内《きない》・近国《きんごく》では将軍代替わりの徳政《とくせい》を求めた大規模な土一揆《つちいっき》が引き起こり、まさに政局は極度に不安定な状態に陥ったのである。ここに戦国時代への序曲が始まったということが出来よう」（一一-一二頁）。一四四一年の嘉吉の政変を「戦国時代への序曲の始まり」としている。「ついで一四六七年に**応仁・文明の乱**が起こり、…戦国の様相が一段と深まった」。「さらに、一四九三年（明応二）四月には、細川政元《まさもと》によって将軍義材《よしき》（義尹《よしただ》・義稙《よしたね》）を廃し、義高《よしたか》（清晃《せいこう》・義澄《よしずみ》・義遐《よしとお》）をつけるという**将軍廃立クーデター**が引き起こされる。これ以降、将軍の地位は傀儡《かいらい》化する。この同じ年に**北条早雲**《そううん》が、伊豆堀越公方**足利茶々丸**《ちゃちゃまる》を急襲して、その後関東一円に勢力を張った戦国大名北条氏の第一歩が踏み出されることとなる。ここに、戦国時代の幕が実質的に切って降ろされたといえよう」（一二頁）。有光は、戦国時代のスタートを、序曲の始まり、様相の深まり、実質的な開幕と、三段階に分けて捉えていることになる。

次は戦国時代の終末についてである。その候補としては、①一五六八年（永禄一一）に織田信長《おだのぶなが》が室町幕府一五代将軍足利義昭《あしかがよしあき》を擁して入京した、②一五七三年（天正元）に信長が義昭を追放し、「幕府が名実ともに滅亡した」、③一五七六年（天正四）に「近江《おうみ》に安土《あづち》城を築き、そこへ移っ」た、④一五八二年の「本能寺の変」で、信長政権が倒壊した（「織田政権は、いまだ政策的には戦国大名権力と変わらないという見方」から）、⑤一五八七年に豊臣秀吉《とよとみひでよし》が「関白《かんぱく》になり、四国・九州平定を果たし、関東へも惣無事令《そうぶじれい》を発した」、⑥一五九〇年に秀吉が戦国大名北条氏を倒壊させた、などがある。有光は、これらの中から④「一五八二年の本能寺の変まで」を選択している（一二-一三頁）。

(2)　一四六七〜一六一五年（山田邦明）

山田邦明《やまだくにあき》『戦国の活力』（小学館・日本の歴史八・戦国時代、二〇〇八年）は、「そもそも〈戦国時代〉とはいつからいつまでなのだろうか」と自問し、諸説を紹介したうえで、「明応の政変から北条氏滅亡までのほぼ一〇〇年間を戦国時代というのが一般的のようだが、応仁の乱から大坂の陣までの、一五〇年に及ぶ時代を戦国時代と呼ぶこともあながち不適切ではない」と自答している。一四六七年から一六一五年までである。ほぼ一五〇年間という間隔は有光友学と似ているが、四半世紀も後ろにずれている。そしてそれは「中世から近世への転換点と呼ぶのはやはり適切ではない」、「中世でも近世でもない時代として独自に位置づけるほうが実状にあっているのではあるまいか」としている（一八–一九頁）。

6　応仁・文明の乱

村井章介・高埜利彦「戦国動乱から天下統一へ」（前出、宮地編『日本史』）によって、「応仁・文明の乱」の概要を見ておこう。「一四六五（寛正六）年、将軍足利義政《あしかがよしまさ》の夫人富子《とみこ》が義尚《よしひさ》を出産し、これに将軍を嗣がせようとする日野勝光《ひのかつみつ》・富子兄妹らと、前年に後継に指名されていた義視《よしみ》（義政の実弟）とのあいだに反目が生じた。これ以前より、管領家《かんれい》においても、故畠山持国《はたけやまもちくに》の跡目をめぐっては、妾腹の実子義就《よしなり》か養子持富《もちとみ》（持国の実弟）の子政長《まさなが》かという対立、故斯波義健《しばよしたけ》の跡目をめぐっては、渋川《しぶかわ》氏から養子に入った義廉《よしかど》か一族養子の義敏《よしとし》か、という対立が生じていた。これに、嘉吉《かきつ》の変で没落した赤松《あかまつ》氏の再興をめぐって、赤松旧領播磨《はりま》を死守しようとする山名持豊《やまなもちとよ》（宗全《そうぜん》）と、赤松再興を支援する細川勝元《ほそかわかつもと》の対立が重なる。義尚・義就・義廉を推す側が宗全と結び、義視・政長・義敏を推す側が勝元と結んで、にらみあいの形勢となった」（二一五頁）。なお、ここに出てくる畠山氏・斯波氏・細川氏は、すべて足利一門である（本シリーズ第四巻『琉球王国の成立』上、第一章第二節1）。さらに、山名氏も同様であり、赤松氏は尊氏挙兵以来の側近であった。

戦闘は曲折あり、「双方の勢力は伯仲した」。「細川方は京都の東よりの将軍御所、山名方は西よりの宗全邸に本陣をおいたので、前者を東軍、後者を西軍と呼んだ」。「幕府は事実上二つに分裂し、二人の〈公方《くぼう》〉が出現するにいたる」。「戦況は東軍がやや優勢のまま推移し、一四七三（文明五）年に宗全・勝元がともに病死して、和議を進める動きが活発になったものの、なおだらだらと続く。結局、一四七七（文明九）年に、宗全死後西軍の中心となった大内政弘をはじめ、西軍の諸将が分国へ帰って、一応終結した（応仁・文明の乱）」。戦場となった京都はなかば焦土と化したうえ、飢えた難民や徳政《とくせい》を求める土一揆《つちいっき》、東西両軍の底辺をなす足軽《あしがる》などが、政争の間隙をぬって市中に乱入し、金融業者を略奪する事態が頻発した。都鄙《とひ》の指揮系統や交通は寸断され、幕府・荘園《しょうえん》領主の権力基盤だった西日本の国々は、〈悉皆《しっかい》御下知《げち》に応ぜず、年貢《ねんぐ》等一向進上せざる〉状態となった。守護《しゅご》が幕府の命を国元にくだしても、守護代《しゅごだい》以下の面々はちっとも動こうとしなかった（『大乗院《だいじょういん》寺社雑事記《じしゃぞうじき》』）」（二一六頁）。

将軍は有力大名たちによって次々にすげ替えられ、あるいは京都を追われて「流れ公方《くぼう》」となったり、「将軍の権威は地に落ち、傀儡《かいらい》にすぎなかったが、将軍をかついで京都で争う諸勢力自身も、もはや時代をリードする存在ではなかった。幕府から自立し、自らを〈国家〉とみなす地域権力が、列島各地から生まれてきたのである」（二一七―二一八頁）。

山田邦明『戦国の活力』は、「応仁の乱の終結」を次のように描いている。「応仁元年（一四六七）の上御霊社《かみごりょうしゃ》の戦いで幕を開けた未曽有《みぞう》の戦乱で、京都市中は灰燼《かいじん》に帰したが、文明五年（一四七三）に西軍の主帥《しゅすい》山名《やまな》持豊《もちとよ》（宗全《そうぜん》）と、東軍の中心にいた細川勝元《ほそかわかつもと》が病死すると、しだいに厭戦《えんせん》気分が広がり、目立った戦いはなくなっていった」（二一六頁）。将軍も義政《よしまさ》からその子息・義尚《よしひさ》に移った。「大内政弘《おおうちまさひろ》や畠山義就《はたけやまよしひろ》らの西軍諸将も、長く在陣する意味を失い、つぎつぎと帰国の途に就いた」。「足かけ一一年に及んだ内乱の終わり方はまことに不可思議だった。一応は東軍の勝利ということになるが、西軍の諸将は滅ぼされることもなく、力を温存させたまま、みずからの領国に帰って行った。そしてそのため、大名や国人《こくじん》（地域の伝統的領主）たちの争いは根本的な解決がはかられないまま持ち越され、地域の紛争はむしろ本格化することになる」（二一六―二一八頁）。大和・河内一帯、近江や美濃、越前など。「京都を取り囲むように広がる地域では混乱が続いたが、京都の街はさしたる戦闘は起こらず、平和は着実に回復された」。「大乱終息後の京都の街は好景気で、それなりに活気を帯びていた」。将軍義政《よしまさ》、その妻富子《とみこ》、彼らの子義尚《よしひさ》ら相互の反目が起こる。義政は東山に銀閣を立てる。「京都はこのように表向きは平穏を保っていたが、利殖を実現する人々がいる一方、借財をかかえて困窮にあえぐ者もあとを絶たず、これまでの借米《しゃくまい》や借銭《しゃくせん》を帳消しにしてほしいと、多くの人が集団となって決起することもしばしばだった。文明一七年［一四八五年―来間］には徳政《とくせい》を要求する大がかりな土一揆《つちいっき》が蜂起し、幕府も対応に苦慮した。京都では一揆の主張が認められて、借物を破棄するという徳政令が出されたが、馬借《ばしゃく》たちを中心とする一揆は大和に入り込み、奈良市中も騒然となる」(二一七-二二一頁)。

7 山城国一揆

川岡勉《かわおかつとむ》『山城国一揆と戦国社会』(吉川弘文館・歴史文化ライブラリー、二〇一二年)は、同書の「エピローグ」で、次のように述べている。「山城国一揆《やましろのくにいっき》は、南《みなみ》山城という地域で成立した一つの特殊な事件でありながらも、この時代の抱えるさまざまな要素が複雑に絡まり合い、地域内の諸矛盾が集約的に示されているという点で、戦国社会を象徴する出来事であったとみることができる」(二〇一頁)。

まず、「南山城」の位置は、東に近江《おうみ》国・伊賀《いが》国、北に丹波《たんば》国、西に摂津《せっつ》国・河内《かわち》国、南に大和《やまと》国があり、これらに囲まれた京都盆地、今の京都市とその南部一帯の「山城国」であるが、国一揆の舞台となったのは、その南半分、宇治《うじ》川の南から木津《きづ》川流域一帯である。「郡」の名でいえば、久世《くせ》郡・綴喜《つづき》郡・相楽《そうらく》郡である。この南山城地域は、京都に近いため、「天皇家の領地である禁裏《きんり》料所《りょうしょ》」、摂関家・公家の荘園、寺社の荘園が、「数多く存在していた」。室町時代になると、ここに「将軍家御料所」、「幕府の奉行人・奉公衆の所領」、「守護領や、守護被官・国人など」の所領、またまとめて「武家領」が増加してくる。また、南の大和国の寺社のもつ荘園・所領も広く分布していた。

このように、「京都周辺の荘園は概して小規模かつ散在的であり、諸権門《けんもん》の所領が複雑に入り組んで分布する」（八―一三頁）。

山城国一揆の概要は次のごとくである。ここでは、川岡の詳細な記述を避けて、村井章介・高埜利彦「戦国動乱から天下統一へ」（前出、宮地編『日本史』）から、簡潔な文章を借りることにする。「山城国一揆は、応仁の乱の軸線のひとつをなした畠山義就《よしひろ》・政長《まさなが》の対立が山城に持ち込まれた際、南山城《みなみやましろ》の国人・土民《どみん》が結束して、両畠山勢力を自己の勢力圏内から追い出し、一四八五（文明一七）年から八年間にわたって自治支配を実現したものである。一揆の中核は〈三十六人衆〉と呼ばれる細川政元《まさもと》の被官衆だったが、国人のみの利害を代表する結合体ではなく、中央権力とのつながりのみをあてにしていたわけでもない。勢力圏内の秩序維持と裁判励行、寺社本所領《ほんじょりょう》回復、年貢完納、関所撤廃など、本来守護のはたすべき責務を代行することで、外部からの干渉を排除した自立的地域支配を実現していた」（二二九頁）。ただ、この理解にはやや問題がある。以下の川岡の記述と対照されたい。

その内部構造は、川岡勉によれば次のごとくである。この「国一揆を起こした国人は、荘園の下司《げし》・公文《くもん》クラスの階層で、荘内の中心集落に拠点を構え、荘園の収取構造に深く関与していた者たちである。彼らは名主百姓層から年貢以下の収取を実現することを職務としており、いわゆる在地領主と位置づけられる階級である」。「これに対して、国人に従って軍事行動に励んだ被官人の多くは、領主権力の末端に連なる一方で、有力農民として村落の上層構成員でもあるという中間的な存在であった」。さらに、「国人と区別されて土民と呼ばれた人々については、彼らが国一揆に確実に参加していたことを示す史料は残されていない」。ただ、「国人の集会が開かれた時に土民が群集している事実は、土民が国人たちの動きを支持していたことを予想させる」。この国一揆は、相争う二つの勢力の「撤退を求め」それを実現したのであるが、それはその戦乱によって「寺社や民家への放火や軍事行動による地域社会の荒廃の進行」があり、それをやめてほしいということからであった。だとすれば、この「国一揆のめざした方向が、土民の求める方向と重なる内容をもっていた」のであろう。「しかしながら、それでも山城国一揆の主体はあくまで国人であり、農民や馬借らが国一揆の意思決定に直接参画したとか、土民たちが国持体制に関与したなどといった形跡は認められない」。やはり、「国一揆を結成したのは一般農民ではなく、また中間層である〈村の侍〉でもなく、在地領主である国人層であった。山城国一揆はあくまでも国人の一揆であって、土民を一揆の構成メンバーとみるのは困難である」(二〇一-二〇七頁)。

なぜこのような一揆が成立したのか。川岡はいう。室町時代までは、「**幕府－守護体制**」が機能していた。「幕府の全国支配（天下成敗権）を守護が支え、守護の分国支配（国成敗権）を幕府が保証するというように、室町幕府と守護は相互に補完し合う関係で結びついていた」。それが「一五世紀の半ば以降」、揺れ始めたのである。戦国時代となって、幕府から「守護職補任」を受けなくても、「実力で国成敗権を確保する動きが展開するようになる」。それは「守護以外の勢力が国成敗権を掌握することに道を開くことにもなる」。山城国一揆は、このような時代の「政治社会状況を象徴的に示す事件であった」のである(二一一-二一四頁)。

8　戦国の村落

池上裕子《いけがみひろこ》「戦国の村落」(前出、朝尾ほか編『岩波講座 日本通史 第10巻 中世4』)は、次のように述べている。「戦国時代は、中世後期を通じて農村に生み出され累積された剰余を、誰がどのように掌握するのか、分配しあうのかという問題が、新たな土地支配の体系の構築の問題と無関係には解決できなくなった段階ととらえることができる。戦国の動乱はこの問題を基軸におこったのであり、惣村《そうそん》・惣郷《そうごう》から惣国一揆に連なる動きもこれに関わっている」。「戦国期社会と村落」を研究する場合、その「剰余」の掌握者として、「小領主」と「地主」が問題になる。「小領主・地主は、研究者により土豪・地侍《じざむらい》・加地子《かじ》名主《しみょうしゅ》などとも呼ばれる、村落の上層に位置する同じ階層を、異なる視角から範疇化したものである。支配の末端に位置づけられるが、領主階級とは区別され、他面では名主職などをもち、加地子を集積して、村の中では百姓と区別されて支配的地位に上昇していくことから中間層ともいわれ、この階層の動向をどう規定するかが中世後期社会を考える鍵であることは今も変わらない」。池上は、その研究史を要約しているが、結論として「小領主論」も「地主論」も斥けて、「戦国時代を考えるとき、村落構成員の被官化、あるいは侍衆の成立こそが時代を特徴づける潮流であったとみ」て、そのことを主題とする、としている(九一―九四頁)。

そして本論に入る。まず「惣村と惣郷の運動」では、「**惣村**」が登場するのは、「鎌倉後期」であるが、それが「室町期・戦国期には地域的な広がりと多様な機能・動きをみせてくる」といい、

「戦国期の村落の基本的な性格は惣村であ」る、とする。戦国期のそれは「室町期の村落」と「連続性」を持つとともに、「それよりも発展し」ているし、「近世の村落」にもつながる。なお、「**惣郷**」とは、惣村相互の連合組織である（九五頁）。

そこで、惣村とは何か。「惣村は、惣有財産をもち、地下請《じげうけ》（村請《むらうけ》）を行い、惣掟《おきて》を定めたり地下検断《けんだん》（自検断）を行う、という三つの基本的な指標でとらえられてきている。惣村は、村人の生活と生産にかかわるさまざまな営みを、村人自身が共同で主体的に行なうことによって、自治と自立を獲得し、法的・社会的な存在として、支配階級にも、また被支配階級や地域社会にも認知された組織体である。三つの指標はたがいに関連しあっており、惣村の中心的な機能として認められるが、かならずしも完全な形ですべての惣村にみられるわけではない」（九五-九六頁）。「検断」は、「中世における刑事事件およびそれへの対応行為一般をさす言葉」である（義江彰夫、『日本歴史大事典』）。

いまや、このような村が「一般的に成立し」た。その村は、租税や公事の負担を「村請」するようになっており、そのことがまた負担の「減免闘争」を呼び、内では「惣有財産」を形成し、それまでの「寺社免田《めんでん》・井料《いりょう》免《めん》等が村の管理下に」入れられるようになる。それまで支配階級の担った「勧農と祭祀」は、惣村自身の担うものとなる。「勧農」は「農業を勧めること」で、中世には「領主が耕作条件を整える」ことを意味するようになるが、要するに農耕の基礎条件を整備することである（川端新、『日本歴史大事典』）。「祭祀」は「鎮守社」をもってそこに結集して行われる。これらのことは「村が村民の生死の決定権を掌握した」ことを意味している。村の維持と存続が村に移ったことは、「そのもとで家の存続が保障された」ことであり、ここに百姓層の中に「家」が成立していくのである（九六－九七頁）。

「惣村の運営は、年老《おとな》（年寄、長男、乙名とも記される）・中老・若衆という年齢階梯制にもとづく三つの集団によって分担された」。それは他方で、「経済力による階層差を内包したものであった」。「かれらは宮座の成員であり、祭祀・仏神事を執り行うとともに、寄合を開き多数決による衆議という形をとって掟を定め、行動方針を決定し、あるいは検断を行った」。その活動は「多岐にわたっている」（九七頁）。

次は「村の武力行使の問題」、「山論《さんろん》・水論《すいろん》などにおける村の武力行使と紛争解決システム」の問題である。「村と村の争いがはじまるところから、〈相当《そうとう》〉の原則で展開する武力行使の報復合戦、中人《ちゅうにん》の調停、調停案の執行、あるいは調停失敗による武力行使の再燃、提訴、裁定、裁定の受容と〈相当〉にもとづく処理までが、また侘言《わびごと》等々のルールの存在、〈クミノ郷〉などによる合力のシステムなどが」これまでの研究によって「みごとに解き明かされた」（九八頁）。

なお、池上裕子の「自検断」に関連して、永原慶二《ながはらけいじ》『下剋上の時代』（中央公論社・文庫・日本の歴史10、一九七四年）の記述も紹介しよう。永原は、このころ惣村が生まれ、「自検断」を行うようになると、次のように述べている。「琵琶湖《びわこ》の北岸に菅浦《すがのうら》という小さな部落がある。いまはほんの寒村にすぎないが、中世では湖上交通の要地として船のゆききも多かったうえ、南北朝から戦国時代までいわゆる〈惣《そう》〉を結成して領主から独立のうごきを示した荘園としてよく知られている。〈惣〉は〈総〉の字にも通ずるように、すべての百姓が団結した状態つまり〈惣百姓〉を示すものである。この菅浦惣が戦国末期の永禄《えいろく》一一年（一五六八）に〈一六人之長男《おとな》、東西之中老二〇人〉の署名で作成した置文《おきぶみ》（掟《おきて》）のはじめのところに〈当所壁書之事《とうしょかべがきのこと》、守護不入自検断之所也《しゅごふにゅうじけんだんのところなり》〉という文言がある。当所壁書というのはこの菅浦の根本の掟といったほどの意味である。そして自検断というのは〈守護使〉つまり領主側の使者を立ち入らせず、みずから〈検断〉のことを行うという意味で、〈検断〉とは警察や裁判権のことだから、惣でそれらを自治的に行なうことである。そう解すれば、〈守護不入自検断之所〉とは農民にとってなんと誇りにみちた言葉だろう」（一一二―一一三頁）。

一方、仁《に》木宏《きひろし》『戦国時代、村と町のかたち』（山川出版社・日本史リブレット、二〇〇四年）は、「畿内を舞台に、中世後期から近世初頭まで途切れず、村と町からなる地域社会を、地域と権力の両面から考察」すべきだとして、京都の西南の郊外に位置する、山城《やましろ》国西岡《にしのおか》地域と大山崎《おおやまざき》を例に、史料に即してくわしく描いている。ここでは、具体的な分析の部分は省略して、末尾の「〈国〉と〈所〉から描く戦国史」を紹介する。

「戦国時代、多くの村や土豪は連合して〈国〉〈七郷中〉などと自称するような地域社会を形づくり、町《まち》では〈所〉と表現されるような共同体を形成した。／村では土豪が台頭してくる。彼らは武《ぶ》家《け》権力と結びつくことで荘園領主との関係を相対化し、また将軍の被官《ひかん》（人）に任じられたり、半《はん》済《ぜい》をあたえられたりすることで社会的な身分・地位をえた。やがて、土豪の集団化が進み、〈国〉を単位に結集する国衆《くにしゅう》と呼ばれるようになる。ただし、村によって土豪のあり方は千差万別で、卓越した土豪を生み出さない社会も珍しくなかった。逆に、交通の要衝に生まれた〈都市的な場〉

を本拠とする土豪は、〈国〉をたばねる指導的な立場に就いた。／町の共同体は、神社を中心とする宗教的なものから地縁的な組織に変化し、宿老《しゅくろう》・若衆《わかしゅう》などが生まれた。町の地理的領域を確定するため牓示《ぼうじ》［領地の境界を示す装置で、樹木などの自然物であったり、石や杭《くい》を立てたりした―仁木により来間］を打ったり、防衛のために構《かまえ》（土塁・堀・木戸門など）を築いたりする。また日常的な相互扶助を強化するために、町の内部がさらにいくつかの部分に分かれて、より小規模な共同体（町《ちょう》や保《ほ》と呼ばれる）を形づくった。／こうして〈国〉も〈所〉も、みずからの領域内の諸問題を自律的に解決する能力を獲得し、構成員からも、外部勢力からも〈公〉的な存在と認められるようになった。一構成員の問題が組織全体の問題になる、一揆的な集団原理をもつことでも両者は共通する。／このような〈国〉や〈所〉の存在を認めるところから近世権力は出発する」（九八―九九頁）。「西岡や大山崎は京都の近郊に位置する〈特殊地域〉であるかもしれない。…しかし、西岡と大山崎で確かめられた〈国〉と〈所〉の世界、村と町のかたちは、当該期に普遍的な、あるいは時代の最先端のモデルの一つであったといえるだろう。そして、これを〈克服〉していくなかで、近世権力は全国支配の方法をみがいていったのである。／織豊《しょくほう》政権は、そして近世社会は、戦国時代の村と町が、山城国西岡の〈国〉と〈所〉の世界が生み出したのである」（一〇一頁）。

「村」では、土豪が主導して社会のあり方が変わってくる。土豪は上位権力と結合して自らの地盤を固め、相互に連合する。これが「国」と呼ばれる。「町」では、「所」と呼ばれる共同体が形成される。それは地縁的な組織で、その境界を明確化しながら展開する。村や町の指導者として「宿老」と「若衆」が生まれる。「国」も「所」も、一揆的な集団原理を持っていて、自分たちの諸問題を自らの判断で解決していく能力を高めていった。

9　荘園の動揺・解体

次に、荘園という角度から時代の変化を見てみよう。永原慶二《ながはらけいじ》『荘園』(吉川弘文館、一九九八年)は、荘園の時代区分を次のように示している(七–八頁)。

①成　立　期……八世紀後半から一二世紀末頃まで(八・九世紀の古代的初期荘園を除けば、一〇世紀から)。
②展　開　期……一二世紀末から一四世紀中頃まで。
③動揺・解体期……一四世紀後半から一五世紀末頃まで。荘園の最終的消滅は一六世紀末の太閤検地期とみる。

ここでは、「動揺・解体期」について述べる。「鎌倉幕府と京都の公家政権は、…ともに荘園公領制を社会経済基盤とし、〈職《しき》〉の秩序を維持してゆくという点では共通の性格をもっていた。荘園領主と地頭との、荘園支配をめぐる争いについての裁判範囲を協定したり、地頭の荘園侵略を規制したりしたことなども、そのあらわれといってよい。幕府は地頭の設置という点では荘園領主側に打撃を加え公武対抗的であるが、荘園制を全面的に否定するような政策はけっしてとらなかった。／ところが、鎌倉幕府が滅ぶと事態は一変した。建武政権を倒して出発した室町幕府は、すぐには鎌倉幕府がもったような全国的な秩序維持の能力を回復することができなかった。この幕府も基本政策としては鎌倉幕府の方針を継承していたが、幕府に結集した武士たちは武家権力の優位に向けてもっとラディカルであった。かれらはいたるところで、動乱に乗じて、荘園の年貢を〈押《おう》領《りょう》〉したり、荘務権を奪い取ったりする動きをとった。それはすでに鎌倉期を通じておし進められていた地頭の地域領主化の動向からしても十分察しがつくところである。また各地の農民闘争はそうした地頭級在地領主の荘園侵略を下からあおるような役割を演じた。在地領主たちは、内乱の中で、朝廷や幕府の伝統的な権威や長らく保たれてきた〈職〉の秩序を大胆にふみにじるようになった」（二三五頁）。

守護の権限が拡大していき、守護が任国内の国人領主（彼らはもとは荘園の管理人たちであったが、自らが荘園の支配者への道を歩んだ）を、私的に自分の被官《ひかん》とし、主従関係をひろめていく。また、荘園と並立していた公領（国衙領）を守護領に取り込んでいく。「半済令《はんぜいれい》」が出され、武士の荘園侵略を仲裁するために、武士と本所《ほんじょ》（荘園領主）とで、土地を半分ずつ分け合うように促したので、守護の荘園・公領侵略と任国支配の動きに油を注いだ。武家が一円支配をする「武家領」も増えていった（二三六－二五〇頁）。

さらに、寺社や公家の荘園支配がゆきづまり、深刻な危機的状況に追い込まれてきて、本所側は単なる徴税請負人である者たち（請負代官）に任せてしまうようになる（二五一－二六〇頁）。彼らは、出自はまちまち。年貢の代銭納の一般化という状況のなかで、米などを本所に届けるのではなく、売却して銭納するのである。そこに新しい商人が登場するようになり、港津《こうしん》都市が発達する（二六〇－二六七頁）。「それとともに荘園制の存立基盤をほりくずす役割をもったものとしてもう一つ重要なのは、畿内・周辺における農民的商品生産の発展である」。農村には各種の「商工業座」が結成された。「その実体はすでに荘園制の枠から離脱した民衆的商品生産・販売であって、それらは荘園領主経済の再生産構造の中にのみ位置づけられるものではなかった」（二六八―二六九頁）。

「荘園制の解体を促進したもう一つの、そしてそれこそがもっとも根底的要因というべきものは、一五世紀に入っていちだんと活発になった個々荘園の枠を越えるさまざまの農民闘争の高まりである。その点をより深く社会経済の基盤の条件から理解するためには、農村における名主加地子《みょうしゅかじし》の成立の問題を考えてみる必要がある」（二六九―二七〇頁）。

「名主加地子とは、荘園領主の収取する年貢のほかに、名主が取る権利をもった地代である」。生産効率が高まり、また小規模開発も進んでいるのに、領主年貢額は固定していて、余剰が生まれる。それを名主が受け取るので、「名主加地子」と呼ばれる。**名主**は、かってのような「名田の年貢や夫役の徴収・納入の責任者」ではなくなり、「名」の田地の所有者となっているのである。年貢の額より加地子の方が高い場合が少なくない。そこで名主は、その権利を「一種の経済的収益権として分割して売買」するようになった。その買い手は、「有力な名主百姓で高利貸しを営んでいたり、荘官などの特権をもって経済力も豊かな人びと」だけでなく、「寺院や京都の酒屋《さかや》・土倉《どそう》」もあった。それは荘園の外にも広がっている。「名主加地子権の荘外流出とともに、荘園領主の支配をさらに根深くゆるがせたのは、名主以外の百姓たちの台頭であった。名主が定額の加地子を耕作者から取るという関係は、名主の地主的成長を意味するとともに、農業生産力の上昇と耕作者の実力の高まりを示すものである」。生産力水準が低い時代には、**小百姓**《こびゃくしょう》たちは自立できず名主に従属していたが、「名主に加地子を支払うという関係は、それとちがって、定額の地代を支払うことであり、ただちに人格的な関係に直結するものではない［人格的な関係がくずれて金銭の関係になる ―来間］。加地子収取関係が一般的に成立してきたことは、名主が荘園領主に対して力を強めてきたことを意味すると同時に、小百姓たちが名の耕地に対する作人《さくにん》として身分的・経営的独立性を強めてきたことでもあるのである」（二六九－二七二頁）。

名主が経済力を増すだけでなく、それと並行して小百姓たちも経済力を高めてくると、両者の身分的区別が小さくなっていく。そこから、「以前のように名主中心の村ではなく、かつての小百姓をも成員とした新しい百姓の村の出現」につながっていく。「こうして小百姓層たちの耕地保有と安定性が強まり、家々の連合としての村の結び合いが進んでくると、かれらの荘園領主に対する年貢や夫役の減免を要求する動きも格段に高まってきた」（二七三－二七四頁）。

一方、**貨幣**の流通が広がっている。「この頃には、畿内地方では農村でも次第に貨幣の使用がさかんになり、雑公事《ぞうくじ》を貨幣で納めることが多くなった。農民は農産物・農産加工品を販売することも多くなり、貨幣の必要に追われるようになり、金融業者からの借金が重なっていった」。その金融業者には、酒の醸造業者である「酒屋《さかや》」や、倉庫業者である「土倉《どそう》」がある。いずれも、関連した事業として金融業（高利貸し）を拡大し、荘園領主である公家・寺社と結びつき、年貢の徴収を請け負ったりした。取り引きする荘園領主の範囲もしだいに拡大し、朝廷・幕府にも及んだし、農村地域にも広がった（二七五－二七六頁）。

百姓たちは、土一揆・徳政一揆をくりかえし、また年貢の減免をも求める。「酒屋・土倉が貸付を通じて百姓の土地を集積していた」し、「荘園領主は、年貢があがってこないと、酒屋・土倉から融資を受け、酒屋・土倉はそのツケを百姓にまわしてしまう」。その状況は、酒屋・土倉への攻撃（農民闘争）が、酒屋・土倉に打撃となるだけでなく、荘園領主の打撃ともなる構造になっていることを示しており、「土一揆・徳政一揆は、畿内・近国の荘園制がもっとも根強く残る地帯において、荘園領主権力とその財政基盤を、構造的に動揺・解体に導く役割を演じたといえる」（二八一頁）。

「土一揆や年貢減免闘争の高まりは、一方では、農民の地縁的結びつきのひろまりを示すものであった」し、小百姓層の成長はその「家」を定着させ、村落共同体のなかで発言権を強めていき、「村人たちの村落共同体を単位とする結合、さらにそれを基礎とし、地域の村々が政治的・社会的に一定の連絡をもって**惣荘**《そうしょう》とか**惣郷**《そうごう》などとよばれる結びつきを形成する」ようになる。「こうした動きは…すでに南北朝期ころから目立ちはじめ、一五世紀にはひろく見られるようになり、さらに一六世紀の戦国時代に入ると、いちだんと発展して、惣結合は、地頭や荘官たちが、村落共同体の経済的・社会的諸機能を直接に編成掌握することによって名編成を基礎とする荘園制支配の体制を下からつきくずし、新たな地域的社会秩序の形成を指向するものであった」（二八一－二八三頁）。

上層における動きは、次の如くである。幕府・将軍、その近臣たちの力は衰え、そこをついて、守護たちは世襲化を進め、領国に居座るようになる。それを将軍が止めることも、また新しい守護を任命することもできなくなってきた。「守護の領国大名化」である。その守護たちは、「独自の**反**《たん》**銭**《せん》を任国一円に、毎年定まった賦課とするようになった」。永原は「反銭」と書いているが、一般には「段銭」と書いた。永原は、その「反銭」を、「耕地一反につき何十文という形の臨時課税、次第に恒常化した」と説明している（二七四頁）。守護たちは、幕府や朝廷とは関係なしに、「一国平均反銭という形で、毎年定まった額を取るようになり、その金額もしだいに引き上げられていった」。これは「まだ一国の検地を独自に行っていないにしても、領国一円の土地支配をめざして大きく一歩をふみだした動きと評価すべきであろう」（二八五頁）。

荘園は将軍などの支配から、領国大名になった守護の支配に移行したのである。

「応仁の乱は、こうして多面的に進みつつあった荘園制解体の動きを決定的なものにした」。地域は守護のするがままにしていたのではない。守護の圧力に抗して、「下級荘官＝地侍《じざむらい》」が抵抗し、一般農民を味方に引き付け、各種の一揆を起こした。「こうして、現地の地侍・農民の結集が進み、かれら自身が大きな力を発揮しえた場合は、荘園支配は完全にその内部から解体されていった」。「荘園解体の推進主体は守護大名ばかりでなく、国人領主も有力なその一つであった。そして地侍・百姓すらもが主体的に年貢不納、反荘園領主的行動を大胆に進めた」のである。この「守護大名」と「国人領主層」が「次の時代の主人公たる戦国大名への成長をねらう二つの主体であった」（二八五-二八八頁）。

これにさらに「**小領主層**」がからむ。百姓身分であるが、農業生産力の発展と流通の拡大によって、日常的な営農から解放されて、地主・地侍になっていく階層である。かれらは守護大名や国人と被官関係を結び、年貢の一部の免除を受け、合戦時には軍役の中核を務める。「小領主層の成長と、その大名・国人への結合は、荘園体制に最後的なとどめを刺すほどの意味を持った」（二八八-

二八九頁)。

守護も、守護代も、国人も、「幕府離れ」して、「地方でそれぞれに戦国大名への途を歩みはじめた」。この戦国大名は、「荘園制とは異なる独自の土地支配方式を積極的に打ちだしていった」。「戦国大名は、すでに南北朝内乱を起点として、解体の歩みを進みはじめていた荘園公領制に、最終的なとどめを刺した権力であったといわねばならない」。秀吉の太閤検地を待つまでもなく、「実質的には、すでに戦国大名は荘園公領制社会をその根底からゆり動かしていた村々の小領主層を軍役衆に編成し、貫高制《かんだかせい》にもとづく新しい土地掌握・権力編成・領域支配原則を樹立していった」(二九五-二九七頁)。

かくして、荘園は消滅していったのである。

第二節　村と町、貨幣と商業

1　中世の貨幣システム

中島圭一《なかじまけいいち》「室町時代の経済」（前出、榎原《えばら》編『一揆の時代』）は、中世の貨幣システムについて、次のように述べている。「室町時代は商業が大きく発展を遂《と》げた時代であったが、そのための基盤を提供したのが交換手段たる**貨幣のシステム**の確立・安定であった。周知のように、中世には朝廷や幕府が貨幣を発行することはなかったが、代わりに海外からもたらされた渡来銭《とらいせん》が全国的な流通をみた。一二世紀に始まり、一四〜一五世紀に最盛期を迎えた。渡来銭を中心とする銭貨流通は、非制度的にして、きわめて単純なシステムを最大の特徴としている（中島圭一・二〇〇二a＝「中世貨幣システムにおける私鋳銭の位置」『九州・沖縄における中世貨幣の生産と流通』）。朝廷や幕府が禁令をくりかえし出しても動かなかったわけで、「流通の現場が自《みずか》ら創《つく》り出した中世貨幣のシステムが公権力の統制の外に確立したのである」（一五五頁）。

そして注目されるのは、「銭種による選《よ》り好《ごの》みをせず、無作為《むさくい》に銭をやり取りしていたこと」である。「銭面に鋳出《いだ》された銘文《めいぶん》が同じであっても、大銭《たいせん》（発行した王朝が一枚二〜一〇文の価値を付与した大型の銭）はほとんど排除され、小平銭《しょうへいせん》（一文銭）が圧倒的多数を占めており、わずかに折二《せつに》銭（二文銭）等が含まれている場合も、周囲を削って小平銭と同じ大きさに整形しているものが多い。どうやら中世の人々はもっぱら銭の大きさに注目し、銘文などはあまり気にしなかったらしい」。このことは「少なくとも一五世紀前半まで」も続いていたのである（一五六頁）。

まとめると、次のようになる。「中世の日本には種々雑多な銭貨が流通したが、その種類に関わらず、一定程度の大きさで円形方孔《えんけいほうこう》［丸形の中に四角い孔《あな》がある―来間］の金属片であって、表面に文字らしきものがあれば［「銭銘が左右逆の鏡文字になっていたり、あるいはまったく文字の体《てい》をなしていないものまで…鋳造され、問題なく流通していた」―中島により来間］、ひとしなみに一枚一文とするきわめて単純な原則の下に通用していた。このように明快なルールを設定することによって、取引の際に銭種を鑑別する手間を回避したことは、中世の貨幣経済が大きく発展していくために重要な役割を果たしたのではなかろうか」（一五七頁）。

これが「一五世紀末期、銭貨の流通は曲がり角を迎える」。「撰銭《えりぜに》」の時代である（一五七頁）。

2　中世型貨幣システムの動揺と撰銭令

中島圭一「室町時代の経済」は、撰銭令について、次のように述べている。「一五世紀末期、銭貨の流通は曲がり角を迎える。銭はすべて一枚一文という原則が揺らぎ、種類や形状によって通用価値に差をつける**撰銭《えりぜに》行為**が盛んになったのである。しかも、価値の高い精銭《せいせん》と価値の低い悪銭《あくせん》とを弁別する基準が絶対的なものではないため、やり取りされた銭の価値の評価をめぐって当事者の間でトラブルになることがあり、流通に支障を来たすこととなった。／そのような紛争が幕府や大名の法廷に持ち込まれた場合、採決を下すための規準として定められたのが、いわゆる撰銭令である」。とはいえ、この段階の幕府や大名に、貨幣が真に統制できたわけではない（二五七頁）。

「撰銭令の初見は、中国・九州の大名大内《おおうち》氏が一四八五年（文明《ぶんめい》一七）に発したものだが、そこでは〈さかひ銭〉〈こうふ銭（明の洪武《こうぶ》通宝《つうほう》）〉〈うちひらめ（打平）〉の三種類を悪銭と認定するとともに、明の永楽《えいらく》通宝・宣徳《せんとく》通宝については取引額の二～三割までの範囲内で用いるよう定めている（「大内氏掟書《おきてがき》」六一～六二条、『中世法制史料集』第三巻所収）。さらに、一五世紀末から一六世紀初期にかけての一連の室町幕府撰銭令においても、〈京銭《きんせん》・打平等〉の〈日本新鋳料足〉を悪銭と認定する一方、永楽・洪武・宣徳などの明銭と〈われ銭〉について、多少の曲折の末、三分の一までという混入制限を設けるに至っている（室町幕府法追加三二〇・三三四・三四四条など、『中世法制史料集』第二巻所収。以下、室町幕府法はすべて同書による）。これらの立法から、日本で造られた私《し》鋳銭《ちゅうせん》と、日本での通用の歴史が浅い明銭に関して、人々の価値観に揺らぎが生じていたことが読み取れる。なお、ここでまったく問題にされていない宋銭や唐銭・元銭などは、引き続き無条件に一枚一文で通用する精銭の地位を保ったとみてよい」（二五八頁）。

つまり、当時流通していた銭には、①宋銭・唐銭・元銭―古くから流通していた渡来銭、②永楽・洪武・宣徳などの明銭―比較的新しく流通し始めた渡来銭、③さかひ銭・うちひらめ（無文銭―中島）・京銭・われ銭―日本で造られた私鋳銭、があった。撰銭令は、①は流通可、②③は制限付きで流通可としたのである。なお、文中にある「料足《りょうそく》」とは「（「料」は物の代、「足」は銭の意）ある用件のためにかかる費用。代価。また、金銭」のことである（広辞苑）。ただ、このように一様に措置されたわけではない。時代により地域により、「銭種をめぐる価値観はさらに複雑・多様化し、銭貨流通は混迷の度を増していくのである（中島圭一・一九九八＝「日本中世の貨幣と国家」『歴史学研究』711）」（一六〇頁）。

このように、一五世紀半ばは「中世型貨幣システム」の動揺と、その転換点に立っているのである。「一五世紀半ばには人々の銭を見る目が鋭くなり、その種類を区別・分類しようとする意識が、おそらく全国的に広がっていた。こうした状況が、一五世紀末以降の撰銭激化を準備したといえるだろう」。「中世の貨幣システムは、銭銘を無視することで、多種多様な銭貨の授受が煩雑化《はんざつか》するのを回避し、貨幣経済の発展を促したが、そのこと自体が銭面の文字に視線を集める基盤を用意し、撰銭の激化を招いて貨幣システムを動揺させたということになる」（一六一頁）。

ところで、「一枚一文」という貨幣は、少額貨幣であり、「高額の取引には必ずしも便利ではなかった」。そこで「鎌倉時代には為替《かわせ》送金のシステムが確立し、室町《むろまち》時代に入るとさらに発達を遂《と》げるが、興味深いのはその際に用いられた**割符**《さいふ》の流通である」。少額貨幣の欠を補う仕組みである。割符は手形で、「一個が一〇貫文と定額化された形」になっていて、当事者間だけでなく、第三者にも受け入れられた。「不渡り事故（中世では「違割符《ちがいさいふ》」という）」は避けられなかったものの、「一四世紀初頭から一五世紀末まで、約二世紀にわたって機能し続けた」。そして、一五世紀末には「割符の流通そのものが終焉《しゅうえん》を迎えることになるのである」。それは、銭貨と同様に、「経済システムの信頼性を再検証しようとする動き」が出てきたためであろう（一六二―一六五頁）。

中島は、「貸借と徳政」についても言及している。一五世紀前半に「繁栄の頂点」を迎える「土倉」は、いわば高利貸しであるが、それは寺院や神社の荘園において、年貢徴収の実務を任されていた下級の僧侶・神職たちが、その業務で蓄えた私財を資本にして運用したものであった。ただ問題は、「債権回収の不安定性」にあった。貸しても返してもらえない時、朝廷や幕府による法的な保護は期待できず、実力で回収する事態もしばしばだった。そして、借り手側は「徳政」を要求して一揆を起こして土倉を襲い、これを承けて「室町幕府もしばしば徳政令を発して債務放棄を公認してしまう」。これでは土倉も「業」として存立することはむつかしい。しかし、この面でも時代は移り変わっていった。「一般の人々の心の中で中世的な仏威・神威は衰え始めており、また貸借ももはや〈一時の仮の姿〉ではなく、法律的な手続きに則《のっと》って契約が適切に履行《りこう》されるのが望ましいという考え方が育ちつつあったのではなかろうか」。このような時代の変化を踏まえて、「公権力が統制する新たな秩序が確立するのである」（一六七–一六九頁）。

まとめて、次のように述べている。「一五世紀前半までに神仏の権威が衰え、売買・貸借《たいしゃく》に関する伝統的観念が変質していくのも、彼らの新たな合理的思考と無関係ではなかろう。そのような合理性が人々の意識に根付いた時、大雑把《おおざっぱ》な経済システムは変容を迫られるに違いない。ここにおいて、中世経済解体への歯車は確実に回り始めたのである」。中島は、一五世紀以前の経済システム、すなわち銭貨の通用の仕方、割符の流通の仕方、口頭の約束だけで商契約が成立すること、などを指して「大雑把」といっているのである（一七一頁）。

3　撰銭の時代

杉山博《すぎやまひろし》『戦国大名』（前出）は、「えりぜに一般について」次のように述べている。「日明貿易によって、幕府や大内・細川両氏は多量の銅貨を輸入した。その種類は、洪武通宝・永楽通宝・宣徳通宝・弘治通宝などであり、新銭（制銭）といわれ、わが国に入って渡来銭ともよばれた。これらはいずれも一貫文・五百文・四百文・三百文・二百文・百文の小銭であった。新銭は当時の明国でも悪銭とされ、わが国でも歓迎されたわけではない。貨幣の需要に追われた幕府や諸大名らが、唐・宋・元から渡来した古銭の代わりに輸入したものである。／当時の日本には、唐・宋・元の古銭のほかに、日本古来の皇朝十二銭があり、これに明の新銭が加わっていた。このほか、貨幣の流通するところかならず私鋳銭がつきものであるが、日本と明国でつくられた私鋳銭が氾濫していた。こうなると、最初のうちは悪銭といわれていた新銭は、その品質・品位が古銭に近かったので、一六世紀中・末期には良銭とよばれるようになっていた。したがって、古銭・皇朝十二銭・新銭を良銭とし、それ以外は一括して悪銭とされた。撰銭令の発布を考える場合には、はじめ永楽銭はけっして良銭でなかったことも忘れてはならない。洪武・永楽などの新銭は、いわば良銭と悪銭との中間的貨幣であった。／悪銭を大別すると、まず日・明両国の私鋳銭、いま一つは破損・摩滅などによって不完全となった破欠銭《われかけ》であった。この悪銭を、良銭とおなじ表示価格で流通させておくと、良銭はたちまち市場から姿を消すことになる。なぜなら、人々は良銭ばかりを貯蓄し、それを溶かして悪銭をつくりはじめるし、窃盗のときも良銭ばかりを盗むようになるからである。つまり、悪貨が良貨を追放するというグレシャムの法則である。／このために、幕府や諸大名は、ともに撰銭令をださざるをえなくなった」（三〇五－三〇六頁）。

滝沢武雄《たきざわたけお》『日本の貨幣の歴史』（吉川弘文館、二〇一四年。初出は一九九六年）は、「中世の貨幣」について、次のように述べている。中世の半ばから中国銭が日本に流入し、広く流通していたことはすでに見たが、「このような渡唐銭《ととうせん》の流入は、室町時代に入ってからも変わらなかった」。しかし、それは「日中の商人による私貿易」から、「国家間の公貿易」へと形態が変化した。それも足利義満の時に「制銭《せいせん》（明の官銭）」の「頒賜《はんし》」があっただけで、義教・義政の時には頒賜されなくなった。つまり、「頒給された明制銭の数量は多くなかったが、明皇帝の頒賜物としての明制銭を、将軍（事実上の日本国王）が流通界に投ずるという形式を踏むことによって、渡唐銭（洪武通宝《こうぶつうほう》・永《えい》楽通宝《らくつうほう》など）が日本の官銭たる位置を得たことは注意さるべきであろう」（六一頁）。各地から出土した銭貨の調査によれば、日本で流通した輸入銭は、中国銭が主体であり、その時代も北宋の代のもの（北宋銭）が中心である。高麗・朝鮮・**琉球**（世高通宝《せこうつうほう》など）の銭もあるにはあるが、その占める割合は〇・三～〇・五％にすぎない。「このような北宋銭を主体とする渡唐銭の受入れが、室町時代を通じて続けられていたが、末期に至って、その流れは変わった」（六五頁）。

さて、各種の銭貨が対等の価値として評価され、混ざり合って流通していたのであるが、これに対して「**撰銭**（えりぜに、えりせんともいう）」という行為が現われてくる。これは「長い期間通用している間に、すりへって文字の不鮮明になったものや、割れ、欠けたもの、鉛銭・錫銭のような私鋳銭等」の「欠点のある銭貨を撰び棄てる行為」のことである。良い銭貨を撰び取るのではなく、悪い銭貨を撰び棄てる、通用させせない行為である。これは、鎌倉時代にもあったようだが、「室町時代後期に入ってにわかに多くなる」(八〇-八二頁)。文明一七(一四八五)年の大内氏の「撰銭令」は、勘合貿易で明制銭(永楽通宝・宣徳通宝など)を多量に得ていたので、それを北宋銭と並んで通用させる必要があった、しかし一方で中国ではそれが撰銭の対象となってきたのだから、その通用には歯止めが必要でもある、そのための撰銭であった(八三-八五頁)。室町幕府のもとでは、明応九(一五〇〇)年から永禄一二(一五六九)年まで、合わせて一二件の撰銭令が出されている。このような「撰銭令の頻発」は、撰銭令が公布されることによって、かえって悪銭が流通するようになり、そのことによって「生じた混乱や争いを鎮めるため」であった(八六-九七頁)。また、戦国大名も、それぞれの置かれた状況に対応して、撰銭令を出していた。

東野治之《とうのはるゆき》『貨幣の日本史』(朝日新聞社・選書、一九九七年)は、次のように述べている。一六世紀の半ばに「遣明船という公式のルート」が途絶したことによって、「密貿易は公然たる私貿易に転じたといっていいだろう」。中国・明ではその統治が「国内的な原因で弛緩《しかん》し、日本の足利幕府の力も、応仁の乱(一四六七)以降、地におちる」ことによって、「後期倭寇」(東野は「第二次の倭寇」という)の時代に入る。これは「構成員の大半が中国人で占められていた」(一二一-一二三頁)。撰銭については、「良い銅銭を選別する行為」といい、それに対しては「一五世紀後半以降、しばしば禁令が出された」とする。「日本より先に、明で盛行していた」この行為は「挑揀《ちょうかん》」「揀《かん》汰《た》」と呼ばれた。「揀」は選ぶという意味である。この「明の状況がすぐに日本に伝播したらしい」。

「撰銭令の意図するところ」は、「銭の選別を禁止する」ことももちろんだが、「より正確にいうなら、悪銭を一定の割合で強制通用させるところにあった」、「撰銭令は、悪銭を禁ずるのでなく、むしろ悪銭の流通を条件つきで促すところに意味があった」（一二六−一三一頁）。

4　寺内町と城下町

仁木宏《にきひろし》「寺内町と城下町―戦国時代の都市の発展」（前出、有光編『戦国の地域国家』）は、この時代の都市の発展について、次のように述べている。「中世においてもっとも都市が発展した戦国時代において、寺内町《じないまち》と城下町という、時代を象徴する二つの類型の都市をとりあげ、その歴史的意義を明らかに」したいと。仁木の問題意識は、この二つの類型の都市が、まったく性格を異にするとか、相互に何の影響も受けずに存在したかのような、それまでの研究への疑問から出発している（二五四−二五五頁）。

　まず系譜を追う。「中世前期の国府《こくふ》（府中《ふちゅう》）には、国内の有力豪族が在庁官人《ざいちょうかんじん》として、一程度結集していたが、いまだ領域、あるいは地域社会の中心地になっていたとはいえない」。これが「室町時代になると、一国の政治的中心は国府から守護所《しゅごしょ》へうつる」。守護所の意義は、「応仁・文明の乱（一四六七〜一四七七頃）」を境に変化する。それまでは守護は京都に常住していたのに対し、以後は本国に帰国した。それまでは現地は、守護代もしくは又守護代に任されていたが、以後は守護自体が「本格的な領国経営に乗り出す」。考古学的な発掘調査によって、「都市的な場として、急速に発達してきた」ことが分かる。「この段階の守護所を**守護城下町**とよぶことができるだろう。城下町の中核には方形の守護館が占地した。館の多くは一辺一・五から二町前後で、幅五〜六メートルの堀と土塁に囲繞《いにょう》されていた」。「守護館のまわりには、守護代館や他の家臣の居館などが、ある程度、集っていた。それらに隣接して、〈迎賓館〉的な寺院が立地することもあった。これらの都市中心施設群が、直線的道路によって結びついている都市構造を〈方形プラン〉と呼びたい。守護城下町の多くは、この〈方形プラン〉を採用している。さらに、旧来からある寺社もそれぞれ門《もん》前町《ぜんまち》を形成し、宿町や港津も都市機能の一端をになっていた」。人口も面積も増大した。この「一五世紀後半、地域社会の構造変化にともない、都市の重要性が急速に高まった。小農民経営の展開は、豊富な品揃えを有する安定的な拠点市場を求め、市町の淘汰をはじめたと考えられる。そうした中、守護側の働きかけもあって、守護城下町への集中が一段と進んだのであろう。つまり、地域社会における都市の重要性の高まりという動向と密接にリンクすることで守護城下町は発展したのである」。「城下町の発展」は、単に「大名の在国化」によって論ずるのではなく、「地域社会の変容」とも関わらせて論ずるべきである。そして、「守護城下町」は、「条里とは異なる方格状の地割」となっていく。「〈点〉と〈線〉からなる方形プランを、〈面〉として展開するために採用された、このような方格地割にもとづく都市構造を〈方格プラン〉とよびたい」(二五六―二六一頁)。

一方の寺院を取り巻く町も「方形・方格プラン」を形成することが多かったが、「方形・方格プランとはまったく異なる形態をもつ都市が、やはり寺院社会から登場してくる」。「中心施設の周辺に多数の坊院が建ちならんで、谷の中を埋めつくし、全体を囲う惣構《そうがまえ》が築かれていた。方形・方格プランを採用せず、中心施設より周辺の坊院群の方が面積も圧倒的に広い。そして、惣構で範囲が限定された中に、建物が密集している。個々の坊院は商業を主たる機能とするものではないが、全体としての居住形態（高い稠密《ちゅうみつ》性、人口密度）、あるいは地域社会における中心性」をもっている。これらは「中世固有の都市形態」とすべきものである（二六二-二六五頁）。

「戦国時代、浄土真宗（一向宗）や日蓮宗（法華《ほっけ》宗）の寺院を中心に形成された都市を**寺内町**《じないまち》とよぶ」（二六五-二六六頁）。仁木宏は、「藤木久志《ふじきひさし》の寺内町論」を評価して、その議論を「寺内町は周辺農村の生産力発展、社会的分業展開の帰結であり、寺内町の広範な形成が小農民経営を強化し、その自立の基盤となった」と紹介している。仁木はこれに加えて、「すべての村落がひとしく展開をとげるのではなく、特定の聚落《しゅうらく》のみが〈寺内〉となることで、地域の中心としての求心化をはたした」という（二七四頁）。「なぜ求心的な構造をとった」のか。第一は、「戦国期本願寺権力の権威性」であり、第二は、次のとおりである。「経済流通の活発化にともない、農村の住民が、より安定的で大規模な市場を要求するようになっていった。そうした期待の受け皿として、中心地としての都市の規模拡大、都市特権の確保が求められた。地域社会の緊密化が進むのに応じて、特定の都市に対して、農村とは異なる性格の強化をもとめ、逆に農民からは非農村的傾向を排出する動きが顕著になってくる」（二七七頁）。

そして、「一六世紀なかばになると、各地で**戦国大名の城下町**が急速に発展してゆく。城下町の中心核である大名居館は、規模、構《かまえ》（土塁《どるい》・堀や城門口）の構造、建物デザインなどで家臣屋敷との差別化を進めた。また、大名居館は詰めの山城《やまじろ》を背にした山下《さんげ》の館から、山上へと移動してゆく。これは、山上と城下の高度差によって、大名と家臣との格差を明示するためであった。さらに、山上の城郭部分の縄張りが、大名の居住部分を中心に求心化を進める。／戦国大名城下町の時代には、領国内の多くの家臣が大名の城下町に屋敷を建設し、大名への権力の一元化が一層強くなったと一般にいわれている。しかし、越前一乗谷などの事例をのぞけば、戦国大名段階でどのレベルの家臣が屋敷を築いていたのか、確かな史料から確認できる城下町は多くない。また、たとえ城下町に屋敷を持っていたとしても、有力家臣の多くはそれぞれの本拠地に城館を構え、日常的な生活はそこで送っていたと考えられる」。また、「一六世紀なかば以降の城下町の多くは、町民居住域をふくむ〈惣構〉を築くようになる。…こうした〈惣構〉を形成する城下町においては、方形プランは採用されないか、ごく限られた範囲に限定されるようになる」。このような城下町は、「軍事的な防衛機能」をもつとともに、惣構の内外に「周辺の農村と都市領域」が形成された。このように、「戦国大名城下町の多くが惣構を築いた」理由は、「先にみた寺内町の場合と同じであろう」。すなわち「経済流通の活発化、安定的な大規模市場への欲求が農村とは異なる性格の強化を都市に求めていった」し、また、「都市民や近隣村民が武家権力に対して生命・財産保護の期待を高めていた」からである（二七八－二八〇頁）。

5　戦国時代の村と町

仁木宏はまた、『戦国時代、村と町のかたち』（前出）も著わしている。その結論の部分を掲げる。

「戦国時代、多くの村や土豪《どごう》は連合して〈国〉〈七郷中〉などと自称するような地域社会を形づくり、町《まち》では〈所《ところ》〉と表現されるような共同体を形成した。／村では土豪が台頭してくる。彼らは武家《ぶけ》権力と結びつくことで荘園領主との関係を相対化し、また将軍の被官《ひかん》（人）に任じられたり、半済《はんぜい》をあたえられたりすることで、社会的な身分・地位をえた。やがて、土豪の集団化が進み、〈国〉を単位に結集する国衆《くにしゅう》と呼ばれるようになる。ただし、村によって土豪のあり方は千差万別で、卓越した土豪を生み出さない村も珍しくなかった。逆に、交通の要衝に生まれた〈都市的な場〉を本拠とする土豪は、〈国〉をたばねる指導的な立場に就いた。／町の共同体は、神社を中心とする宗教的なものから地縁的な組織に変化し、宿老《しゅくろう》・若衆《わかしゅう》などが生まれた。町の地理的領域を確定するため牓示《ぼうじ》を打ったり、防衛のために構《かまえ》（土塁・堀・木戸門など）を築いたりする。また日常的な相互扶助を強化するために、町の内部がさらにいくつかの部分に分かれて、より小規模な共同体（町《ちょう》や保《ほ》と呼ばれる）を形づくった。／こうして〈国〉も〈所〉も、みずからの領域内の諸問題を自律的に解決する能力を獲得し、構成員からも、外部勢力からも〈公〉的な存在と認められるようになった。一構成員の問題が組織全体の問題になる、一揆的な集団原理をもつことで両者は共通する」。このようなあり方が、近世につながっていく（九八‐九九頁）。

6　兵庫を抑えて優位に立つ堺

市村高男《いちむらたかお》「中世瀬戸内の港町と船主・問のネットワーク」（川岡勉《かわおかつとむ》・古賀信幸《こがのぶゆき》編『西国における生

産と流通』清文堂・日本中世の西国社会②、二〇一一年）は、近年の「中世の港町や流通・交通に関する研究」の状況は、「学際的」であるとともに、文献史料だけには頼らないなどの特徴があるが、「京都や兵庫・堺・博多ばかりでなく、各地の港町や市・宿など」にも及んでいる、そこで、「京都への求心的な流通・交通」に加えて、「京都と地域間の双方的な流通・交通」や「各地域間あるいは地域内の流通・交通」など、「多様なレベルで重層した交流の有り様を総合的に検討し得る基礎が固められつつある」ことを指摘している。そのうえで「備後国尾道を例として」、「その具体的な歴史像を描き出して」いる（一七一-一七二頁）が、ここでは尾道をふくみつつも、尾道からやや離れて、当時の状況を総括的に述べた、結論的な部分を紹介する。

「大阪湾口の南東と西に並ぶ堺と兵庫は、相互に密接な繋がりを有することになったが、注目されるのは、土佐沖航路の発着点となる堺の問や船主が、瀬戸内海航路の発着点に当たる兵庫に対し、かなりの進出志向を有していたことであろう。周知のように、一六世紀の堺は最盛期を迎え、兵庫を抑えて大阪湾口第一の国際港湾都市へと発展し、土佐沖航路を媒介として薩摩・大隅・薩南諸島や琉球、さらには東南アジアとのさまざまな交流の拠点となっていく。しかし、その時代にあっても、堺から瀬戸内海を経て博多へ、さらには周防灘《すおうなだ》から豊後《ぶんご》水道を経て薩南諸島や琉球方面へ航海するとき、堺は重要な役割を果たし続けていた形跡がある。一五世紀半ば、堺が兵庫と拮抗しつつ、しだいに優位に立ちはじめる起点であったのならば、その要因を土佐沖航路の発着点であることに限定せず、瀬戸内海航路の発着点にもなり得たことと合わせて考えてみる意味は十分にありそうである」（二〇四-二〇五頁）。

第三節　九州・朝鮮と琉球

1　島津氏と琉球／嘉吉附庸説の虚実

比嘉春潮《ひがしゅんちょう》『沖縄の歴史』（『比嘉春潮全集』第一巻、沖縄タイムス社、一九七一年。初出は一九五九年）は、「慶長以前の薩摩との交渉」を次のように描いている。

時代を少し遡る。「島津史家語るところの、琉球が島津氏の附庸となったいきさつ」が紹介されている。いわゆる「**嘉吉附庸説**《かきつ》」である。足利六代将軍義教《よしのり》（一四二八－一四四一）は、弟・義昭《よしあき》（大覚寺大僧正）が将軍職をねらって策動したので、討つことにしたが、義昭は逃げて、従僧・別当坊源澄が自らの出身地の日向に誘導した。源澄の実兄・鬼塚久次が仕えていた都城《みやこのじょう》領主・北郷《ほんごう》持久を頼ったが喜ばれず、鬼塚は義昭と源澄を櫛間《くしま》（都城の南）に導き、地頭・野辺盛仁にかくまってもらった。それを知った義教は、島津忠国に再三にわたって義昭の逮捕を命じたが、忠国は逡巡していた。結局、嘉吉元年（一四四一）三月、忠国は将兵を櫛間に送り、義昭と源澄は切腹した。「忠国は義昭の首を塩漬にして義教に送った。首は四月、京都に達し、義教は大いに喜んで、忠国および討伐の五将に恩賞を与え、更に教書を降して、島津忠国に琉球を与えた」。「このことがあってから三〇年後、忠国はせっかくもらった琉球を一見したいと渡航を企てたが、ついにそのことを果さずして世を去った」。この伝承に対して比嘉春潮は、「ただし、これらのことは、琉球を攻略した義久・家久の時代以後、薩琉の特殊関係を示す史料として、はじめて強調されたものであった」といい、否定的である（一四六-一四七頁）。

原口虎雄《はらぐちとらお》『〈旧版〉鹿児島県の歴史』（山川出版社・県史シリーズ46、一九七三年）は、次のように述べている。「このとき、将軍が忠国に琉球国をたまわったと、『南聘紀考』や『新編島津氏世禄正統系図』など薩摩側の諸書は記しているが、どうも疑わしい。というのは、そのときの感状には、なんら琉球をあたえるとはいってない。琉球封冊《ほうさく》の書は別に下されていたが、それを檜《ひのき》の函《はこ》に納めて代々珍蔵していた、と寛永一八年の『島津久慶笥記《さっき》』には記され、その後、国老が筆吏瀬戸山某に貸しだしていたところ、延宝八年（一六八〇）火事にあって焼失した、と伊地知季安の『南聘紀考』には記している。しかしこれほどたいせつな物を一筆吏の私宅に貸しだすというのは合点がいかない話である。まして他の感状などはのこっているのだから、いっそうその感が深い」。「島津氏の琉球封冊は疑いがある」という（一五〇-一五一頁）。

松尾千歳《まつおちとし》ほか『〈新版〉鹿児島県の歴史』（山川出版社・県史46、一九九九年）のなかで、松尾は次のように描いて、明確に否定している。「『島津国史』など近世に薩摩藩が編纂《へんさん》した歴史書には、嘉吉元（一四四一）年、六代将軍足利義教《あしかがよしのり》の命をうけた九代島津忠国《ただくに》が、義教の弟義昭《ぎしょう》を討ち、その恩賞として琉球国があたえられたと記されている。だが、これは琉球支配を正当化するための作り話である」（一八一頁）。

2 臥蛇島をめぐって

村井章介「鬼界が島考」(『東アジアの古代文化』一三〇、二〇〇七年)は、『日本中世境界史論』(岩波書店、二〇一三年)に収録されるときに、他の一編と合わせて「大幅な統合・増補」が加えられた。前稿を参考にして言葉を補う。

「それ[一三六三年の島津貞久譲状に「一二島」(「口五島」+「奥七島」)と「五島」(奄美大島・喜界島・徳之島+α)が記されていた。つまり沖縄本島の手前まで島津氏の領分と考えられていたことを示す—村井により来間]から九〇年ののち、著名な博多商人道安が、この海域に関する興味深い情報を朝鮮政府にもたらした(『朝鮮王朝実録』瑞宗元年[一四五三]五月丁卯条)。一四五〇年に朝鮮人四名が**臥蛇島**《がじや》[奥七島の一つ]に漂着した。この島は、琉球と薩摩の間にあって、なかばは琉球に属し、なかばは薩摩に属する場所だった。だから漂着者を両者で折半して、ふたりずつ取った。この事例から、一五世紀なかばには、薩摩と琉球の境、すなわち日本の西境は、臥蛇島をふくむ吐噶喇《とから》列島[奥七島]の海域にあったことがわかる。一四七一年にできた『海東諸国紀』の〈琉球国之図〉に、大島について〈属琉球〉とあったように、この時期の奄美諸島は琉球の版図で、すなわち日本の外であった」(七二頁)。

「一五世紀前半、この海域では琉球の三山統一という重要事件が起きていた。沖縄本島で中山・山南・山北の三小国にわかれていた琉球が、首里を都とするひとつの国家に統合され、その勢いで奄美群島から先島諸島までを版図にくりこもうとしていた。いまや日本の西境は、もはやその先は異域であって人の住む世界ではない、というようなものではなく、その向こうに「**琉球という**」**文明国家**が存在していたのである」（七二-七三頁）。

「境界を接する国家どうしの政治的な関係のなかで、境界が往来する「行ったり来たりする」事態が生まれる。琉球が東へとおし戻した境界も、そのまま安定していたわけではない。一五世紀の末には、奄美大島を日本兵が攻めて、それを琉球兵が退けている。ついには一七世紀初めの薩摩の琉球入りによって、境界は与論島と沖縄本島の間まで移動した」（七三頁）。前稿では「そういう押しあいへしあいが日本の西境を舞台に行われていた。それを私は伸縮する境界と呼んでいる」と続けている（一八七頁）。

村井は、境界の揺らぎを描こうとしているのであるが、われわれにとっては、琉球王国の版図の話として受け止められる。

村井章介「中世日本と古琉球のはざま」（池田栄史《いけだよしふみ》編『古代中世の境界領域―キカイガシマの世界』高志書院、二〇〇八年）も、同著に収録されている。そこでは、この臥蛇島漂流について、さらに次のことを記している。ここには「〈国境〉における興味深い法慣習が露頭しているとともに、臥蛇島が特別な存在であることもうかがえる。『海東諸国紀』所収〈日本国西海道之図〉に描かれた臥蛇島の下に〈上松（肥前国上松浦）を去る一九八里、薩摩州房津（坊津）を去る八〇里、日本・琉球に分属す〉という説明が加えられている。道安のもたらした情報と『海東諸国紀』地図との密接な関係がうかがえる」。また、「万年・丁禄の二人は、〈岐浦島〉すなわち喜界島征服のために兵を率いて遠征していた琉球国王の弟によって、加沙里（＝笠利）島すなわち奄美大島北東部を経由して、首里の兄王に献じられた。笠利から首里への送致を担った琉球人甘隣伊伯也貴・完玉之は、緞子《どんす》や銅銭で朝鮮人を買いとっているから、人身売買をなりわいとする商人と思われる。かれらから道安へ、道安から朝鮮側への漂流民引き渡しにも、人身を商品とする貿易の性格があったにちがいない。琉球国が朝鮮人の刷還に熱心だった理由もそこにある」（三四九頁）。

3　島津氏の権力構造の形成過程

稲本紀昭「中世後期島津氏の権力構造」（新名一仁《にいなかずひと》編著『薩摩島津氏』戎光祥《えびすこうしょう》出版・シリーズ・中世西国武士の研究1、二〇一四年。初出は一九六八年）は、次のように述べている。

島津氏は、もともと元寇対策として、鎌倉幕府によって薩摩に「下向」させられた一族であった。したがって、その時従った「郎党《ろうとう》」（血縁関係のない従者）を中心にした一族から成り立っていた。それが「南北朝の動乱」以後（一四世紀）、徐々に「中小在地領主」（島津氏の薩摩入り以前から地域に勢力を蓄えてきた領主層）を「被官化」（家臣化）していった。それは郡司や地頭の系譜を引く豪族たちが、「国人領主」になっていく動きに「中小在地領主」が圧迫されていく状況のなかで、島津氏が「守護」として、「官途吹挙《かんとすいきょ》」（推挙）」（官吏に推薦すること）、「所領安堵」（所領の知行を保証し承認すること）、「宛行《あてがい》」（所領や給与を与えること）、「軍事指揮権の発動」などを通じて「被官」化を進めていったものである。それは当初は、それらが幕府の権限に属するものとしつつも、実質的に実行するものであったが、しだいに幕府の意向とは無関係に実行するようになる。このことを稲本は「島津氏の知行制成立」とする。

「応永期」（一五世紀前半）には「田積表示の知行制」（面積を表示した知行を明示する）を築き、「中小在地領主」を「新譜代層《ふだい》」（新しい家臣で、島津氏への服従性が強い）に編成した。「応永以降」は、「国一揆」（国人一揆。中小在地領主層が複数団結して対抗する）を経験するなかで、その「中小在地領主層」が「譜代層」として家臣団に定着し、その次世代では「直臣《じきしん》」になっていく。このなかで「守将」と「衆」の組織化が進められる。一方、知行制も「段銭《たんせん》賦課権」（面積当たりの臨時税を賦課する権利）を利用して、しだいに整備されていく。この「段銭」（守護段銭）は、通常は「公田」が対象であるが、島津氏の場合、「現作地」（現に耕作されている土地）を対象としているのが特徴で、この段銭賦課を通して「在地領主の所領」を把握しようとしたのである。こうして「守護領国体制」（領国を守護が一元的に支配する体制）は進展していく。「島津氏の**守護大名化**は、南北朝初期からみられ、文和年間に一応の完成をみるが、最終的に確立するのは応永年間であった」。

しかし、「一五世紀後半から」は、「在地構造の変質」が起こり、「在地領主」は動揺する。島津氏は段銭賦課を強化しつつ、それを通して「検地」を進め、上から浸透してくるが、それに対する反発から、「文明から天文にかけての大乱」（一五世紀後半から一六世紀の前半にかけての大乱）となり、島津氏は分裂し（薩州家国久《くにひさ》・豊州家季久《すえひさ》・伊作久逸《ひさやす》の反乱）、危機に陥る。ここで「家臣団支配組織としての**老中制度**」が成立していく。その老中（老名《おとな》・年寄《としより》ともいう）に取り立てられたのは「在地領主出身者」であり、このように「在地領主出身者」を家臣団に取りこむことによって危機を克服した島津氏は、優越する軍事力と守護の権威でもって「**地頭—衆中制**」を生みだし、薩摩と大隅を統一する。「衆中」とは、「在地領主」のもとにあった家臣団を、島津氏が吸収して「直臣団」に編成されたもののことである。彼らは在地性がなくなっていくのである。「衆中」は、直轄領（外城と呼ばれる）に住み、地頭のもとで軍役を果たし、地頭の指揮下におかれている。その形成開始は一六世紀二〇年代で、その完成は同八〇年前後である。

それでも「田積表示の知行制」は「在地構造の変質」に対応できず、「給人」と「農民」の矛盾を拡大していく。「これを解消するために行なわれたのが、中・北九州における軍事行動であった」（以上、七四−一一五頁）。

また、「門」「屋敷」については次のように述べている。「一四世紀後半から一五世紀前半にかけて、南九州のほぼ全域にかけて成立してくる**門**《かど》は、次の三点をその特徴とする。その一は、土地と居屋敷＝薗を一体として把握し、これを年貢・公事徴収単位として支配を行なうものであり、その二は、散居型村落に規定された、領主の個別的支配体制という性格が強いということである。その三として、門の以上のごとき性格は、領主と農民の個別的な関係によって門ごとに年貢・公事の種類・収納量が異なるということである。このような**門支配体制**をとる在地領主を、上から家臣団に組み込んでいく場合、把握困難な収納量表示よりも、段銭賦課方法などや伝統的な賦課方法と一致する、田積表示の知行体系を樹立する方が容易であった。そしてそれは検地の施行によって一層知行制として整備されていったのである。／だが、一五世紀後半の、**屋敷**の成立にみられる在地構造の変化は、在地領主の動揺をもたらし、彼らはより強力な領主権力を要請するに至る。このような在地領主を組織し、強力な軍事力を構築しえた島津氏は衆中召移によって、在地性を希薄化させ、より一層の在地掌握にむかう。が、一旦成立した知行体系は、年貢・公事を把握しえても、それを基礎とした新しい知行体系の樹立を困難にした。しかも、たえざる軍事的要請は、軍役の規定を既存の知行体系に求めざるを得なくし、こうして田積表示の知行制は固定した。だが、知行制・軍役負担の基準を田積においた結果は、収奪、軍役負担の不均等性をもたらし」た。「手作経営者としての農民との競合関係、領主として農民収奪を維持し、さらには不均等性による給人内部の矛盾をおさえるためには、一層強力な軍事力を必要とする。それは軍役の過重となって農民に転化され、農民の欠落《かけおち》を増加させ、門、屋敷の荒廃を招き、矛盾は激化する。天正年間行われる伊東・相良・竜造寺・大友氏等との抗争は、この矛盾の解決を領土拡張に求めたものであった」(一〇八–一〇九頁)。

4 琉球が九州の諸勢力を下位におく

詳しくは次の第二章で述べるが、この項の前提として、次のことを記しておく。

琉球王国は、はじめは渡来中国人を中心に「作り上げられ」、その指導下にあったが、その最盛期は一四世紀の七〇年代から一五世紀の三〇年代までの半世紀くらいのことで、その後は対外交易が振わなくなる。それにつれて、中国人がしだいに去っていき、存亡の危機を迎えた。琉球王国の第一段階は、かくして幕を閉じる。そこで時代は「第二尚氏《しょうし》政権」に移るのであるが、そうなることによって「自立」を目指して立ち直り、独自性のある「国家」になっていった。その意味で国家として「確立」（成立ではなく）したのが、この「第二尚氏政権」の発足だったのである。一四七〇年のことである。その三代の尚真《しん》王（在位一四七七～一五二六年）がこの時代を代表する、とされる。

しかしながら、琉球は、そもそも生産は盛んではなく、「経済力」が弱く、「自立」の条件に欠けていた。人びとから租税を徴収する力も備わっていなかった。したがって、琉球王国は形の上で「確立」した一五世紀の末期から、しだいに日本、とくに島津氏（薩摩藩・大隅藩）への依存を強めていき、ついにはその支配下に入ることになる。

しかしそれは一直線にそうなっていったのではなく、若干の「中間期」を経てのことである。村井章介「古琉球をめぐる冊封関係と海域交流」（村井・三谷博《みたにひろし》編『琉球からみた世界史』山川出版社、二〇一一年。のち前出、村井『日本中世境界史論』に収録）は、「冊封体制下の琉球」、「『歴代宝案』から海域交流をかいまみる」、「ヤマトとの私的関係から琉球中心の君臣秩序へ」の諸項目を立てて、次のように述べている。

「ヤマトとの関係は、…冊封体制の内側に二重化された私的世界を形づくっていたが、尚真王代以降、琉球はヤマト西南周縁部の武士勢力を従える自己中心の外交秩序を創出しようとしていた」。具体的には、次の如くである。①戦国時代に入って、それまであった琉球の京都・室町幕府への通交が途絶えた。このころから**島津氏**が「自己の印判状」を持たない船の来航を禁止するように琉球に「強要」したというのが通説であるが、このことを記した文書（一五〇八年）を慎重に読んでみると、島津忠治《ただはる》は「極めて低姿勢」であり、「二つの国家としての対等な関係まではうかがえても、琉球を従属させようというような姿勢は皆無である」、またこれと「おなじ日付・差出・宛先をもつもう一通の文書」によれば、「忠治はみずからを尚真王の臣下に位置づけている」、「逆からみれば、この時期琉球は島津本宗家までも君臣秩序のもとに編成しようとしていたといえよう」。②このようなことは、一五七〇年、七二年にも確認されていて、変更はない。印判状の「制度は恒常的に存在していたが、琉球は、律儀に遵守《じゅんしゅ》して自己の手を縛る愚は犯さず、船の受入れの与否はケースバイケースで判断していた」。③一六世紀前半の島津氏は勢いがなく、内部で勢力が均衡していて、琉球は島津氏一本にまとめて付き合う必要はなかった。「貴久《たかひさ》が薩摩半島をほぼ掌握して修《しゅ》理大夫《りだいぶ》に任じたのが一五五二年、嫡子義久《よしひさ》に家督を譲ったのが一五六六年、父子がどうにか三州［薩摩・大隅・日向―来間］の平定をなしとげたのが一五七〇年代である」。④一方、「琉球と**種子《たねが》島《しま》氏**との関係」は、むしろ琉球を上においた「君臣関係」とされ、琉球は種子島氏に対して一年に一艘の貿易船の来航を許している。島津氏から制約は加えられていても、「琉球と種子島の独自の関係は織豊《しょくほう》期までしぶとく続いていた」。⑤「琉球と**相良《さがら》氏**（肥後南部）との関係」も、相良氏は琉球と「君臣関係」にあり、琉球への「歳遣船」を認められていて、「相良氏はそれを領国内の〈船頭〉（船持商人）に給与して、琉球貿易を行なっていた」。⑥「琉球と**島津豊州家《ほうしゅうけ》**や**大内《おおうち》氏**との関係」も「君臣関係」だった。⑦「**伊東《いとう》氏**（日向の国人）」の場合、「伊東氏の息のかかった商人が、島津家の統制外で琉球へ渡航し、貿易で潤っている」。

5　島津氏の遣明貿易と琉球

一五世紀後半の島津氏の遣明貿易については、原口虎雄《はらぐちとらお》『〈旧版〉鹿児島県の歴史』（前出）が、次のように述べている。「島津氏はその地理的関係から、義満以来、直接・間接に関係が深かったが、ことに明に送る硫黄の調達をしばしば命ぜられている。しかしもっとも大きな関係というのは、和寇［倭寇―来間］の鎮圧と応仁以後の遣明船警固の役目であった。／遣明船警固は応仁以後、細川氏と大内氏が政治的に対立し、大内氏の領内、兵庫と博多の航路をさけて、新しい航路、すなわち**南海路**をとったためである。南海路というのは、細川氏のにぎる堺港を発し、その領海の四国沖を通り、薩摩の坊津《ぼうのつ》に停泊し、ここを明国への発進地として南島を経由する航路である。／細川氏は文明三年（一四七一）、**渡琉船**について島津立久に斡旋させた［本書第二章第四節4］が、同六年九月、これまでの平戸発進をやめて、坊津発進に改め、坊津での硫黄の積込みと遣明船の警固を命じた。／その後、たびたび日向国や薩摩国の浦々の警固を命じた。／さらに明応二年（一四九三）、細川政元が将軍義稙《よしたね》を越中に逐って足利義高を擁したため、義稙・義高の内訌が生じると、義稙方は島津忠昌をさそって堺商人の遣明船を、義稙・大内義興・忠昌の三人で一艘ずつ配分した。その利益は雑物一万貫について各三～四倍にのぼったというが、この事件でみるように島津氏の対明貿易上の地理的重要さが明らかである」（一二一頁）。

6　琉球と朝鮮をつなぐ博多商人（小葉田淳）

(1)　小葉田敦『中世南島通交貿易史の研究』

小葉田《こばた》敦《あつし》『中世南島通交貿易史の研究』（刀江書院、一九六八年。初出は一九三九年）は「博多商人の琉球通商の旺盛であった事は、国内の史料には證示するもの尠《すく》なく、李朝実録等に拠って其一斑を窺知《きち》し得る」と述べている（三七頁）。そして、七ページにわたってそれを記述しているが、ここでは池谷望子《いけやまちこ》・内田晶子《うちだあきこ》・高瀬恭子《たかせきょうこ》編・訳注『朝鮮王朝実録・琉球史料集成【訳注篇】』（榕樹書林、二〇〇五年）や、申叔舟《しんしゅくしゅう》『海東諸国紀―朝鮮人の見た中世の日本と琉球』（田中健夫《たなかたけお》訳注、岩波書店・文庫、一九九一年）を助けに、わかりやすい表現に改めて紹介する。池谷らの「注」も取り入れたが、［　］の中に残したものもある。もちろん、文章の骨格は小葉田のものである。

一四五三年、尚金福の使者として、漂流人朴［卜］万年らを送還した道安は博多の人である。尚金福の咨文《しぶん》に「私の国は先祖の王代から貴国に友好を通じて今に至るまで多くの年数を数えています。もとより使を遣わし船を備えて送り届けようと思うものの、なにしろ海道をよく知っている人がいません。日本の花島住州［博多の住吉か］の送礼の来船があって、その船頭道安らが帰るのにしたがって、ついでにあちらこちらへ移しわたして、卜麻寧・田皆［＝丁録］二名を連れて訪ねるのである。煩《ねが》わくは食料や運送の経費を与えて、真に離れていた家族が一同そろうようにしていただきたい」とある。

(2) 博多商人・道安

『海東諸国紀』の筑前博多の条に「護軍道安」のことを「かつて琉球国使として我れ《ど》朝鮮）に来て、これによって往来している。一四五五年、朝鮮に来て〈図書〉を受けた。一四五七年には〈職〉を受けた。彼は大友氏の管下にある」とある。

彼は一四五五年にも琉球国使として朝鮮に赴き、尚泰久の咨文《しぶん》をもたらし、礼物錫《すず》・蘇木《そぼく》それぞれ一〇〇〇斤を進上している。この年、道安は銅鑞《どうろう》［＝錫《すず》］鉄《てつ》［＝かなもの］・蘇木など、価格にして正布九万匹余りを船載して交易を願っているのであるが、このような人々が好んで琉球国使として委任を受けて朝鮮に出掛けるのは、国王使であれば、朝鮮における待遇がよくなることと、また積み込む貿易品の交易条件をよくすることができたからである。すなわち、琉球国王の通交は、大体において礼物の交換による交易にとどまり、物品の貿易はこのような博多商人の手にあったのである。一四五七年にも、同じく道安が琉球国使として渡航し、この時も済州島の漂流民を送還した。このとき彼は「護軍」を授けられたのである（『李朝実録』には一四五七年の条に「護軍の職を授《さず》く」とある）。

蘇木については、上田信《うえだまこと》『海と帝国―明清時代』（講談社・中国の歴史09、二〇〇五年）が次のように述べている。「蘇木とは、マメ科のスオウ（学名：Caesalpinia Sappan L.）と呼ばれる木の心材である。この木は熱帯アジアに広く分布する常緑の小高木で、高さ五～一〇メートルに達し、葉は二回《にかい》羽状《はじょう》複葉《ふくよう》で幹や枝に小さなトゲがある。五、六月に、黄色の五弁花を咲かせるという。日本ではスオウはほとんど見られない。スオウとはマライ語のスパンに由来するという。煎じると赤い染料となり、また漢方の薬剤としても利用された。中国には古く晋《しん》代にはもたらされていた。中国・朝鮮・日本ではスオウは自生しない」（一六五頁）。

(3) 一四五八年、琉球国王使が朝鮮に渡る

翌一四五八年二月、礼曹が慶尚道の観察使の申し送りによって「琉球国王の使者吾羅沙也文が漂流者・卜山升らを連れて、浦に来た」と報告した（池谷らは「吾羅沙也文」の派遣については、『歴代宝案』（一―三九―〇三）に記事があることを紹介している）。三月には、同じく琉球国使僧・友仲ら八人が朝鮮に至り、土物《どぶつ》（その土地に産する物―広辞苑）を献上しているが、琉球国王咨文に「いま、日本の人・泉殿を遣わせ、咨文一道ならびに礼物を捧げ、国王殿下に奉献して信《まこと》の気持ちを伝える」。（中略）「いま、漂海の人があって、聞くと貴国の人男一人・何遂追、わが郡（琉球）に漂流したという。琉球からの使に付けて送り返す」とあって、友仲は泉氏の代理として来たものである。続いて、別の琉球国使のもたらした咨文に「昨年、大蔵経を賜わった」ことに感謝するとともに、「もとより船を遣わしてお礼を述べたいが、なにしろ当方は海道をよく知る人がいない。そこでまた、日本人・宗久（池谷らは「宗久持」が正しいという）を遣わして、ごあいさつをして（粗末なものではあるが）物を献ずる」。（中略）「いま、漂流の人があった。聞くと貴国の人、男一人・何卜山、婦人一名・倭志であり、送り返す」とあるが、宗久自身が来たかは不明である。おそらく吾羅沙也文が彼に代わる者であろう（礼物の品名と数量の記述は略する―来間）。

この友仲の副官は「浦所」で病んだので、倭通事（池谷らは「京通事であろう」としている）・

金自江は対馬の倭人・頓沙也文子を副官だと偽って朝鮮に赴いたが、露見して処罰された。はじめ琉球国使が来ると、物を進上し、それに答えて「二万余匹」(布)を賜わるのが常であったために、当時は日本各地の使船が多くて、朝鮮側は対応に困り、琉球国王進上のもの以外の者の進上は、「国家不用」(国家の用いないもの)との理由で受けないことにした。しかし、「船主・押物」と呼ばれる「正官」が、規定外の進上物資は受け取らないとして、官貿易も制限的であったので、五月、吾羅沙也文は礼曹での宴の日に、これに従わず、また不遜の言辞を弄《ろう》し、紛議をかもした次第であった。

(4) 一四五九年・六一年

翌一四五九年正月、博多の道安は、かれが琉球国使として朝鮮から贈られた綿布・紬布および書契を、対馬島に行ったときに奪われて、別の書契を自分の子(林沙也文)に託して琉球国に届けたことを礼曹に告げた。そこで、朝鮮から対馬島主・宗成職《そうしげもと》に書を送って、奪った者を調べて、奪った物と一緒に送り届けよと諭した。

一四六一年五月、琉球国使僧・徳源が朝鮮に来て、土物を進上し、漂流民二人を送還した(第二章第六節2)。これに対して朝鮮国王・世祖が琉球国王に答えた咨文(一四六一年七月)には、吉羅沙也文に綿紬二一〇匹、綿布一〇三一匹を与えたことが述べられている。吉羅沙也文は吾羅沙也文であろう。一二月には、普須古・蔡璟《さいえい》が朝鮮に行って漂流民を送還し、天界寺のために大荘尊経(大蔵経)全部を求めているが、そのもたらした咨文に「毎年次々と漂流民が来て、日本の船に乗せて送りかえしたが、着いたかどうか」とあり、また漂流民・姜廻ら八人（池谷らは「肖得誠ら八人」のこととしている）あって、「船を遣わし、護送して帰還させた」とあって、この時は琉球の船が渡航したらしい。そのためにか、この使臣一貢に対する接遇も懇切だったように記され、戸曹参判・李克堪らの上申書に「使臣は雑物を貿易している。値段が高いというが、日本人の提示する値段に比べれば、とても安い。かつ異国の人が遠く貨物を運ぶのに、貿易をすませずに帰るのは、国のあり方としてどうだろうか。戸曹・漢城府に貿易をすませるように指示したい」とある。

(5)　一四六七年

一四六七年七月、琉球国使・同照・東渾らを遣わして、オウム・孔雀・胡椒・犀角《さいかく》・書籍・沈《じん》香《こう》・天竺酒などを進上しているが、これに対して木綿一万匹・綿紬五〇〇〇匹を送ろうとしたところ、八月に大司憲・梁誠之が書を奉って、そのことが「不可」である理由を二〇条も挙げて反対し、その一〇分の一を「可」とし、「その使はもとより九州の人である。真偽もまた知ることはできない」と述べて、真実の使であるかを疑った。「世祖実録」の八月の条に、琉球国王に対して紅細苧布一一匹などを贈ることを記し、『歴代宝案』所収の同年八月一九日の条付李瑈咨文の別幅には、紅細苧布一一匹の前に、綿布一万匹・綿細紬二〇〇〇〇匹とある。

(6)　一四七一年

一四七一年一一月、尚徳の使僧・自端西堂の進上した咨文に、先王（世祖）の死を弔い、尚徳の父王も一四六九年八月に死んだと述べて、一つの寺を建てた、願わくは先王の絵像・尊号・精舎の宸翰《しんかん》（天子の直筆《じきひつ》の書き物—広辞苑）の額を請い、他の咨文では新王の即位を慶賀して、南蛮（池谷らは「実は琉球のこと」としている）のために紬子一万匹・木綿一万匹を賜わりたいと述べ、「貴国の臣である平左衛門尉信重は、貴国の使者となることを請う。けだし内縁（内々の縁故）とするだけである」といい、海島の人には「書券」を偽作する者があって、割符二枚を上進し二枚を手元にとどめて、後の証《あかし》としたいとして、「平左衛門尉信重の諳《そら》んずるところ、定めて啓上すべきか」とある。宴の席で自端が礼曹に対して「前年に国王がこの老僧に進貢させたが、風水が不順で、来れたのは初めてである」と言い、信重は「琉球国王が書契を送って、私を使として、朝鮮国王の即位を祝わせた。道程ははなはだ遠く、風水がよくないので、歳月が伸びてしまった」と言っている。自端西堂は先王の弔意使、信重は新王の慶賀使であったが、ともに前年に琉球から委託されたことがこの自端の談話と、『歴代宝案』所収の尚徳の咨文で明らかである。自端西堂は、『保閑斉集』によれば、先に朝鮮に行った東照同渾と同一人物らしいとも思われるが、本土の禅僧であることに疑いはない。一方の信重は、『海東諸国紀』に「一四五六年冬、琉球国王使として朝鮮に来た。そこで中枢府同知事を受けた。博多の商人・定清の女婿《むすめむこ》である」とあり、彼自身も丙子歳図書を受けて、朝鮮の臣下と自称しており、この時中枢府同知事を授けられたのである。『歴代宝案』所収の尚徳の咨文は、一四七〇年四月一日付で、「…新右衛門尉平義重…」とある。この義重は信重のことであるらしい。これによれば、義重はおそらく朝鮮の使として琉球に行ったのである。しかし、この咨文は『李朝（成宗）実録』にはまったくない。『実録』所収の咨文は、内容が信用できないものがあり、特に偽使が多いといい、割符二枚を上進するというようなことは、南蛮の需要を口実に多量の綿紬を求めているのである。また、彼の談話に、あたかも琉球から書契を送付して慶賀使となるように依頼されたとあるものも、同様に信用できない。自端の咨文にも不審な点がないわけではない。中間で誰かが作為したものではなかろうか。

(7) 一四七七～九四年

一四七七年に朝鮮に来た尚徳の使・内原里主らがもたらした咨文に「さきに字号を請い、明信（心のあきらかで誠のあること）の宸翰（宸奎＝天子の御筆）を求め、寺の雲堂（僧堂）・庫司・法堂・方丈の費用が多くかかるのでと、銅銭・綿紬・木綿など一万緡《びん》（＝一万貫）を請うている。なお、成宗の答えに、「このたび貴国の使が来てまた言う、〈贈られた進物は海賊に奪われた〉と」とある。前の使も疑わしいのであるから、今度の使も同様であろう。

尚徳は一四六九年には亡くなっていて、明に対しても翌年九月には世子・尚円の名で入貢していて、このような世代の承継と遣使の通交との関係において、南海諸国通交の事例に照らしても、数年遅れて先王の名で行うことはまったくない。

一四七九年五月、塩浦に来た琉球国使臣・新時羅（博多の船主・新四郎左衛門四郎）、副官・三未三甫羅（三未時）、押物・要時羅・也而羅、船主・皮古仇羅らは、済州の漂流民・金非（金非乙介＝金非衣）らを送り返したが、彼らは博多人で、一四七七年一〇月に琉球に商売で来て、漂流民と国王書契を受けて、翌年七月発って博多に帰り、大内氏と少弐氏の合戦のために遅れてやってきたという。金非らが漂流し、新時羅らに送られたのは事実であるが、書契は尚徳の咨文で、大蔵経一部、綿紬・木綿を求めており、おそらく改竄《かいざん》したものであろう。

その翌年、一四八〇年にやってきた、同じく尚徳の遣使という敬宗（僧）が、はたして真使であるかは、朝鮮側も「琉球の使者はおおむね琉球の人ではない。日本人があちらに行って、書契を受けて来る。この敬宗もまた信じられない」と疑問を出したので、彼がもたらした咨文は寺号・明信の宸額に関係して寺堂建立が終わっていないことを述べて、布施《ふせ》（めぐみ）を請うているが、その年号と干支の食い違いがあり、馬脚を現している。

一四八三年、尚円の使者として来た博多商人・新四郎（新時羅に同じ）も、さらに一四九一年に、同じく尚円の使者として来た博多商人・耶次郎も、真偽が問われた。彼らはいつも決まって寺院の創建などのため、布施や大蔵経を求めている。

翌々年の一四九三年、尚円の使という梵慶・耶次郎については、朝鮮でも、書契の印文も、また耶次郎の連年来使することといい、偽使であることを確信し、印や文書に不可解なところがあり、詐偽《さぎ》ではないかとの咨の文書を与えている。彼らは胡椒・丁香・丹木など若干のほかに、黄金・銅・朱紅・太刀など、当時本土の使人がもたらした商品を、附搭貨としてではなく、書契付記の礼物として進上している。

翌一四九四年、やって来た僧・天童のもたらした「中山府主」から礼曹に宛てた書状に、昨年来航した対馬の平皮古三甫羅の話すところによると、近年琉球国の使者と称するものが朝鮮に渡って商賈《しょうこ》（商売）をしていることがあるが、それは琉球の使ではない、このたび使僧・天章を（平皮古三甫羅と共に）遣わし、「新賜の別符」（印）を持たせるので、後日の使船の証《あかし》にしてもらいたい、こんご琉球の書中にこの印がなければ信ずるなかれと述べ、「孔方（銭貨カ）一万緡《びん》（＝一万貫）」を請うている。しかし、この書契も「中山府主」といい、貢船といい、あり得ないことを述べている。しかし、朝鮮では元来遠くの海国に使を通じるのは自らの利益にはならないとして、通交の意志はなく、このような不都合の多いことから、以後「南国の通交」はあまり行われず、一五〇〇年に尚真の使として、梁広・梁椿らが日本の商船に乗ってやって来た程度であった（三七－四四頁）。

(8) 小葉田の結び

なお、小葉田はこの項の結びを「然し以上の事実に依つて、西海商人特に博多商人の琉球往易の頻繁なりし一端を想察し得る。本土の船の集る那覇には日本通事が居り、又琉球使船は博多に輻輳《ふくそう》した［集まった―広辞苑］。海東諸国紀に〈海船の行商を以て業と為す。西は南蛮と中国に通じ、東は日本と我が国に通ず。日本と南蛮の商船亦《また》其の国都の海浦に集まる〉［小葉田は漢文で一行にとどめているが、ここでは田中健夫訳注本から、少し広く採用した。二三七－二三八頁―来間］とあるが、当時の実況であろう」としている（四四頁）。

7 朝鮮に臣下の礼をとる琉球（村井章介）

村井章介「古琉球をめぐる冊封関係と海域交流」（前出、『日本中世境界史論』。初出は二〇一一年）

は、「琉球―高麗・朝鮮」について、「臣下の礼」をとっている、としている。琉球と「高麗・朝鮮との関係」は、「冊封体制のタテマエでは説明しきれない状況がみえてくる。一三八九年八月、琉球国中山王察度《さと》の使節玉之《うっち》が高麗に来て、〈表を奉りて臣と称し、我（高麗）に倭賊の虜掠を被る人口を帰し〉た（『高麗史』巻一三七辛昌、元年八月条）。明皇帝の冊封を受けている中山王が、ほんらい同列のはずの諸国の王に臣下の礼をとるのは異例だが、察度はそれをあえてしたうえで、高麗が希求する倭寇の被虜人の返還を実行した。『高麗史』によれば、察度は、高麗が当年二月に対馬島の倭寇を討ったと聞いて、今回の遣使にふみきったという。対馬討伐の余波が琉球におよばないよう、保険をかける意図が感じられる。／琉球・朝鮮間の往来は、洪武～永楽年間には媒介者なしになされていたが、一四三一年には対馬の客商早田六郎次郎、一四五八年には吾羅沙也文（五郎左衛門）、一四六七年には博多商人道安、一四七〇年には新右衛門平義重が外交文書の運び手だった。いずれもヤマト人で、博多・対馬の人間が中心である。一四七〇年の通信にいたっては、琉球出発から朝鮮到着までのあいだに、使節の名も外交文書の内容も別物にすりかわっていた。その後一五世紀末にかけて、しばしば朝鮮を訪れた琉球王使は、すべて倭寇的勢力が仕立てた〈偽使〉だった」（三六一―三六二頁）。典拠文献としては、橋本雄『中世日本の国際関係―東アジア通交圏と偽使問題―』（吉川弘文館、二〇〇五年）、伊藤幸司「日朝関係における偽使の時代」（日韓歴史共同研究委員会編『日韓歴史共同研究報告書（第一期）・第2分科編』二〇〇五年）を挙げている。橋本雄は、のち『偽りの外交使節―室町時代の日朝関係』（吉川弘文館・歴史文化ライブラリー、二〇一二年）を刊行している。

このことから、村井は「高麗国王にあえて臣下の礼をとったことは、…ヤマトを上位に置く態度とも通じるもので、状況次第では冊封体制の枠にとらわれない身の軽さがあった。比較的きがるに倭寇的勢力に国王使を任せてしまったことも、偽使の横行という想定外の結果を招いたとはいえ、そうした融通無碍なふるまいのひとつだった」という（三六二頁）。「融通無碍《ゆうずうむげ》」とは、「一定の考え方にとらわれることなく、どんな事態にもとどこおりなく対応できること」をいう（広辞苑）。

8　琉球と朝鮮をとりもつ「偽使」（関周一）

関周一『対馬と倭寇―境界に生きる中世びと』（高志書院、二〇一二年）は、琉球を例にとって、次のように述べている。「偽使《ぎし》の早い事例は、一四世紀後半、明皇帝あての〈日本国王良懐〉（懐良《かねよし》親王《しんのう》）の偽使だが、一五～一六世紀の日朝関係において数多くの偽使が登場する。／たとえば、**琉球王国**（琉球国中山王）の場合、一四世紀末以降、高麗・朝鮮に使節を派遣しているが、一五世紀前半になると、琉球使節の大部分は博多・対馬の商人らによる請負に変わっていた。一四七〇年代になると、博多商人らが独自に派遣した、いわゆる偽使となった。その原因は、一四七〇年代のクーデタによって、琉球王朝は第一尚氏から第二尚氏に交代したことにあり、クーデタ以後の琉球使節は、第二尚氏の意向とは無関係に派遣された使節だったのである［田中 一九七五＝田中健夫『中世対外関係史』（東京大学出版会）、橋本 二〇〇五＝前出、橋本『中世日本の国際関係―東アジア通交権と偽使問題』］」。

「足利将軍や大内氏などの派遣者」の場合は、「五山僧」が外交文書を作成し「正使・副使」になったこと、「派遣者」が商人らに請け負わせる、「請負（名義借り）や偽使」は「派遣者」とは別に進めることができたと指摘して、次のように続けている。「琉球使節の事例を踏まえて考えると、偽使派遣勢力として、まず想定されるのは、博多の商人や禅僧であろう。朝鮮王朝に対して派遣された使節には、朝鮮王国もしくは礼曹《れいそう》（外交・儀礼を担当）あての外交文書が必要である。それは、高度な水準の漢文で書かなければならない。室町幕府が五山僧らに担当させたように、学識のある禅僧が執筆を担うことが多く、使節も禅僧がつとめることが多かった。博多には、栄西《ようさい》以来の博多禅の伝統がある。また朝鮮国王に対する進上品や公貿易・私貿易のための商品も必要であるが、そうした物資の集散地が博多である。主に琉球からもたらされる胡椒・蘇木のような東南アジア産の商品も集まっていた。朝鮮に使節を派遣しようとする領主ら（派遣主）は、主に博多商人から商品を購入したものと推測される。博多は、一一世紀末には中国人海商の拠点である博多唐房が形成され、住蕃貿易が行われた。高麗との交渉も経験しており、外交・貿易に関するさまざまなノウハウが蓄積されている［大庭ほか 二〇〇八＝大庭康時・佐伯弘次・菅波正人・田上雄一郎編『中世都市博多を掘る』海鳥社、大庭 二〇〇九＝『中世日本最大の貿易都市 博多遺跡群』新泉社・シリーズ遺跡を学ぶ］。／したがって、九州各地の派遣主の中には、博多の商人に使節の派遣を請け負わせた者がいた可能性がある。あるいは、博多商人の立場からすれば、派遣主の名義を借りて、実質的に経営を担うことも考えられる。その結果、博多商人が、派遣主の意思とは無関係に独自に使節を派遣するようになり、偽使が生まれたのではなかろうか。伊藤幸司氏は、一五世紀前半において博多商人が、大友氏や室町幕府と連携しつつ、その一方で偽使を派遣していたことを、明らかにしている［伊藤二〇〇五＝前出、日韓歴史共同研究委員会編『日韓歴史共同研究報告書（第一期）』・第2分科編」］（以上、三九‐四〇頁）。

また、「**琉球船**」の関わり方について、次のように述べている。対馬・壱岐・北九州には南海産、すなわち東南アジア産の物資が渡ってきている。「胡椒などの香料や蘇木」である。「早田左衛門大郎が入手した南海産物については、琉球船または南蕃船と接触したものだ」との見解がある。「南蕃船」とは、東南アジア在住の華僑らが東アジア海域に航行させた貿易船のことである。これらには朝鮮へ輸出されるものが含まれていた。遺物として東南アジア産の陶磁が残されている。時期は一四世紀後半から一五世紀前半である。「ところで琉球経由で東南アジア産の物資を入手するにしても、①対馬において琉球船と接触する場合、②対馬から直接琉球に渡る場合、③博多に於いて東南アジア産の物資を入手する場合が考えられる。②については、一四二〇～三〇年代、早田六郎次郎が、琉球―対馬―朝鮮を結ぶルートで活躍している。③では、琉球船が博多に運んできた物資や、博多商人が琉球に渡って購入した物資などが想定される。③のケースから、琉球王国の対朝鮮使節を博多商人が委託されるか、または彼らが詐称する（偽使）自体が生まれてくる［田中一九七五＝前出、田中『中世対外関係史』］」。

なお関は、森本朝子「壱岐・対馬出土のベトナム磁器について」（『国立歴史博物館研究報告』第九四集、二〇〇二年）が、「水崎（仮宿）遺跡のヴェトナム産陶磁器が一四世紀後半から一五世紀初期のものであるとした上で、この時期は未だ琉球を介した中継貿易システムが確立されておらず、**倭**

寇などの勢力が東シナ海で南蕃船と接触することによって、東南アジア産の物資が搬入されたのではないかと指摘した」ことを紹介している。しかし関は、この見解に同調せず、一三八九年に中山王察度が、朝鮮に使節を派遣した事実を指摘して、「一四世紀末においても、琉球船は朝鮮への航海の途中に対馬を経由し、東南アジア産の物資を対馬に搬入する可能性はある」と、このテーマを結んでいる（以上、六六－六八頁）。

第四節　「交易の時代」に入る東南アジア

1　A・リードの「交易の時代」論

アンソニー・リード『大航海時代の東南アジア』（Reid, Anthony, *Southeast Asia in the Age of Commerce* 1450-1680, New Haven and London : Yale University Press, 1988. 平野《ひらの》秀秋《ひであき》・田中《たなか》優子《ゆうこ》訳、法政大学出版局、I 貿易風の下で、一九九七年、II 拡張と危機、二〇〇二年）は、次のように述べている。

「私が〈大航海時代〉と呼んだ一五世紀から一七世紀は、これらの海における連結〔それはもともとあったというのがリードの認識である―来間〕が、とりわけ活発な時だった。互いにつながっていたこの地域の海洋都市は、その前後の時代よりも勢いがあった、と断言できる」（I、一二頁）。平野らの訳では「大航海時代」となっているが、以下の行論に出てくるように、「大航海時代」というのはすでにあった概念で、ヨーロッパ中心史観から出てきたものであり、リードの概念とは異なったものである。多くの論者は「交易の時代」と呼んでいる。

「交易は東南アジアにはいつの時代も、なくてはならなかった」としつつも、「一五世紀から一七世紀を特に**交易全盛期**として取り出す必要がある」といい、理由を二つ挙げている。「まず第一に、

〈長き一六世紀〉と言われる継続的な交易の隆盛は、ヨーロッパや東地中海のみならず、中国、日本、そしてインドにも、影響を与えたのであり、この時代は東南アジアがとりわけ重要な役割を果たした時代だったからである。フェルナン・ブローデルが主張しているように、遠距離貿易の（金銀をのぞいた）最も重要なアイテムは、商業資本主義を創り上げた基本アイテムである胡椒《こしょう》・丁子《ちょうじ》、ナツメグであって、これらは東南アジア産だった。第二に、この時代、東南アジアの商人、支配者、都市、そして国家は、そこから積み出し、そこを経由する、交易の主要な担い手であった。貿易風下の土地における交易の中心は、ペグー、アユタヤ、プノンペン、ホイアン（フェイフォ）、マラッカ、パタニ、ブルネイ、パサイ、アチェ、バンテン、ジャパラ、グレシク、そしてマカッサルであった。マラッカがポルトガル領となり（一五一一年～）、マニラがスペイン領となり（一五七一年～）、そしてとりわけバタヴィアがオランダ領となる（一六一九年～）など、交易の中心地がヨーロッパの拠点となって、遠距離貿易の大きな役割を次第に失ってゆくまでは、これらの交易中心地は、東南アジア的生活と、政治的権力と、文化的想像力の中心だったのである」（II、一－二頁）。

ここでリードが述べていることは、一六世紀にヨーロッパ勢力がアジアに進出してくる以前に、東南アジアは「交易の時代」を迎えていたということである。

2　「交易の時代」論の評価

(1)　池端雪浦

池端雪浦《いけはたせつほ》「東南アジア史へのアプローチ」（池端編『変わる東南アジア史像』山川出版社、一九九四年）は、リードの「交易の時代」論を次のように評価している。「〈交易の時代〉という呼称を一躍有名にしたこの仕事は、フェルナン・ブローデルの『フェリペ二世下の地中海と地中海世界』に啓発されて書かれたものであった。この書でリードが追究したことは、各国史のモザイクとしての東南アジア史ではなく、一つの世界としての東南アジア史を叙述すること、支配者や外来者の行為よりも地域の住民の生活を重視することであった」。「リードが〈交易の時代〉の東南アジアを一つの世界としてとらえうると考えた理由は二つある。一つは、この時代の東南アジアがすでに多くの同質性をもつ地域だったことである」。この点は、沖縄のわれわれが、東南アジアに親近感をもつ理由とも重なる面があるので、少しくわしく引用を続ける。

「〈東南アジアは言語や文化の面で多様性に富んでいても、天候や自然や商業の面で多くの同一の圧力に従わねばならなかったので、非常に類似したひとそろいの物質文化を発展させてきた〉と彼はいう。社会関係や精神文化の面でも、精霊信仰が顕著なこと、血統・儀礼・売買・農業などの面で女性が重要な役割をはたすこと、社会的義務関係の決定要因として債務が重要性をもつことなど、近隣のインドや中国などとは異なる特徴をもっているという。そして第二に、この時代、すなわち

〈交易の時代〉に東南アジアは有史以来最大の規模と密度の交易ネットワークで結ばれていたことである」。

「〈風下の土地〉という副題［平野ら訳では「貿易風の下で」―来間］をもつ第一巻」では、「交易の時代」を条件づける、長期持続の構造と束縛が検討され、農具、食事と食料供給、水と酒、食事と祭りなど「従来、歴史家が軽視してきた民衆生活の諸側面が掘りおこされている」。「〈拡大と危機〉の副題［平野ら訳では「拡張と危機」―来間］をもつ第二巻」では、「交易の時代」の変動局面が分析され、このような時代になったのは、東南アジアの各種特産物が「国際市場で爆発的に求められた」からである。「こうして東南アジア世界は、文字どおり四方の海に広がる国際的交易ネットワークの活況のなかで、社会・経済・政治の諸構造にもろもろの変化を体験した」。なお、「こうした共通現象はあるものの、〈交易の時代〉がつくりだした歴史像は、地域によってけっして一様ではなかった」のである。「生産・出荷・積出しの一連の過程」も多様であったし、宗教も各地で異なったものを受容した（以上、一二―一四頁）。

(2) 桜井由躬雄

桜井《さくらい》由躬雄《ゆみお》「ベトナム世界の成立」（石井米雄《いしいよねお》・桜井編『東南アジア史①大陸部』山川出版社・新版世界各国史5、一九九九年）は、リードの「交易時代」論を次のように評価している。「東南アジア史学者アンソニー・リードは一九八八年に、〈交易の時代《エイジ・オブ・コマース》〉という概念を提出した。交易の時代とは一五世紀のなかばから一七世紀末までのほぼ二〇〇年間、世界の広域ネットワークが大発展し、東南アジアがそのもっとも中心的な一環となり、マラッカを中心軸とする濃密な経済的・文化的ネットワークが形成された時代である。この結果、東南アジア各地に商業を管理する現地人の王権と、多数の外国人が現地人と共生する商業都市が無数に生まれた。それぞれの都市では中国や日本の銀《ぎん》錠《じょう》［丁銀《ちょうぎん》・銀丁《ぎんちょう》、秤量《しょうりょう》して流通した銀塊《ぎんかい》—広辞苑］・銅貨が国際通貨として用いられ、インド系の金融組織があり、共通した商取引慣行があり、また先買権（入港した貨物を王がまず購入することができる権利）など共通した王権の市場介入ルールがあり、港には王権の委託を受けた港務官（港の王《シャーバンダル》）がおり、華人、西アジア人、インド人ごとに高度な自治をもった居留区をもち、取引にはマレー語を中心としたさまざまなことばが飛び交った。商人たちは内陸にはいり、熱帯の森林・農業生産物を国際商品化する。域内の流通情報手段として沿岸河川交通が発展した。都市の影響力は河川ネットワークを通じて、その後背地の奥深く浸透し、東南アジア全域を商業的な社会にまとめあげていった。農民は商品化できる産物を探し、利益を求めて動き回る。離合集散型《ディアスポラ》社会が生まれた。東南アジアのこのネットワーク・システムは、一七世紀末にオランダ東インド会社の独占と日本・中国の鎖国体制が完成することによって衰退崩壊する。しかし、この時代に生まれた全東南アジアに共通した性格、つまり**東南アジア性**は現在まで継承され、東南アジア社会の骨格をつくり出した。時期区分、中国など東南アジア市場の位置づけなどに多くの問題を含みながら、交易の時代論は多くの支持をえた」。桜井は「この概念を基礎にして**大陸東南アジアの近世**を考え」ていく（一九四−一九五頁）。

(3) 石井米雄

また、石井米雄による『東南アジア近世の成立』(池端雪穂ほか編、岩波講座 東南アジア史 第3巻、二〇〇一年)の「総説」も、次のように述べている。「一五世紀-一七世紀を中心」とする「この時代は、A・リードが〈交易の時代〉と名づけた活発な国際交易の時代である」。ただし、石井は「本巻では」と、リードとの違いも指摘している。「リードは〈交易の時代〉を一四五〇年から一六八〇年とするが、本巻では、東南アジア史における〈交易の時代〉の意味をより明確にさせるため、一五世紀以前から、一七世紀以降までの前後の時代をも叙述の対象に含めることとした」(一頁)。

その上で石井は、「〈交易の時代〉とは、一五世紀以後、急激に拡大した国際交易が、貿易船の航路にあたる沿岸諸地域に**港市**の発達をもたらし、これによって東南アジア各地が人、もの、情報の交流によって緊密に結ばれる一方、交易のもたらす富が各地の政治基盤の強化に貢献し、その結果、〈**港市国家**〉と呼ばれる新しいタイプの国家群が、臨海諸地域に相次いで誕生した時代を指す。これまでの世界史では、一五世紀末から一六世紀全体を、〈大航海時代〉ないし〈地理上の発見の時代〉ととらえる見方が有力であった。こうした切り口が、ヨーロッパ人がアジアに〈到達〉し、アジアを〈発見〉したとするヨーロッパ中心史観によるものであることはいうまでもない」と述べる。しかし、「アジアの海域には、ヨーロッパ人がアジアに到達するはるか以前から、アジア人による交易のネットワークの長い歴史が存在していた」のである。「このように、すでに一五〇〇年も前から、海を通しての交流が存在していながら、とくに一五世紀中葉から一七世紀末までの二百数十年をとりだして、これに〈交易の時代〉という名前を与えたのはなぜであろうか」。ここにリードからの引用文が入る。「すでに数百年にわたって存在していた海上交易は、この時代に至って顕著な量的拡大を示し、その結果、港市を中心に、従前とは性格の異なる強力な国家が生れ、国家間の関係もまた変化するにいたった。リードはこうした傾向の変化に注目し、これに〈交易の時代〉という名を与えて、そこに現れた**通地域的な変化**の諸特徴を読み取ろうとするのである」（一-三頁）。

3　前期アユタヤとマラッカ

石井米雄「前期アユタヤとアヨードヤ」（池端雪穂ほか編『東南アジア古代国家の成立と展開』岩波講座　東南アジア史　第2巻、二〇〇一年）は、次のように述べている。「〈前期アユタヤ〉のマラッカ支配はかなり以前から存在していたと考えてよい」。「かなり以前」とは、『王朝年代記』に最初に記録された一四四一年以前という意味で、「〈前期アユタヤ〉はマラッカに対する米の最大の供給者であり、シャムにとってマラッカは、インド綿布ほか舶来の奢侈品の主要な輸入先である。両者は相即不離《そうそくふり》の関係［切り離せない関係―広辞苑］にあった。〈前期アユタヤ〉にとってマラッカは、ベンガル湾交易の重要な一拠点であった」。前期アユタヤは「中国という大市場を相手とする南シナ海交易とあわせて、ベンガル湾・インド洋交易への諸拠点［マレー半島西海岸のテナセリムやタヴォイ―石井により来間］を確保した」が、そのことは「港市国家の成立条件としてきわめて有利であった。アヨードヤが他の港市に比較して優位に立つことができたのは、輸出可能な余剰米を生産できる豊かな後背地に恵まれていたことである。こうした有利な条件を背景に、アヨードヤは、やがて東南アジア大陸部最大の強国へと発展していったのである」（二四三―二四四頁）。

「一五世紀のなかばに行なわれた〈前期アユタヤ〉の集権化」については、次のように述べている。①「王族、貴族、官僚、下僚、平民の身分」、そして奴隷の身分までが、「位階田」の面積によって「定量的に」規定されている。それは「〈前期アユタヤ〉が約一世紀の年月をかけて獲得した広大な領域の統治体制が、ようやく制度化され始めた状況を反映している」。②「一五世紀中葉の〈前期アユタヤ〉の中央官制は、まず文官と武官に分かれ」ていて、それぞれの「長」がいた。これに「四本の柱」と呼ばれる「四人の長官」が任命された。③「地方官制」は、自らへの「朝貢国」が広く存在するとしていて、「〈前期アユタヤ〉の核心域は、中部タイのチャオプラヤー河、メークロン川、バパゴン川の河岸諸国にあり、これをとりかこむ地方の諸国に対する鎮守府として」、「対北方」・「対東北方」・「対マレー諸国」が置かれていた（二四四―二四五頁）。

ただし、注意が必要である。「これらの記録は、かなり集権制の高い統一国家であるとの印象を与えるが、これはあくまでも建前であって、実際にはこれらの諸国はかなり自立度の高い地方権力であった。〈前期アユタヤ〉は、港市アヨードヤを中心とする〈マンダラ〉構造をもった王国であり、たえず地方権力の離反の鎮圧に追われていた」（二四五―二四六頁）。

4　ムラカ（マラッカ）王国の性格

生田滋《いくたしげる》「東南アジアの大航海時代」（前出、池端ほか編『東南アジア近世の成立』）の描き方は、

「交易の時代」ではなく、「大航海時代」という用語を使い、その延長線上に「海域東南アジア」を含めるところに特徴がある。

まず、ムラカ（マラッカ）王国については、次のように述べている。「インド洋貿易圏のなかでも海域東南アジア、すなわちアンダマン、ニコバル諸島より東の海域では、一五世紀後半における海上貿易の中心はマレー半島のムラカ王国の首都ムラカである。インドのグジャラート、コロマンデル、ベンガルで生産される綿織物はこのムラカへ向けて輸出され、ここから東南アジア群島部の各地に再輸出されていた。そしてその見返り品としての香料などはこのムラカに集められ、そこからインド方面に輸出されていた。／ムラカ王国はたしかにマレー半島からスマトラ東海岸にかけての地域を支配していたが、実際には海岸に形成されたいくつかの港市を支配していただけであって、いわば点と線を支配していただけであった。したがってムラカ王国は陸上に経済的な基盤を持たず、海賊活動と貿易を経済的な基盤としていたということができる。つまりムラカ王国は外部、この場合はアユタヤ、中部・東部ジャワ、それにペグー王国から必要な米を輸入できるかぎり、経済的な基盤としての農業開発を行う必要はなかったのである。これはムラカ王国に限らず、スマトラ北部のパサイ王国などの場合も同様であった」（七八頁）。

5　ムラユ語とイスラームの「ムラユ世界」

弘末雅士《ひろすえまさし》「交易の時代と近世国家の成立」（池端雪穂編『東南アジア史⑪島嶼部』山川出版社・新版

世界各国史6、一九九九年）によって描く。本書の構成で注目されるのは、「古代」の次にいきなり「近世」が来ることである。これは「第二章」で、「第一章」は「古代の栄光」である。

元々この地域に広く勢力を張っていたのはマジャパヒト王国であり、ムラカもその影響下にあった。ムラカ（マラッカ）という港市国家は、マレー半島の南端、マラッカ海峡を臨む位置にあり、東西・南北の交易の中継地として繁栄した。その「全盛期」は一五世紀後半から一六世紀初めまでである。そこで用いられていた言語は「ムラユ（マレー）語」であり、これが「商業の共通用語」として広くこの海域で使われた。文字は、ムラユ語をアラビア文字で表記した「ジャウィ」である。また宗教は「イスラーム」が信奉されていた。「このようにムラユ語が通じ、イスラームが信奉された東南アジア海域世界を、一般に**ムラユ世界**と呼ぶ」（九四-九六頁）。

イスラームは、ムスリム商人と一体となって活動した宗教家によって、まずスムドゥラ（スマトラ）島の北端、パサイに導入され、しだいにこの島の東岸を南下してきて、そしてジャワ島の東部に拠点をおくマジャパヒト王国の、北岸一帯に立地する複数の港市（ドゥマク、トゥバン、ジュパラ、グルシク、スラバヤ）に広がり、さらにその東北方の島嶼群（スラウェシ島のマカッサル、マルク諸島のテルテナ、ティドーレ）にも及んだ。「このように、ムラカの交易網がイスラームの拡大にはたした役割は重要であった」（九五頁）。

マジャパヒト王国は、「ジャワの豊かな米をもとに、マルク諸島の香料や、ティモールの白檀《びゃくだん》を集荷し、…中国やインド、西アジアの商人を引きつけ繁栄していた」（九二頁）。ティモール島は、ジャワ島の東にあるバリ島・ロンボク島などの、さらに東に位置する。しかし、一六世紀初めころ内陸部に遷都して「海岸部への影響力を後退させ」たことと、イスラームを受容しないことから、一五二七年ころ「ドゥマク王国」に滅ぼされた（九三-九四頁）。

6　マジャパヒト（ジャワ）からマラッカへ

青山亨《あおやまとおる》「シンガサリ＝マジャパヒト王国」（前出、池端ほか編『東南アジア古代国家の成立と展開』）で補足する。マジャパヒト王国は「遅くとも一五世紀の末までは」勢力があった。そしてマラッカの時代に移って行く。**琉球**の東南アジアとの交易も、マジャパヒト（ジャワ）からマラッカへ移るのである。「琉球王国の外交文書集『歴代宝案《れきだいほうあん》』が記録しているように、明初に海洋交易国家として台頭してきた**琉球王国**が、鄭和《ていわ》の遠征が一段落した一四三〇年から一四四二年まで四回にわたってジャワへ使節を送っていることも注目されよう。しかし、一五世紀の後半になって情勢は変化していった。マジャパヒト王国の活発な朝貢活動は実質的に一四六五年をもって幕を閉じるが、その頃には明朝側でも朝貢貿易を維持する国力も関心も失っており、すでに一四四三年に明朝はマジャパヒト王国に対して、朝貢が頻繁すぎて国庫の負担になるから、朝貢の回数を減らすようにとの詔勅を下していた（『明史』巻三二四）。衰退する朝貢貿易に代わって活発化したのが民間交易であり、その好機を最大限に活用したのが新興港市国家マラッカであった。**琉球王国**も一五世紀後半には集中的にマラッカへ使節を送るようになる。一六世紀初頭にアジアを訪れたポルトガル人トメ・ピレスはその著書『東方諸国記』の中で、北西インドのグジャラート地方の商人たちは、まだ百年も経ない頃までスマトラ島南岸からスンダ海峡を抜けて東部ジャワのグルシクに赴き、そこでマルク諸島、バンダ諸島、ティモール島から物産を入手して持ち帰り、大きな利益を得ていたが、マラッカが交易基地として台頭したためにこの航路を放棄するにいたった、と記している。この記事は、東部ジャワが握っていた集散地としての機能をマラッカ王国が奪い取ったことこそがマジャパヒト王国の衰亡の要因であることを物語っている」(二二八-二二九頁)。

青山は、さらに次のように続けて、結んでいる。「マジャパヒト王国は、明朝が朝貢貿易を奨励している限りは、島嶼部を代表する国家として海禁令のもとで独占的な貿易をおこなうことができた。しかし、朝貢貿易への明朝の熱意が衰え、その裏返しとして民間の私貿易の占める割合が増大するにつれて、それまでの朝貢貿易への枠組みからいち早く抜け出し、外国人商人の活動環境を積極的に整備したマラッカ王国の優位が明らかとなってきた。マジャパヒト王国が消滅した正確な時期は不明であるが、おそらく一六世紀の初頭にドゥマク王国を中心としたイスラーム諸国の軍勢によって滅ぼされたと推測されている。一五世紀の鄭和の大航海、そして港市国家マラッカの出現は、東南アジア世界のいわゆる〈交易の時代〉の開幕を告げた。ジャワ海以東の海域世界の第一次集散地として国際貿易の一角をにない、その後、明朝の朝貢貿易体制の中で朝貢国家としての地歩《ちほ》を占めてきた一連の東部ジャワ政権は、この新しい時代の到来の中で、ついにその役割を終えることになった。しかし、そこで培われてきた制度や文化はやがて誕生するイスラーム諸国家に受け継がれていったのである」(二二九頁)。

7　東南アジア史の研究史と時代区分

池端雪穂「東南アジア史へのアプローチ」（前出、池端編『変わる東南アジア史像』）は、「東南アジア史の時代区分」を次のように論じている。その前に、研究史を整理しているので、それを見ておこう。

戦前の帝国主義の側からの植民地東南アジアの研究を前史として、「新しい時代［研究の時代－来間］の開始を記す一つの記念碑は、一九五五年に出版されたD・G・E・ホールの『東南アジア史』であった。ホールは一九四九年にロンドン大学に新設された、世界で最初の〈東南アジア史〉講座の初代教授をつとめた人物で、彼の書もまた世界で最初に書かれた総合的な〈東南アジア史〉であった。〈東南アジア〉はこの時期にようやく、一つのまとまりをもつ歴史学の対象領域として認識されるようになったのである」。次いで「一九六〇年にシンガポールで創刊された国際的学術誌、『東南アジア史ジャーナル』第二巻第二号［一九六一年］で、コーネル大学のJ・R・スメイルは〈近代東南アジア史の自律史の可能性について〉と題する論考を発表して大きな反響をよんだ」。彼は「ヨーロッパ中心主義」の歴史から、「自律的東南アジア史」への転換を主張した。「スメイルがいう自律史とは、植民地社会の表層で展開される政治・経済関係に限定された歴史ではなく、その下層にある社会組織や文化などをも包摂した包括的で内生的な歴史であった」。次に「スメイルの自律史観と並んで新たな旅立ちを先導したもう一つの論考は、イェール大学のH・J・ベンダが同じく『東南アジア史ジャーナル』第三巻第一号［一九六二年］に発表した、〈東南アジア史の構造―若干の予備的考察〉であった」。ベンダは、「東南アジア史を内在的な発展に即してとらえることを主張した」。この二人の研究の特徴をまとめて、池端はこういう。「スメイルがヨーロッパ中心主義史観の乗りこえを、そのたんなる裏返しにすぎない東南アジア中心史観ではなく自律史観に求めたように、ベンダも構造的変化の契機となった外来要因についても正当な位置づけを与えて、東南アジア史の全体像を示そうとしたのである」。「東南アジア史の新しい旅立ちはこうして始まった」。

「この四半世紀、東南アジア史研究はかつてない躍動をみせている」。「この四半世紀」とは、一九七五年以降ということのようである。「日本史においてと同様、東南アジア史においても、古代世界のイメージはこの四半世紀のあいだに大きく変化した。古代国家はどのように形成され、それはどのような性格をもっていたのか。この問題をめぐって、多くの構想力あふれる研究が発表されてきた」。それ以前に、ジョルジュ・セデス『インドシナおよびインドネシアのインド化した諸国』（一九四八年）があった。それをめぐって「批判や修正、あるいは理論の精緻化《せいちか》がさかんになった」。「こうした疑問や反論が提出されるようになった背景には、一九七〇年代から顕著になる古代史研究の方法的革新があった」。つまり、「考古学・歴史地理学・農業生態学など関連諸科学…がこの間めざましい進展をみせた。そしてその成果に照らして、既存の文字資料の再解釈も進捗《しんちょく》した」のである。「こうして、ここ四半世紀ほどのあいだに、われわれはセデスの〈インド化〉論とはそうとうに異なる、古代国家形成の解釈を手にすることになった」。

そうして「現在、共通の知見となりつつあることがら」として、①インド文明の東南アジアへの渡来は西暦四~五世紀ころのことであり、それ以前にすでに「東南アジア域内の交易」が盛んだった。そのことを基礎に成立していた「政治的支配権力と政治統合体」が、インド文明を選択的に受容し、それを支配の強化と拡大に利用したのである。②そうして、一九八五年ないし一九九〇年ころから「港市国家」論が登場し、多くの関心を集めている。港市国家は、もちろん海上交易社会であるが、それが背後地の農業社会と一体として展開していたことが重要である。③「東南アジア史研究を活性化し、東南アジア史像の修正に刺激的役割をはたしているもうひとつの研究動向が〈ネットワーク論〉である」。これは「一国発展論の限界を乗りこえる新しい芽を多分に含んでいる」。例えば、次のごとくである。「第一のタイプの研究は、当該地域の政治統合や社会・経済構造の発展・変質が、広域的な交易ネットワークと密接に関連しているという視点に立つ研究である。第二は、現在の国家枠に規制されない地域的な交易ネットワークの構造とその歴史的展開の解明をめざす研究。第三は、空間構造の異なる複数のネットワークの交差とその盛衰のうちに、一地域あるいは一国の歴史的展開の動因を探ろうとする研究。そして、第四は、交易ネットワークの展開と〈一つの東南アジア世界〉の形成とを関連づけて理解しようとする研究である」。このうちの「第四の研究の代表」として池端が挙げているのが、アンソニー・リードの『交易の時代の東南アジア——一四五〇~一六八〇年』全二巻（一九九三年）である。これについては、本節1で紹介した（以上、三-一四頁）。

　時代区分論に移る。池端は先行研究を紹介しながら、「〈交易の時代〉あるいは〈初期近代《アーリー・モダン》〉が始まる一五世紀が東南アジア史の大きな分水嶺になることは明らかで、それ以前と以後にいくつかの分水嶺がみられるかが時代区分の問題になる」としている。「それ以前」の区分点としては「一〇・一一世紀」を、「それ以後」の区分点は「一八世紀末」「一九三〇年代」「第二次世界大戦以降」を挙げている。

このように、東南アジア史家たちは、「古代」から、いきなり「近世」(=初期近代)とし、中間に「中世」を置かない。すでにみたように(本節5)、池端雪穂編『東南アジア史⑪島嶼部』は、「第一章 古代の栄光」「第二章 交易の時代と近世国家の成立」となっていて、「中世」を欠く。また、『岩波講座 東南アジア史』も、第二巻が「東南アジア古代国家の成立と展開」であり、第三巻が「東南アジア近世の成立」となっていて、「中世」がない。

第二章　琉球の〝大交易時代〟の実相

第一節　未熟な政権―「第一尚氏」

1　「第一尚氏」「第二尚氏」という呼び方

「三山統一」をしたとされる尚巴志《しょうはし》に始まる王統を「第一尚氏」という。この呼び方は、伊波普《いはふ》猷《ゆう》によるといわれている。比嘉春潮《ひがしゅんちょう》『沖縄の歴史』（前出）は、「尚巴志の統を第一尚氏といい、尚円の統を第二尚氏と呼ぶことは、伊波普猷氏か或は真境名安興《まじきなあんこう》氏の発案であろう。伊波氏は早くからこれを用いていられる」と述べている（八七頁）。

伊波『沖縄歴史物語―日本の縮図』（平凡社・ライブラリー、一九九八年。初出は一九四七年）には、「因《ちなみ》にいう。明史に、〈尚〉を冠したのは、『明実録』に〝世子尚巴志を封じて中山王を嗣《つ》がせる〟[読み下しにした―来間]とあるのが初めてで、以後の国王並びに次の王朝もこれを冠したから、以下、前者を第一尚氏と称し、後者を第二尚氏と呼ぶことにする」とある（七〇頁）。これが初出ではなかろうが。一方の、真境名安興《まじきなあんこう》『沖縄一千年史』（『真境名安興全集』第一巻、琉球新報社、一九九三年。初出は一九二三年）は、「尚円王統」を「前期」「中期」「後期」に区分して描き、それ以前は「尚思紹王統」とあり、「第一」「第二」とは表現されていない。

折口信夫《おりくちしのぶ》「琉球国王の出自─佐敷《さしき》尚氏・伊平屋《いへや》尚氏の関係の推測」（谷川健一《たにがわけんいち》・折口編『琉球王権の源流』榕樹書林、二〇一二年。初出は一九三七年）は「出自」を重視して、これを「佐敷尚氏」「伊平屋尚氏」と呼ぶ。この論考の随所に出てくる表現であるが、ここでは、次の章句を紹介する。しかし、第一尚氏の用語も出ている。「佐敷苗代に基礎を築いた先朝第一尚氏の発祥時代を、仮に佐敷尚氏と名づけて見た」（九二頁）。中国に対しては、「成化七年、伊平屋尚氏の尚円を、尚徳の世子として中山王に封じている」、「尚円王統が尚氏を称することは、第一尚氏の子とし後として「ママ─来間」、尚姓をもって封じてきたことによるのである」（六八-六九頁）。

なお、田名真之《だなまさゆき》「古琉球王国の王統」（『〈新版〉沖縄県の歴史』山川出版社・県史47、二〇〇四年）は、「尚巴志政権（第一尚氏）」「尚円政権（第二尚氏）」と記している（七二、八八頁）。これが「尚巴志に始まる王統」「尚円に始まる王統」の意味として使おうとしているのかは明確でない。

2 尚巴志の即位以後

『中山世鑑《ちゅうざんせいかん》』（諸見友重《もろみともしげ》訳注。榕樹書林、二〇一一年）は、尚巴志の即位以後について、次のように述べている。段落ごとにナンバーをつける。

「永楽二一年（一四二三）癸卯《みずのとう》の秋、中山王尚巴志は大明へ使者を遣わして次のとおり奏された。〈わが琉球は、国が三つに分かれて以来百有余年の間、一日たりとも合戦の止むときはありませんでした。これによって群臣は戦場の塵となることを悲しみ、民百姓は戦士のために財産を奪われ、泣き悲しまない日はありませんでした。よって臣巴志は悲嘆に堪えられず、万民の憂い、苦しみを取り除くために、ここに兵をおこして山南、山北の二山を平定し、いささか太平の世を招来しました。これは、自己の利益の赴《おもむ》くままに挙兵したのでないことは、万民が承知しております。伏して陛下にお願い申し上げます。聖なるお心を開き、旧例によりまして襲封頂きましたならば、私は長くおこないを守って、天下を平穏無事に致します。すぐれた天子の祝福を仰ぎたく存じます［段落一—来間］〉。／この書とともに、国のみやげとして、馬と方物《ほうぶつ》を貢いだので、大明皇帝は御感じあって、次のとおり仰せになった。〈なんじ琉球は、国が分裂して民が塗炭の苦しみを味わうこと百有余年という。誰がこれを悲しまないでおれようか。ここに近頃なんじは義兵を挙げて、太平を招来したことは神妙の至りである。これは朕《ちん》の思いにかなうことである。これから以後、終わりを慎むこと始めの如くにして、おこないを守り海邦の国を安らかにするがよい。そうすれば、なんじの民を保つことができるであろう。つつしめよ。故に諭す［段落二—来間］〉。／皇帝は宣徳三年（一四二八）戊申《つちのえさる》に内監の柴山《さいざん》、副使の阮《げん》（漸）を遣わして、尚巴志を琉球国中山王とせしめた。あわせて、父思紹を中山王に追封し中山王尚思紹とせしめた。また、皮弁冠服《ひべんかんふく》等の物を賜い、御妃にも綵幣《さいへい》等の物を賜った。これが冊封《さくほう》の始まりである。中山王の尚姓もこれに始まる。尚巴志は喜びのあまり、様々なご馳走で冊封使をもてなし、いろいろの引き出物を献上した［段落三―来間］。／また、冊封使が帰朝のとき、時の三司官の一人を王舅《おうきゅう》と称させて、冊封船を護送させた。王舅は冊封船に付き従って様々な方物を貢ぎ、北京で封襲のお礼を言上した。王舅使もこれに始まった［段落四―来間］。／察度王・武寧王の時代は、いつでも進貢できたとはいえ、三、四年に一度又は五、六年に一度だったが、この時から二年に一貢となった［段落五―来間］。／尚巴志は在位一八年、六八歳で正統四年（一四三九）己未《つちのとひつじ》の四月二〇日に薨ぜられたので、御子今帰仁《なきじん》王子が即位された。これが中山王尚忠《しょうちゅう》である［段落六―来間］」（九七-九八頁）。

諸見はこれにくわしい「注」を付している。「段落一」も「段落二」も、ともに『明実録』や『歴代宝案』には残っていない。また、その内容から見て疑わしい。「段落三」の「柴山が来琉して尚巴志を冊封したのは、『明実録』（仁宗・洪熙元年（一四二五）二月辛丑）に見える」。同じく「段落三」の「父思紹を中山王に追封」したというのは、「『明実録』（太宗・永楽五年（一四〇七）四月乙未）によれば、思紹は実際に冊封が発令された王であり、追封の王ではない」。同じく「段落三」の「尚巴志が皮弁冠服を賜ったのは、『明実録』（宣宗・宣徳元年（一四二八）九月癸亥）に見え、洪熙元年（一四二五）ではない」。同じく「段落三」の「冊封の始まり」はこの年ではなく、「永楽二年（一四〇四）二月の中山王世子武寧である」。「尚巴志の冊封は琉球史上五度目である」。「本文では〈旧例に違わず冊封してほしい〉旨の表文を皇帝に送付したとしており、ちぐはぐである」。同じく「段落三」の「中山王の尚姓もこれに始まった」については、「尚巴志は永楽一三年（一四一五）に『明実録』登場して以来、尚巴志である。尚という姓の巴志という名なのではなく、単に尚巴志という名なのである」。そのうえで、次の原田禹雄が「サバチ」と推定していることを紹介しつつ、自らは「チヤウハチ」と推定している。ともにオモロに出て来る名である。「段落四」の「王舅使もこれに始まった」というのも、一四〇四年の武寧のときにすでにあった。「段落五」の「二年に一貢」については、『明実録』によると尚巴志の時代には、一年に三貢、時には四貢したことは事実である」、「朝貢不時であった琉球が、二年一貢にせしめられた理由は、『明実録』（憲宗・成化一一年（一四七五）四月戊子）にはっきりと出ている」（九八–一〇〇頁）。

『蔡鐸本 中山世譜《せいふ》』（原田禹雄《はらだのぶお》訳注。榕樹書林、一九九八年）は、尚巴志の即位以後について、次のように述べている。『中山世鑑』と対比しながら、記述の異なる点を中心に紹介する。「永楽二〇年（一四二二）壬寅、即位。この時、始めて尚姓を賜った。わが朝が王爵を請封する例はこれから始まった」（九三頁）。引用しなかったが、即位年は一致している。「尚姓」については、原田は姓ではないとする立場であり、「尚巴志」は「サバチ、サハチに漢字をあてたもの」という（九五頁）。そして「永楽一三年八月己丑に、中山王世子の尚巴志の使者が入貢している。つまり、尚巴志は冊封と関係なく、はじめから尚巴志であった。同様に、『実録［明実録］』では、思紹は死後も思紹であって、決して尚思紹ではない」、「尚姓頒賜の話」は、『夏子陽《かしよう》使録』によって『世鑑』が「作り上げたものであって、中国側には賜姓の記録はない」としている。また「請封」が始まったという記述については、原田はそうではなく、一四〇四年の武寧からだという（九六頁）。

明皇帝が柴山を遣わして尚巴志を中山王に封じた年は、『世鑑』は一四二八年としていたが『世譜』は一四二五年とし、その時「先王の尚思紹を諭祭」したとする。その「勅」が掲げられている。

また、この冊封を謝恩する使者（佳期巴那）が一四二五年に、進貢のための使者（阿蒲察都《うふさと》［ルビは原田］）が二六年に派遣された。皇帝は二六年に柴山を派遣して、皮弁冠服や銅銭をもたらし、「生漆と各種の砥石とを買収させ」た。「また、『中山』の二大字の扁額を賜った」。「昔、察度王・武寧王の時は、進貢は三年に一度、或いは四年に一度、或いは五、六年に一度で、貢期はなかったが、これより三年に二貢の例と定まった」。「正統四年［一四三九年］己未四月二〇日、薨じた。在位一八年。寿六八」（九四-九五頁）。

『球陽《きゅうよう》』（球陽研究会編・読み下し編。角川書店、一九七四年）は、いわゆる「三山統一」後の尚巴志の項で、次のように述べている。①即位九年、明の使者・柴山が来て、「王に尚姓を賜ふ」（しかし、研究会の付した「語註」には、「『明実録』には、その一五年前に既に〈王世子尚巴志〉と〈尚〉が見えている」とある）。②柴山は「資《し》を捐《えん》して」（私費を投じて）大安禅寺を建てた。「景泰七年丙子に至り、泰久王、鐘を鋳《い》て寺に懸《か》く（懸ける）」。それがどこに建てられたかは今となっては分からない。③尚巴志王は使を遣わせて進貢し、三山「一統」を報告、明の宣宗がそれを褒めた（諸見が『明実録』などにはその記述はないとしたことである）。④宣宗は臣の提言を受けて、琉球からの貢使の北京入りは二〇人に制限した。⑤尚円王は「国中の里数を改定して以て広狭・険易・遠近を紀《ただ》す（改め直す）。且亦駅郵（駅の制度）を創建して以て命令を伝ふ。而して万民業《なりわい》に楽しみ国家も亦治まる」（一二〇-一二三頁）。⑤は信じ難い。

3　否定される「尚姓を賜った」

すでにみたように、『中山世鑑』の訳者・諸見友重も、『蔡鐸本 中山世譜』の訳者・原田禹雄も、「尚姓を賜った」ということを史実として否定していた。さらに、これより前にこの問題を論じたものを紹介する。

嘉手納宗徳《かでなそうとく》『琉球史の再考察』（沖縄あき書房、一九八七年）は、「尚姓は賜わったものか？」と題して、次のように述べて否定している。①『明実録』によれば、進貢の「初めから〈中山王察度〉であり」、「山南王承察度」も「山北王帕尼芝」も「はじめからそれぞれの王号を称していて、決して明帝から賜わったものではない」。②「『明実録』に記されたこれらの王の称号は、当時琉球に在って外交文書作製の任に当っていた中国人達が、通称―〈〇〇按司（又は世主か里主〇〇）〉という琉球名の称号を、文書作製の段階で、中国風の王の称号―山南王承察度・中山王察度・山北王帕尼芝―という風に書き改めたと解され、中国皇帝はそれをそのまま受け入れて朝貢国と認め」たのである。③「尚巴志に〈尚姓を賜う〉といっている」が、「そのことについて最初に記したのは一七〇一年に編集された蔡鐸本『中山世譜』である」。「しかし誰が賜わったかについては触れていない。おかしなこともあるものだと思った」。つまり、誰に尚姓を賜ったのか、前の名が記されていないのはおかしい、というのである。④「以上、思紹の没する少し前から尚巴志の冊封までを見てきたが、〈尚姓を賜う〉という記録はどこにも見あたらない」。考察の部分は紹介を略する。⑤また、

「一七二五年の蔡温本『中山世譜』と一七四五年の『球陽』に〈尚姓を賜う〉ことが記載されている」。明の使者・柴山らがそれを伝達したとなっている。嘉手納はこのことを「柴山碑記」や『歴代宝案』など「柴山渡来に関する史料のすべて」を検証して、「しかしどこを捜しても〈尚姓を賜う〉という記事はでてこなかった」といい、「要するに尚姓は賜わったものではないということだろう」と結論づけている。⑥「尚巴志という名は、童名か地名その他からくる通称を、漢字で表記したものと推定してよい」。⑦「繰返していうが、〈尚巴志〉という名は、尚姓を賜う［賜わる—来間］と否とにかかわらず最初から〈尚巴志〉であった。それが時間の経過と共に〈尚〉を姓と考えるようになり、尚忠以後〈尚〉は王家の姓として定着した」（一九—二四頁）。

4　「第一尚氏」王統のその後

『中山世鑑』は、尚巴志退任後の「第一尚氏」王統について、次のように述べている。『中山世譜』も同様である。尚忠—尚思達—尚金福—尚泰久—尚徳と続く。

「尚忠《しょうちゅう》は、尚巴志の第二王子である。洪武二四年（一三九一）辛羊《かのとひつじ》に誕生され、三三歳［『世譜』は三二歳—来間］のときに今帰仁《なきじん》王子となられた。五〇歳で王位を継承された。／正統八年（一四四三）癸亥《みずのとい》に明の英宗皇帝は正使の給事中《きゅうじちゅう》兪忭《ゆべん》［『明実録』には余忭と出ている—諸見］と副使の行人劉孫［『明実録』には劉遜と出ている—同］を遣わして、尚忠を封じて琉球国中山王とせしめ、冠服と綵幣《さいへい》等の物を賜い、あわせて妃にも綵幣等を賜った。／正統九年（一四四四）甲子《きのえね》一〇月二四日に在位五年、五四歳で薨《こう》ぜられたので、世子のキミテダが即位された。これが中山王尚思達である」（一〇二頁）。

「尚思達《しょうしたつ》は、尚忠の世子である。永楽六年（一四〇八）戊子《つちのえね》に誕生された。三八歳で王位を継承された」。明皇帝の英宗が思達を冊封したのは、正統一三年（一四四八）戊辰《つちのえたつ》である。その時、頒《はん》賜《し》品（皇帝からの下賜品）のくわしい目録を含めた勅書《ちょくしょ》が示された。思達はすぐ「亜間美等を遣わして、表を奉り方物を貢がせた」。「尚思達は在位五年、四二歳で［『世譜』は四三歳―来間］正統一四年己巳《つちのとみ》一〇月一三日に薨ぜられた。跡継ぎの男子がおられなかったため、叔父の尚金福が即位された」（一〇三－一〇七頁）。

「尚金福《しょうきんぷく》は、尚巴志の第六王子である。洪武三一年（一三九八）戊寅《つちのえとら》に誕生され、四八歳のときに王位を継承された。／景泰二年（一四五一）辛未《かのとひつじ》の夏、去年渡唐した使者亜間美等が帰朝した。大明皇帝から御返書と併せて綵幣《さいへい》等の物を賜った。その勅書は次のとおりであった」。宛名は尚思達である。本文は引用を略する。「ひそかに考えると、はじめ察度王が明へ朝貢されて以来、往来の詔勅《しょうちょく》書、表文などが保存されていたが、尚寧の乱［薩摩藩の琉球侵略のこと―諸見］の時に多くが失われた。現存しているものだけを記し、後世、再び収拾されるのを待つものである」。尚金福は、景泰三年（一四五二）壬申《みずのえさる》に明の景皇帝（代宗）から冊封を受けた。「景泰四年（一四五三）癸酉四月一八日、尚金福は在位四年、五二歳で［『世譜』は五六歳］薨ぜられたので、その子の大世主が即位された。これが中山王尚泰久である」（一〇八－一一一頁）。

「尚泰久《しょうたいきゅう》は、尚金福の第一王子である［尚泰久は尚金福の兄弟であるとの『世譜』の記述の方が正しい—諸見」。永楽一三年（一四一五）乙未《きのとひつじ》に誕生され、宣徳一〇年乙卯、二一歳のときに越《ごえ》来《く》王子となられ、四〇歳で王位を継承された」。景泰七年（一四五六）に明の景皇帝から冊封を受けた。「尚泰久は、天順四年（一四六〇）庚辰《かのえたつ》六月五日に在位七年、四六歳で薨ぜられたので、その子の八幡王子《はちまんおうじ》が即位された。これが中山王尚徳《しょうとく》である」（一一二-一一三頁）。

ここまで見てきて気づかされるのは、『中山世鑑』『中山世譜』の尚忠・尚思達・尚金福の記述には、誕生年・即位年・死没年と冊封のことが記されているだけで、事績に値するものが何もないことである。

『球陽』はやや異なる。尚忠王の二年に、「通事沈志良、爪哇《ジャワ》国に往《ゆ》きて胡椒・蘇木《そぼく》を市《いち》す（買う）」と記している。尚思達王の四年以前のこと、「貢使の跟伴《こんばん》、西番人を殴死して（殴《なぐ》り殺して）命を抵《てい》す（投げうつ）」と記している。尚金福王の二年、「国相懐機《かいき》、長虹堤《ちょうこうてい》を築きて以て長寿神社を建つ」と記している。「首里・那覇間」の海に、勅使の来るたびに「船を集めて」橋を架けていたので、そこに「長堤を築き、石橋七座を設く」。「語注」には「長虹堤　那覇の久茂地《くもじ》と若狭町《わかさまち》の交差点イベガマと崇元寺《そうげんじ》橋を結ぶ道路のことである。俗にウキミチ（浮道）といわれていた」とある（七六四頁）。「イベガマ」は「伊辺嘉麻」とも「威部竃」とも表記されている（一二三-一二五頁）。

5　尚泰久と仏教

『中山世鑑』には、尚泰久について次の一節がある。「寺々を建立《こんりゅう》し、大鐘を鋳造《ちゅうぞう》させて掛けさせられたのもこの御代である。その鐘は今も王宮や諸寺に現存している」。物証があるのである。

諸見友重は次の「注」を付している。「銘がある鐘の殆どは、尚泰久の時代に鋳造されている。首里城正殿前に掛けられていた〈琉球国は南海の勝地にして〉から始まる、現在の沖縄でも有名な、いわゆる万国津梁《しんりょう》の鐘もその一つ」（一一二頁）。

『中山世譜』にはこうある。「在位中、諸寺院の鐘を鋳造した《その鐘は今も存在する》」（一〇六頁）。原田禹雄は「注」で、次のように記している。「尚泰久が鋳造した梵鐘は、天尊廟・建善寺・長寿寺・相国寺・普門寺・天龍寺・広厳寺・大安禅寺（以上、景泰七年［一四五六年―来間］）、下天妃宮・霊応寺・永福寺・上天妃宮・龍翔寺・潮音寺・万寿寺・越来城（以上、天順元年［一四五七年―同］）、王宮の万国津梁の鐘・永代院（以上、天順二年）」（一〇七頁）。

『球陽』には、梵鐘鋳造とその関連について、次のように記している。尚泰久即位の三年、「始めて天尊廟の鐘を鋳《い》る。／附　芥隠、国に至り、仏教大いに興り、王、諸寺を建立し、巨鐘を懸《か》く」。芥隠は「日本平安城の人」である。「王、輔臣に命じて新に三寺を構へしむ。一は光厳と曰《い》ひ、一は普門と曰ひ、一は天竜と曰ふ。芥隠をして開山住僧と為し輪流して居らしむ」。王はなおも仏教の普及につとめ、「多く寺院を建て、並びに巨鐘を鋳て各寺に懸け」た。「王、又輔臣に命じて末吉《すえよし》山熊野権現社を創建せしむ」。「景泰年間、尚泰久王新に天界寺を建つ」。尚泰久王の四年、「新に天妃二廟及び万寿寺等の鐘を鋳る」。同六年、「万寿寺を創建す」。景泰年間に「鶴翁」という僧があって、熊野で修業して帰ってきて、天界寺の住持になった。また鶴翁は、夢に現れた「熊野権現」の導きに従って、国頭の山に向かって叫んだら反響があったといい、それを信じた尚泰久王は「大慶山万寿寺」をその地に「創建せしむ」（一二六–一三〇頁）。

真栄平房昭《まえひらふさあき》「琉球の形成と東アジア」（坪井清足・平野邦雄監修『九州・沖縄』角川書店・新版［古代の日本］第三巻、一九九一年）は、次のように述べている。網野善彦《あみのよしひこ》が「中世の製鉄・鋳造技術をもった集団、〈廻船鋳物師《いもじ》〉の全国的な活動」に触れている。「一四五八（天順二）年、琉球国王尚泰久は、首里城の正殿前に〈万国津梁《しんりょう》之鐘〉を架けさせた。〈琉球国は南海の勝地にて〉という有名な言葉で始まる銘文の末尾に刻まれた〈大工藤原国善〉という名前から明らかなように、その鐘は日本の鋳物師の手で鋳造《ちゅうぞう》されたものである。古琉球の鐘には、ほかにもこうした事例が少なくない」。これらの鐘には「日本から琉球に渡来した〈廻船鋳物師〉らによって鋳造された作品が含まれている」。「琉球王国で仏教が興隆した尚泰久の時代には、禅宗の流行とともに数多くの官寺があいついで建設された。現存する古琉球期の一二の梵鐘《ぼんしょう》のうち、八つまでが同時代の一四五六年から五九年にかけての四年間という、ごく短期間のうちに集中的に鋳造されている。当時、寺院の建設ラッシュに沸く琉球では梵鐘鋳造の需要も多かったので、九州の鋳物師たちが琉球まで渡海して鋳造を行ったとしてもなんら不思議ではない。／その具体的な物証のひとつが、景泰七（一四五六）年の刻銘をもつ古琉球の鐘である。いま沖縄県立博物館に所蔵されているこの鐘は、京都からきた禅僧芥隠《かいいん》が開創した天竜寺に架けられていたものである。梵鐘の専門家坪井良平氏によれば、梵鐘の竜頭《りゅうず》（最上部のつまみ部分）の作風から、筑前芦屋《ちくぜんあしや》の鋳物師の手になると推定されている。芦屋は、福岡県北部の遠賀《おんが》川の河口にある古い港町である。ここを拠点とした有名な芦屋鋳物師は、南北朝時代から九州北部の寺社のために梵鐘をはじめ多くの金工仏具を製作し、対馬へも渡海して鐘を鋳造したといわれる。芦屋鋳物師の活動の最盛期は一六世紀だが、これは北部九州の商人たちが琉球との間を頻繁に往来し、交易活動を展開した時代とも一致するのである。／もと首里の霊応寺に架けられていた景泰七年銘の鐘についても、坪井氏は、明らかに豊前《ぶぜん》小倉《こくら》の鋳物師の系統に属すると断定している」。このように述べてきて、「同系列の鋳物師によってつくられた兄弟鐘の所在地をみていくと、山口―小倉―対馬・博多―琉球というラインが浮かび上がってくる」といい、「琉球とかかわりの深かった博多・対馬商人」の活動と関連していたものと指摘している（四八〇―四八二頁）。

田名真之《だなまさゆき》は「尚泰久の治世―阿摩和利の乱と仏教」（前出、『〈新版〉沖縄県の歴史』の第3章「古琉球王国の王統」のうち）の中で、次のように述べている。「泰久はその七年の治世中に多くの寺院を建立し、梵鐘を鋳造している。天龍寺《てんりゅうじ》、広厳寺《こうげんじ》、普門寺《ふもんじ》などである。梵鐘の鋳造は二十三口におよんでおり、喜捨《きしゃ》も寺だけでなく道教寺院である天尊廟《てんそんびょう》、上・下天妃廟にもおよんでいた。泰久がそこまで仏教に帰依した理由が奈辺にあったか不明だが、禅僧芥隠《かいいん》の渡来の影響か、志魯・布里の乱、阿摩和利・護佐丸の乱と親族同士の血なまぐさい争いがあいついだせいなのだろうか。いずれにせよ尚巴志以来、仏教とさほど関わりのみえなかった第一尚氏もここにきておおいに仏教をうけいれたことになるのである。／泰久が鋳造させた梵鐘の一つに首里城正殿前に掛着した鐘、俗にいう万国津梁鐘《ばんこくしんりょうしょう》がある」。その文言の引用は略する。田名はこのほか、次のことを指摘している。①鋳造させた二三口の梵鐘に「記された銘文は〈泰久の即位以来仏教が隆盛となって云々〉とするもので、おおむね同内容である」。②万国津梁鐘が首里城にかけられていたというが、そのことを記した史料は「いっさいでてこない」。③「七年で二十三口」も鋳造された鐘であるが、「どこで鋳造されたかについてもわかっていない」ものの、短期間に多くの鐘が鋳造されたことから「琉球国内の可能性のほうが大きいのかもしれない」。④尚泰久の生年は、正史の記述とは異なって、鐘には永楽八（一四一〇）年とある。⑤その卒年についても、「朝鮮の漂流民の記録（『李朝実録』）から…齟齬が指摘されている」（八六-八七頁）。

6　志魯・布里の争い

(1)　通説

比嘉春潮『沖縄の歴史』（前出）は、出典は明示せずに次のように記している。「尚思達には子がなく、後を叔父の金福にゆずって死んだ。ところがその尚金福もまた在位わずか四年、五六歳で死に、子の志魯が位に即くことになると、権力をふるっていた叔父の布里が私は尚巴志の子だから父兄の業をついで、私こそ王になるべきだと、横槍を入れた。志魯もまた、あなたは王弟であって世子ではない。私こそ王になるべきだと、やりかえし、ここに叔甥《しゅくせい》の間に争いを生じ、ついに各々《おのおの》兵を集めて相争い、戦って満城火となり、布里も志魯もともに傷を負うて死んだ。この時倉庫も、悉く焼けて中国からもらった国王の印も焼けてしまった。そこで越来の領主となっていた末子の越来王子泰久が国王となった。時は一四五四年、尚思紹が首里の王になってからちょうど五〇年、王家内に、叔甥の間に血を見る権力の争奪戦が行われた」（九二頁）。

『蔡鐸本 中山世譜』の「注」で、原田禹雄は次のように述べている。「景泰五年（一四五四）二月己亥、琉球国掌国事の王弟の尚泰久の使者が次のようなことを奏上した。長兄の国王の金福が死に、次兄の布里《ふり》と侄（金福の子）の志魯《しろ》とが、王位を争い、府庫を焼き、二人とも傷つきともに死去した。もと賜った国王印は溶けてしまった。国の臣庶は尚泰久に国政を代行させている。印を賜って邦民の鎮めとしたい。そこで帝は、所司に命じて国王印を給された」（一〇四頁）。出典は示されていない。

(2) 典拠史料は『中山沿革志』

嘉手納宗徳『琉球史の再考察』（前出）は、次のように述べている。「布里《フリ》と志魯《シルー》の王位争いについては、世鑑も蔡鐸本［世譜］もその記載はない。ということは両書の編集当時、その伝承はなかったものと思料される。しかしその時点の疎文を録した『明実録』は、景泰五年二月の記録に次の様に述べている。〈長兄国王尚金福薨じ、次兄布里と姪志魯とは争ひ立ち、府庫を焚焼し、両々傷つきて倶《とも》に絶ゆ〉。これをうけて『中山沿革志』も〈金福既に卒し、其の弟布里と其の子志魯とは争ひ立ち、府庫を焚焼し、両々傷つきて倶に絶ゆ〉と述べている。ところが沿革志をうけた筈の蔡温本は〈引用略―来間〉と、まるで小説並に粉飾して記述している」。蔡温の粉飾は指摘するが、史実であることを否定してはいない。「尚泰久王位の初、府庫の全焼で大損害を蒙った」（三七―三八頁）。

田名真之《だなまさゆき》「尚泰久の治世―阿摩和利の乱と仏教」（前出、『〔新版〕沖縄県の歴史』）は、次のように述べて疑問を提出している。「『中山沿革志』の景泰五年の条に〈琉球国掌国事（国事をつかさどる）王弟尚泰久〉とあり、〈長兄国王金福薨《こう》じ、次兄布里《ふり》と姪志魯《しろ》争い立ち、府庫焚焼《ふんしょう》し、両《ふたつ》ながら傷つき倶《とも》に絶つ…今本国臣庶、臣（尚泰久）を推して国事を権せしむ〉［ルビを補充した。「権せしむ」は仮に担当させるカ―来間］とある。『世譜』はこの記事をもって、泰久は金福の弟であいだに次兄の布里がいるとしているのである。両書とも金福を尚巴志の六子としており、それなら次兄布里が七子、泰久は八子となる。しかし、布里と志魯の王位をめぐる争いは琉球側では伝承されておらず、唯一『中山沿革志』の記事、それも尚泰久の申告のみである」（八五頁）。

⑶「争いはなかった」（高瀬恭子）

このことについては、高瀬恭子《たかせきょうこ》の「朝鮮と琉球」（内田晶子《うちだあきこ》・高瀬・池谷望子《いけやまちこ》『アジアの海の古琉球―東南アジア・朝鮮・中国』榕樹書林、二〇〇九年）のなかで「〈志魯《しろ》・布里《ふり》の乱〉とは」を書いている。この事件の記事が「蔡温重修の『中山世譜』（以下、『蔡温本世譜』と略称）に見られ、琉球史では疑う余地のない史実となっている。しかし、これは本当に史実といえるのだろうか」と問い、結論として「この内訌《ないこう》は、当時の同時代史料と後世の編纂史料とを厳密に検討した結果では、〈尚泰久の乱〉と呼ぶべきものと思われる」としている（一五〇頁）。

「琉球国の正史」である「四つの史書のうち、〈志魯・布里の乱〉について記すのは『蔡温本世譜』と『球陽』で、『蔡温本世譜』より前に編まれた『世鑑』『蔡鐸本世譜』には、〈志魯・布里の乱〉についてはもちろん、志魯も布里もその名前すら記されていない」。「蔡温が主に参照したのは

『中山沿革志』であった」。この書は「尚敬王冊封のために一七一九年に来琉した徐葆光《じょほうこう》から、尚貞王の冊封使汪楫《おうしゅう》が著した」ものを蔡温が「入手」したものである。そこで、『中山沿革志』『蔡温本世譜』『球陽』の記述を示して、「『中山沿革志』を基に、蔡温が話をふくらませたものであることがわかる。そしてこの『蔡温本世譜』や『球陽』が琉球国の正史であったが故に、一八世紀より後に〈志魯・布里の乱〉は史実として誕生したといえる」。また、『中山沿革志』の基になった『明実録』の記述とも照らして、「汪楫は『明実録』を簡略化して『中山沿革志』を記述した」と、確認している（一五一―一五四頁）。

そのうえで、「ではここに述べられていることは果たして真実といえるのだろうか」といい、『明実録』は「尚泰久が奉った奏文」によっている、それを『明実録』は「そのまま記録したものであって、客観的な証拠を伴ったものではない」という。そして、次のように論じている。「当時の琉球社会における、王弟の際立った存在感」を指摘し、尚泰久こそがそのような「存在感」のある王弟であって、「明皇帝に奉った奏文に記される王弟布里とは、尚泰久によって創出された人物であろう」、蔡温は「『世鑑』や『蔡鐸本世譜』では尚金福の子となっていた尚泰久を、尚巴志の子と修正した。さらに尚巴志の条に、子として布里の名を書き加え、尚金福の条に、志魯という世子が兵乱のため死したと記入した。これが〈志魯・布里の乱〉説誕生の経緯である」。したがって、この「〈志魯・布里の乱〉と呼ばれてきたものは、〈尚泰久の乱〉と呼ばれるべきものであって、尚泰久が倒した相手は、尚金福の世子、もしくは尚金福本人であったと思われる」（一五四―一五六頁）。

高瀬はさらに「首里城は炎上したか」と続ける。「志魯・布里の乱」で、ということである。『中山沿革志』は「焼けたのは府庫のみ」としているのに、蔡温は「〈満城火起〉と変更した」という。さらに、「府庫焚焼」に限るとしても、「火災」があったかどうかも疑問であるとして、その時焼けたとされる「鍍金銀印《ときん》」を、尚泰久が「手に入れることができなかった」ために、このような「口実」を作り上げたのだろうという。現に、彼が「王城を再建したとの記述は全くない」、また、いわゆる「志魯・布里の乱」のあったとされる一四五四年の、直前の一四五〇年と直後の一四五六年に、朝鮮人漂流記が残されていて、「城の様子」が語られているが、「前と後とで全く変わらないようなのである」、「正殿は炎上しなかったものと思われる」ともいう（一五六―一六二頁）。

もう一つ。「鍍金銀印」や「詔勅」を奉安する場所は、焼けたとされる「府庫」ではなく、「正殿」だったと考えられるのに、「火災」以前の詔勅が残されていたという事実は、尚泰久の上奏が「欺瞞である」ことを示しているという（一六二―一六四頁）。

以上のように、高瀬恭子による考察は、ひたすら尚泰久によるねつ造だというものであるが、火災がなかったということについては説得力があり、この「志魯・布里の乱」そのものがなかったということについては同意したいが、志魯も布里も実在しなかったということへの判断は留保したい。

7　いわゆる「阿摩和利の乱」

『世譜』には『世鑑』にはない次の章句がある。「勝連按司の阿摩和利《あまわり》［阿麻和利とも書く―原田］という者がいた。元来、君主を無視する気持ちがあり、反乱をしようとしたが、護佐丸《ごさまる》が中《なか》城《ぐすく》にいて要路をおさえており、そのたくらみははたせなかった。そこで、護佐丸を王に讒言《ざんげん》した。王は阿摩和利に命じて、護佐丸を討伐させた。阿摩和利はその後、得意になって叛乱しょう［しよう—来間］とした。阿摩和利の夫人の（百度《ももと》）踏揚《ふみあがり》の従者に鬼大城《おにおおぐすく》がおり、かねてからその謀反を知り、人目をしのんで夫人を背負って逃走し、三更（午前一時）になって王城に着き、門をたたいて王に知らせた。王は鬼大城に命じて、兵を率いてこれを討たせた。鬼大城は阿摩和利を伐って功をあげた。その日、神が出現して、国家の太平を祝われた」。いわゆる「阿摩和利の乱」である。

(1) 伊波普猷説

伊波普猷《いはふゆう》「阿摩和利《あまわり》考」（伊波普猷著・外間守善《ほかましゅぜん》校訂『古琉球』岩波書店・文庫、二〇〇〇年。初出は一九一二年）は、次のように考察している。伊波は「沖縄第一の逆臣と呼ばれる阿摩和利」については、「単に阿摩和利の敵者たる二氏［毛夏《もうか》二氏］の『由来記』に依ってのみその事蹟の伝えられたことや、「組踊《くみおどり》（脚本）に〈二童敵討《にどうてきうち》〉のある」ことなどによるものである、とする。そして「羽地《はねじ》按司向 象賢《しょうじょうけん》が始めて琉球の正史『中山世鑑《ちゅうざんせいかん》』を編纂した時に、この大事件たる勝連の乱を記さなかった所に深い意味のあったことを知らねばならぬ。阿摩和利と護佐丸の事は『中山世譜《ちゅうざんせいふ》』に至って始めてこれを伝え、『球陽』もまたこれを引用した」という。そして「阿摩和利の滅亡後七三年」に至るまで「勝連半島の民は…なお、阿摩和利を追慕していた」とし、「私はオモロの光によりて琉球史上に於ける阿麻和利の位置を明《あきら》かにしようとおもう」と書きだしている（一一四—一一五頁）。

いわゆる尚巴志による「三山統一」という「沖縄空前の鴻業《こうぎょう》［大きな事業―来間］」ののち、「これを引き継ぐべき経世家《けいせいか》［政治家―同］」がいなかった」。「尚巴志死してより僅《わずか》一五年の間に四回国王が代り、おまけに王位継承の小乱などがあっ」た（一一七頁）。この見解は、次項で扱うテーマに関わっている。

さて、「この時に当って北谷《ちゃたん》間切屋良《やら》村の一平民加那《かな》という者は起って、勝連の城主茂知附《もちづき》按司（姓によりて判断して見ると望月《もちづき》氏という日本人の子孫らしく思われる）を殺して、勝連半島を押領した。（今日の与那城間切は延宝四年［一六七六年―来間］…勝連間切を割いて置いたので阿摩和利時代には全半島を勝連と言っていた。）尚泰王は加那を封じて勝連按司となした。これがいわゆる阿摩和利である。首里をさること僅《わずか》に六、七里の所で、こういう事を演ぜしめて、而《しか》もこれを制することが出来なかったのをみても、中央政府の政令は汎《ひろ》く行われていなかったということが知れる。当時、勝連半島で起ったような事件は、他の地方にも起っていた、と想像することが出来る」（一一七頁）。この後半の記述も、次項で扱うテーマに関わっている。

夏氏の『由来記』は、彼「阿摩和利加那」のことを「アマリ加那、即ちワンパクモノの加那」と描いているが、実は「天降加那《あまりかな》、即ち神童加那」だったのでは、と伊波は言い、死後は「アマンギヤナと訛《なま》って、遂に世人の耳に悪者《わるもの》と響くに至ったのではあるまいか」と推測している。さらに「種々の記事や口碑を綜合して考えて見ると」、①「放浪生活を送っていた」、②「好人物であった」、③「網を発明した」などが指摘できるが、「とにかく彼が己《おのれ》を忘れて人のためにするという心はやがて彼をして勝連半島の主人たらしめし所以《ゆえん》のものであろう」。『夏氏由来記』によっても「彼が如何に人に愛されていたか」が分かる（一二八―一二九頁）。

阿摩和利は、当時の「勝連の城主茂知附按司」という「暴君を殺して人民を塗炭の苦から救った」。その「殺した手段」については二説があるが、長くなるので触れないという。それはともかく、伊波は「阿摩和利はとにかく勝連の人民の意志によって半島の主人になったのである」（一三〇頁）といい、根拠を次のように示している。①「勝連の人民の間に伝唱せられしオモロ」が四つ紹介されている。②勝連だけでなく、「伊平屋島のテルクロ」にも「勝連の阿摩和利が王命を受けて伊平屋島に渡っていった」ことが語られている。③「当時の民」が「勝連（城）は日に向うて門を建てて、千珍万宝寄合う玉の御殿ぞ」などと謳っている（一三〇―一三五頁）。

その後の経過は要約して示すことにしよう。阿摩和利は尚泰久王の妹（あるいは娘）モモトフミアガリを嫁にもらう（王母は心配なので、鬼大城《おにおおぐすく》を付けて勝連に嫁がせる）、阿摩和利は得意になって傲慢になる、実際上、阿摩和利は「按司の又の按司」であった、そして阿摩和利は「小さな頼朝になろうとしていた」、「ところがここに彼のために少し都合の悪いことがある」、それは中城《なかぐすく》に護佐丸《ごさまる》がいて、「絶えず彼の行動を監視していたことである」、護佐丸は「立派な築城家」であり、山田城、座喜味城、そして中城城を築いた、そこで阿摩和利は王に「護佐丸謀叛」と讒言《ざんげん》し、王はこれを容れて阿摩和利に護佐丸追討を命じた、護佐丸は「君命を重んじて」抵抗せずに自死した（「一戦を試みた」という異説あり）、「彼はとうとう障害物を除いた」。しかし阿摩和利の側から挙兵したのではなく、鬼大城《おにおおぐすく》が「阿摩和利の叛を知」って、阿摩和利夫人のモモトフミアガリとともに首里城に逃げたことで追い討ちをかけたのである、戦いは鬼大城の勝利となり、王は勝連城を鬼大城に与え、モモトフミアガリを妻に与えた（一三五―一四一頁）。

伊波は、この文章の末尾を、これらの経過を「見物して、微笑をもらした、四〇の坂を三つ越した官吏」がいたと述べて結んでいる（一四二頁）。すなわち「第二尚氏」の祖となる尚円である。

(2) 伊波説への疑問

このような伊波普猷の推論は信頼できるであろうか。阿摩和利の叛逆意思、護佐丸の阿摩和利監視、阿摩和利の讒言、それを尚泰久が容認したこと、阿摩和利の攻撃に堪えた護佐丸、鬼大城による阿摩和利謀叛心の察知、モモトフミアガリとの逃走、尚泰久によるその受け入れ、阿摩和利の攻撃、阿摩和利の敗戦と鬼大城の勝利（攻撃をしかけた側が敗けている）、鬼大城の勝連城主就任――そのいずれも「合理性」が認められない。これを「歴史」とするのは大いに憚《はばか》られる。まして多くの根拠をオモロに求めていることが問題である。オモロはいつの時代を謡ったものであるかは特定できるものではない。例えば、モモトフミアガリを讃え、「百按司《ももじゃら》の主君となられてよ」というオモロについては、伊波は「大方モモトフミアガリの輿《こし》入《い》れの時、良配偶を得たのを祝福したのであろう」というが、モモトフミアガリは阿摩和利に嫁いだだけでなく、その後、鬼大城にも嫁いでいる。後の方を祝福した歌であるかもしれないのである。

伊波はまた、『沖縄歴史物語』（前出）で、「護佐丸阿麻和利の事件」（ここでは「阿摩和利」は「阿麻和利」とある）を「二氏の政権の争い、否むしろ利権の争いといった方が真相に近く、この王朝の事件中、重要性を有するものの一つと見て差支えあるまい」と述べている（八七頁）。伊波の議論は、この事件の理解を「忠臣・逆臣」「善玉・悪玉」論から解放し、「権力争い」として見直しているもので、そのかぎり、ごく当然の軌道修正とはいえようが、このような事件が本当にあったのかについては、疑問を残す。

8　未熟な政権としての「第一尚氏」の時代

「志魯・布里の乱」はなく、この「阿摩和利の乱」も史実としての信頼性に欠けるとなれば、伊波普猷が「第一尚氏」を未熟な政権とみていることとも関わらせて、総括しておく必要があろう。

(1)　伊波説とその継承者たち

伊波『沖縄歴史物語』(前出)は、次のように書いている。「第一尚氏の征服国家は、あらゆる反逆的行為に対して、絶えず武力を用いる困難と費用とは遂にその一大負担になった。尚巴志《しょうはし》が没してから僅々《きんきん》一五年の間に、四回国王が代って、その都度冊封使《さっぽうし》の渡来があり、おまけに王位継承の内乱が起って、弱ったところへ、護佐丸征伐、阿麻和利の反逆、二回の鬼界島遠征等の大事件が踵《きびす》を接して起った。一時は勝利の誇りに駆られて、その権威に反対するあらゆる反逆者をかたづけたが、後にはやり切れなくなって、革命をさそい出し、勃興してから六四年にして破滅した」(八八頁)。この見解は、後続の史家たちに引き継がれているが、そのこと自体を見直す必要を痛感せざるを得ない。

上原兼善《うえはらけんぜん》「琉球王朝の歴史」（谷川健一《たにがわけんいち》著者代表『琉球弧の世界』小学館・海と列島文化6、一九九二年）は、結論的に次のように述べている。「このようにみてくると、第一尚氏は、按司勢力の独自の上昇運動を制しきれない、いいかえれば、明確な領主統制、人民支配の体系を確立しえていなかった、いわば未熟な政治権力でしかなかった、という推測ができよう」（二一五頁）。その根拠は「王位の頻繁な交代や、相次ぐ内乱など」といい、志魯・布里の乱が「実際にかなりの規模でくりひろげられた」とか、阿麻和利・護佐丸の乱が「大規模な兵乱である」という認識に根差している。伊波説の継承である。

高良倉吉《たからくらよし》『琉球王国』（岩波書店・新書、一九九三年）は、次のように述べている。「尚巴志の死後、彼の築いた第一尚氏王朝は平坦な道を歩んだわけではない。…尚巴志以後の各王たちの在位年数は、最も長い尚徳で九年、最も短い尚金福は五年、平均でわずか六年しかない。しかも七代を重ねたとはいうものの、最後の王、尚徳は尚巴志の孫にあたる世代にすぎなかった。…この王朝は、尚巴志という巨大な存在を失って以後、その屋台骨が安定せず、動揺をくり返していた、とみるべきだろう」（五五頁）。そこで志魯《しろ》・布里《ふり》の乱と、護佐丸《ごさまる》・阿麻和利《あまわり》の乱を挙げている。高良は、これら以外にも「地域に根をもち、独立心に富んだ按司たちがまだまだいた」と理解している（五六頁）。これは、脚色はしているが、伊波の議論をそのまま継承したものである。

ただし、高良のこの記述は、「琉球王国の成立」ないし「三山の統一」を、あれほどまでに称揚していたこと（本シリーズ第4巻『琉球王国の成立』下、第五章第四節2）と対比すれば、一貫性に欠けていると思われる。私（来間）は、「第一尚氏王朝」の未熟さをこそ強調すべきで、その意味で、この『琉球王国』の記述のほうに親近感を抱く。

田名真之《だなまさゆき》もまた、「尚泰久の治世―阿摩和利の乱と仏教」(前出、『〈新版〉沖縄県の歴史』)で、次のように述べて、伊波説を引き継いでいる。「正史や『毛氏由来記』『異本毛氏由来記』などは、忠臣護佐丸が阿摩和利とその讒言《ざんげん》にだまされた泰久の連合軍に討たれたが、その後阿摩和利も中山攻略の野望があらわとなって中山軍に亡ぼされた、としている。しかし伊波普猷がすでに指摘したように、尚巴志が三山を統一したとはいえ、いまだ有力な按司が各地におり、阿摩和利・護佐丸らは中山に対抗しうる最後の勢力だったのである。忠臣、逆臣云々は近世的な価値観であって、対抗勢力の排除こそがこの二つの乱の本質だったといえよう」(八六頁)。

(2) それへの疑問

これらの理解は、三山が武力抗争の結果統一されたという理解とも響きあっていて、「三山分立」の時代の琉球が、「グスクと呼ばれる城砦」に依拠した「按司と呼ばれる武士たち」の抗争の時代としていることに起因しているのである。そうだろうか。

私は、本シリーズの各巻(および本書)でこれらの多くに疑問を提出してきた。そもそも武力を装備した武士がいたとは思われない(「いた」のであれば、彼らはいつ、どのようにして消えてしまったのか)。按司と呼ばれる人びとは武士ではないであろう。グスクに「城」という文字を当てたことから、本質的に「拝所《はいしょ》」=「拝《おが》みどころ」であるはずのグスクを城砦と取り違えるようになり、それにふさわしい武力抗争の伝説がねつ造されたのであろう。

伊波普猷にしたがって、後続の史家たちの多くも、第一尚氏政権を「未熟なもの」と見なしているが、その未熟とする見解には真実の一面が認められるものの、なぜ未熟なのかという根本的なことの理解が、屈折していると考える。未熟だったのは、武力抗争が多かったからではあるまい。まだ十分に武力抗争を終始させられなかったからではあるまい。武力抗争が必要なほど、社会はまだ発達していなかったのである。一四世紀の後半に、琉球王国が成立したが、それは「外から」すなわち明国《ミン》によってつくられた（つくらされた）ものであって、社会の成熟の結果ではあるまい。行政機構も官僚組織もなく、ただ対外交易の組織だけが突出した王国は、居留する明人たちの支援なしには、王国の体裁さえも保ち得なかったのである。文字も普及していない。文字史料は極端に少ない。本書の末尾の第八章でみるように、租税の徴収体制は「琉球近世」にいたるまで「なかった」と考えられるのであり、およそ国家の基本ができていないのである。

なのに、一世紀半も後になって書かれた正史によってこの時代を論ずるのは、大いに無理がある。もちろん、本書でも紹介したように、日本・中国・朝鮮などの文献に記されたことについては、大方受け入れられる。正史の記述はそれらを踏まえて、合理的に判断していかねばなるまい。

なお、本書第四章の冒頭に「序　琉球王国の〈確立〉」を掲げた。そこでは、第二尚氏の時代、とりわけ「尚真の時代」からが琉球王国の「確立」だとする諸家の議論を紹介している。それらは、他方で第一尚氏の時代を「未熟」とする認識に立っているのである。

第二節　「第一尚氏」から「第二尚氏」へ

1　「第一尚氏」最後の王・尚徳

「第一尚氏」政権は、一四七〇年に「第二尚氏」政権に移行する。「第一尚氏」最後の王は尚徳である。『中山世鑑』は、それを次のように描いている。「尚徳は、尚泰久の第七王子である。正統六年（一四四一）辛酉《かのととり》に誕生され、二一歳で王位を継承された」。一四六三年に、明の英宗皇帝に冊封された。「尚徳は即位されてから、君主の徳を修められず、朝な夕なに狩猟に心をうばわれ、ただ暴虐無道だけにたずさわり、民を痛めつけること、桀紂《けっちゅう》［夏《か》の桀王と殷《いん》の紂王。暴虐無道の君主として併称―広辞苑］に勝るとも劣らなかった」。「鬼界島《きかい》［喜界島―諸見］が叛き、朝貢しなくなって数年に及んだ。これに対し（尚徳は）兵を派遣して、攻めさせること度々に及んだが」成功しなかったので、一四六六年、自ら「二千余騎の兵を率いて」「五〇艘の大船団で」攻めたが、これも成功しなかった。そこで自ら出陣し、「老臣」の「秘策」を採用した陽動作戦によって「降伏」させることができた。「これより後、尚徳は益々慢心し、罪の無い者を殺傷すること一年に五〇人に及んだ。これを見た良臣たちは諫言《かんげん》したが」直らず、多くの人に見放された。結局、「在位九年、三〇歳にもならないのに、成化五年（一四六九）己丑《つちのとうし》四月二二日、享年二九にして薨じてしまわれた。時の摂政達は、幼少の世子を即位させようとしたが、国人は世子を廃して、内間《うちま》里主《さとぬし》御鎖《おざすの》側《そば》を推戴した。これが中山王尚円《しょうえん》である」（二一四－二一六頁）。徹頭徹尾、尚徳は滅びてしかるべきものという書き方である。

『中山世譜』は、尚徳王を次のように描いている。「正統六年（一四四一）辛酉、降誕」。「天順五年（一四六一）辛巳、即位」。一四六三年に、冊封を受け、謝恩の使者を派遣した。一四六五年には、憲宗純皇帝の登極を慶賀する使節を、そして、進貢の使節を派遣した。そして「鬼界島《ききゃ》［鹿児島県大島郡喜界島―原田］」討伐の記述が続く。「成化五年己丑四月二二日、薨じた。在位九年。寿二九才」（二〇七－二〇九頁）。

次に『球陽』の尚徳王の記述をみる。①即位。②冊封使の来訪。③明が「成化」と改元したので慶賀使を送り、「始めて造暦を学ぶ（本国の造暦此れよりして始まる）」。④程鵬が進貢使として明に行くと、「明の憲宗、程鵬を封じ為して正議大夫に陞《のぼ》す」。昔から久米村在の明人が正使として行くと「大夫」に任命されていたようだ。⑤「六年［尚徳王即位の六年―以下、同様］、王、親しく自ら軍を率《ひき》ゐ、奇界［喜界島―来間］を征討す」。くわしい戦況は省くが、⑥八幡宮と神徳寺を建て、またそれとは別に巨鐘を鋳造している。洋上に浮かんでいた「巨鐘」を持ち帰って保存させ、「八幡宮と名づけ、並びに寺を構へて神徳と名づく。又巨鐘を鋳て神徳寺に懸く（鐘は現存す）」。⑦さらに、尚泰久の創建した天界寺に、大宝殿を創建し、ここにも巨鐘を鋳て懸けている。⑧呉弘肇が妻の働きにより「泊《とまり》地頭」に、妻は「泊大阿母《おおあも》潮花司」に任命された。「而して之れに田圃（高四石二斗八合六勺六才）を浦添間切名嘉瑠邑《むら》に賜ふ（泊地頭と泊大阿母とは此れよりして始まる)」。⑧七年、朝鮮に使を派遣して、「方冊蔵経」をいただく。⑨九年、「巨鐘を鋳て相国寺に懸けしむ(寺は今在《あ》らず)」。

疑問とともに確認すべきことを述べる。③「本国の造暦」が始まったというが、独自に暦を造ることは明に対して背信行為とならないか。④久米村人が明の位階制度下にあったことを示唆している。⑥⑦⑨は尚泰久だけでなく、「暴虐無道」とされる尚徳もまた、寺を建て鐘を鋳ていることを指摘している。⑧のうち「田圃《たんぼ》」(土地)をあたえたというのは良いが、「高」が示されているのには大いに疑問。「石高」という当時の日本にもなかった丈量法が顔を出している。

2 「第二尚氏」最初の王・尚円の出自

「第二尚氏」最初の王が尚円である。『中山世鑑』は、尚円の経歴を次のように描く。「北夷《ほくい》伊平屋島の伊是名は諸見《しょみ》の出身である。永楽一三年(一四一五)乙未《きのとひつじ》に誕生され、童名《わらびな》は思徳金《うみとくがね》と申された」。「父母は元来から島の百姓であり、さらにその祖先は今は知ることはできないが、おそらく先王の後胤《こういん》で、何か理由があってその地にやってきて、代々島の百姓となったのではなかろうか。でなければ、にわかにこのような(王位に推戴される)大きい幸せがあるだろうか」。その「証拠」として中国の例を引いている。「旱魃があって、田んぼの水は干上がってしまった」時、ひとり「尚円公」の田んぼだけは「水が満ちていた」。そこで人々に水泥棒の汚名を着せられ、怒った「尚円公」は「正統三年(一四三八)戊午《つちのえうま》に二四歳で初めて国頭《くにがみ》に渡られた」(一一九–一二〇頁)。諸見友重は「注」で、「『琉球国由来記』巻一五の国頭間切の項に、〈旧跡〉として宜名真《ぎなま》という場所に尚円が即位前に屋敷を構えたという口承が伝わるとする。また『球陽』巻一六尚穆王三〇年に〈始めて国頭郡の宜名真殿を造り聖主の拝謁に及ぶ〉との記事がある」としている（一二一頁）。続ける。国頭滞在は二、三年で「どうしても一度は竜門に登ろう［出世しよう―来間］と、正統六年（一四四一）辛酉《かのととり》に首里に行き、尚金福の子の越来王子尚泰久の家来となられた」。尚泰久はその才能を認めて、王・尚思達に推薦し、正統一二年（一四四七）丁卯《ひのとう》に「家来赤頭《げらへあくがみ》」［首里王府の下級役職―諸見］になった。次いで、「景泰三年（一四五二）癸申に、三八歳で黄冠［中級役職―諸見］に昇進させられた」。「景泰五年（一四五四）甲戌《きのえいぬ》」には「内間《うちま》の領主」になった。さらに「尚泰久の治世の天順三年（一四五九）己卯に、御物城御鎖側《おものぐすくおざすのそば》に昇任された」。尚泰久が「早く亡くなっ」たので、「三司官《さんしかん》」（国政の実質的な責任者―諸見）にはならなかった。「尚泰久を嗣いで、世子の尚徳が即位された」（一二一―一二四頁）。「御物城」は「海外貿易品を収蔵した首里王府の倉庫」で、「那覇軍港の突端」にあった。「創建年は不明だが、一五世紀中ごろの琉球国図（『海東諸国紀』所載）には〈宝庫〉と出ている。一四六二年（尚徳二）の朝鮮漂流民肖得誠《しょうとくせい》の見聞談に」もある（嘉《か》手納宗徳《でなそうとく》、『沖縄大百科事典』沖縄タイムス社、一九八三年）。

　この、第二尚氏の祖・金丸《かなまる》が「出世」していったといわれる経過を次頁の年表に示す。

　田名真之「古琉球王国の王統」（前出、『〈新版〉沖縄県の歴史』）は、正史の記述の概要を述べたうえで、次のようにいう。「この経歴からすると、金丸は伊是名島の出となるが、これは第一尚氏が隣村の伊平屋島の出自であることと重なっている。正史はともに、その先祖は先王の後胤《こういん》か、とし

年表　金丸の出世と王位就任

西暦	年齢	事　　　項
1415		伊平屋で誕生（伊是名島を含む「伊平屋」のうち伊是名島）
1432	27	首里に出て，尚泰久《たいきゅう》（当時は，越来《ごえく》王子）に仕える． → 尚思達《したつ》（王）の下で，家来赤頭《げらいあくがみ》になる．
1454	39	西原《にしはら》間切内間《うちま》地頭（尚泰久，王位に就く）
1459	45	御物城御鎖側《おものぐすくおざしのそば》になる．外国貿易と那覇の行政を管理．
1468	54	内間に隠退．
1469	55	尚徳《とく》王，没．安里大親《あさとうふうや》が「物呉《むぬく》ゆすど我御主《わあうしゅう》，内間御鎖《うざす》ど我御主」というと，皆は「おうさあれ」と応じた．金丸，王に推され尚円《えん》を名乗る．→ 以後を「第二尚氏」という．
1470	56	尚円，尚徳の世子として冊封を受ける（尚徳より 26 歳年長）．

て血統の正当性をにおわしているが、いずれも北方を意識した伝承である。しかし現実には北辺の小島から第一、第二尚氏の両王統が誕生したとは考えられない。第一尚氏はのちに佐敷に拠点を移したとあるが、もともと在地の勢力であった可能性が高いといえるだろう。金丸の場合はどうだろうか。一介の農民が政権の座にのぼりうる時代だっただろうか。それも国頭の小島の農民がである。想定しがたいといわざるをえない。泰久の一臣下《しんか》が王になったのでは王位の正当性が保たれないところから、辺境の出自、さまざまな瑞兆を配し、先王統の後胤伝説をつくりあげたのであろう」（八九頁）。

3　「強欲・非道」な尚徳

尚徳については、その非を指摘する言葉が続く（『世鑑』）。「御鎖側」（金丸）は「主君の横暴」に対して「諫言《かんげん》」したが、「尚徳は激怒し」た。知念《ちねん》（斎場御嶽《せいふあうたき》など）・久高島《くだかじま》への行幸の帰り、尚徳が慣例に背いて休息をとろうとしないので、「御鎖側」は意見して、その時は聞き入れられた。しかし、尚徳の「人の歎《なげ》きをかえりみず、自らの利欲に任せて民を虐《しいた》げる事、日々に益々ひどくなったので、ついに御鎖側もやむを得ず…成化四年（一四六八）戊子八月九日に領地の内間へ隠遁《いんとん》された」。それから一年もたたず、「尚徳は三〇にも満たずして成化五年（一四六九）己丑《つちのとうし》四月二二日に御年二九で薨《こう》ぜられた」（一二四－一二七頁）。

『中山世譜』は「童名は思徳金《うみとくがね》。神名は金丸按司《かなまるあんじ》添末続《そえすえつぎ》之《の》王《おう》仁子《にせ》」とする。そして、尚円の来歴を「尚円王は葉壁山《いひやじま》（伊平屋諸島）に生まれた」と書き進めている。水田を経営していたが、「人々」と「仲よく」できず、「正統三年（一四三八）戊午、年二四歳にして」国頭に渡った。ここでも「人々に容れられず」、「正統六年（一四四一）辛酉、はじめて首里へゆき、越来《ごえく》王子尚泰久に仕えた」。尚泰久はその立ち居振舞いをみて、唯者［只者《ただもの》―来間］ではないことを知り、すぐに尚思達王に推薦した。はじめて家来《げらへ》赤頭《あくがみ》［首里王府の下級役人―原田］となった。勤務すること数年にして、同僚から尊敬され信頼された。景泰三年（一四五二）壬申、黄冠に昇任した。その後、尚泰久が即位され、景泰五年（一四四五）甲戌に内間の領主となったが、一年間で内間の村民から敬愛された。だんだんと評判が世間にひろがった。天順三年（一四五九）己卯、御物城《おものぐすく》御鎖《おさす》（之《の》）側《そば》に昇任した」。原田は「注」で「御物城は海外貿易品の首里王府の倉庫で、那覇の明治橋の西の米軍軍港内に遺構が残っている。御鎖之側は、御物城の長官であった」と述べている。以下、その仁徳への賛歌が続く。しかし、尚泰久は「薨じた。世子の尚徳が即位した」。彼は権力をほしいままにした。「御鎖之側は進んで諫《いさ》め」たが、「尚徳は大いに怒っ」た。他にも「しばしば諫めたがきかなかった」。後の尚円は「成化四年戊子八月九日、内間地方に退隠した」。「成化五年己丑四月二二日、王［尚徳］が薨じた。寿は二九であった」（一一二‐一一五頁）。

文飾にはコメントしない。童名と神名が記されているが、その中間の名がない。田舎では「人々」と折り合いが付けられないでいたのに、首里ではなぜ「同僚から尊敬され信頼され」たのか。その後、「家来赤頭」になり「黄冠」になり「御物城御鎖之側」になったという。「赤冠」「黄冠」の制度は、原田の「注」によると、ずっと後に、尚円の子・尚真の時代に「定められた」ものである。なお、尚円は「尚稷《しょうしょく》王の世子」ともされている。「尚稷」という「王」は尚円の父親であっただけで、王にはならなかったであろう。ともあれ、前王・尚徳は強欲・非道であり、尚円は人びとに敬愛されたということで、政権交代の必然性・正当性をにおわしている。

『球陽』は、尚円王が子供の時から只ならぬ気配があったと書き始めている。①干ばつで皆の田は枯れても、彼の田だけは水が満ちていたので、人びとと「睦まじからず」。②二四歳で「海を渉り国頭に至る」。やはり人びとに「容れられず」。③二七歳で「首里に至り、身を王叔尚泰久（時に泰久は越来王子たり）に託す」。④尚泰久の推薦を得て「家来赤頭《げらいあくがみ》と為る」。⑤三八歳で「黄冠に陞《のぼ》る」。⑥「のち、尚泰久位に即き、…内間領主に任ず」。わずか一年で地域の信頼を得る。⑦四五歳で「御物城御鎖側官に陞」る。君を敬し人を信じ、賞罰の与え方も言行も立派である。⑧王は泰久から徳に代わる。尚徳のやり方に対して「後の尚円」（以下、尚円という）は諫言《かんげん》するが、尚徳は怒る。⑨尚徳の久高島行き、帰途で群臣に酒食を施さないことを尚円は諫《いさ》め、改めさせる。⑩その後も「屢々《しばしば》諫むれども聴かず」。⑪金丸五四歳の時、「内間に隠《かく》る」。⑫「明年己丑年四月、王薨《こう》ず」（一三四－一三五頁）。

4　尚円による政権の奪取

尚徳が薨《こう》じて、そこから事態が展開する。『世鑑』による。「時の三公九卿達は幼少の世子を即位させるため、群臣を集めて主導権をとろうとした」。多くが進んで発言できない状況のところに、「何処からともなく現れた白髪の老人が進み出て言った。〈先王尚徳は自暴自棄の者で、…民は尚徳の治世が終わることを心から願っていた。尚徳は今、自滅したのだ。天道は悪を憎んで、善に味方する習わしだから、早く世子を殺して、聖徳の御鎖側《おざすのそば》を国王に推戴し、国家の安寧にしようではないか〉と憚《はばか》りなく言ったので、さしもの大庭に立錐《りっすい》の余地もなく居並ぶ群臣一同は一斉に応諾して、その声は四方の山に響き渡り、暫《しばら》くは何も聞こえないほどだった」。世子を担ごうとした「高位高官の者達」は我先にと逃げ散った。「世子は年齢一〇歳に満たず、七、八歳だったので、母后や乳母に抱きかかえられ、かすかな生存への望みをかけて真玉城《まだまぐすく》へと逃げ隠れた。しかし、やがて武士達は追いつき、刺し殺して棄ててしまった」。「その日、群臣が協議して、御鎖側《おざすのそば》を迎えるため、輿《こし》を仕立てて内間《うちま》へ参上した。御鎖側は大いに驚いて、…固く固辞された。しかし国人は王位に推戴した」。

次が『世譜』による政権交代の様子である。「この時、国相は幼い世子を即位させようとしたが、国の人々はみな従わなかった。遂に世子を廃し、内間里主御鎖側《うちまのさとぬしおざすのそば》を即位させて主君とした。これが尚円王である」(一〇九頁)。「このとき、法司は、幼い世子を即位させるために、群臣を招集して牛耳を割《さ》こう［会盟のための儀式を催す─原田］とした。みな心の中では従う気がなかったが、法司の権勢をおそれて、黙ったきりで何も言い出せずにいた。一人がいてあえて進み出たが、その人をみると白髪の老翁で、徳の備わった気品は高く、襟を正してゆったりと高い声で、〈先王の尚徳は暴虐無道で、先祖の苦労も思わず、臣民の苦しみもかえりみなかったのだが、今幸いにもなくなった。世子を廃し、御鎖之側に即位してもらえば、国家の幸せなのだ〉と、言った。言いおわるや、朝廷いっぱいの群臣は声をそろえて承諾したが、その声は雷鳴のようであった。その時、貴族や近臣は先を争って逃走した。王妃と乳母は、世子の命を助けようと、抱きかかえて真玉城《まだまぐすく》に隠れたが、兵卒は追跡して弑《しい》した。／その日、群臣は相談し、風輦《ふうれん》と龍衣をはこんで、内間へ迎えに行った。御鎖之側は大いに驚き、…固辞して、内間の高岸にのがれた。群臣は追いついて、請うてやまなかった。尚円王は、ことわりきれず、着ていたものをぬいで王の衣をつけて、首里へ行って即位した」(一一五頁)。

原田は「注」で「このあたりの事情について、伊波普猷は次のように書いている」と紹介している。ここでは伊波『沖縄歴史物語』(前出)から引用する。「危機の近づいていることを露ほども知らなかった王は、その翌年百官を率いて、久高島参詣に出かけた。同島の外間《ほかま》村に代々祝女《のろ》を職とする家があったが、当時家を継いだのは、一七、八歳のクニチャサという美人であった。(クニチャサは、神歌に〈くにかさ〉と見え、神女の称号になっている。)王が祭典の際、この祝女を見そめて、彼女と恋に落ち、帰るのを忘れた頃、首里ではよがわり（革命）が勃発した。革命党は王城に闖入《ちんにゅう》して、王妃、世子並びに王族を虐殺して、即日京の内で、よのぬし選挙の大会が開かれた。この時、金丸と親交を結んでいた安里大親《あさとのひや》が神懸りして、〈虎の子《くわ》や虎、悪王の子や悪王、食物居《ものくゐ》ゆすど我が御主《うしゅう》、内間御鎖《うちまおざす》ど我が御主〉といったように謡い出したら、衆官皆オーサーレーと和して、〈琉球国のよのぬし〉は立ちどころに選挙された。これがいわゆる世謡《ユーウテー》と称するもので、古来世替りごとに行なわれた主権者推戴の形式だ、といわれている」（九〇―九一頁）。

『球陽』も見ておこう。「明年己丑年四月、王薨《こう》ず」の後である。「時に当りて法司世子を立てんと欲し、仍《しきりに》、典例に遵《したが》ひて群臣を集め、此の事を説き知らす。群臣皆法司の権勢を畏《おそ》れ、黙《もく》して言はず。忽ち一人の老臣の鶴髪雪の如き有り、身を挺《てい》し班を出で、高声に言ひて曰く」、その言の前半は要約する。国家は一人の国家ではない。先王尚徳は「暴虐無道」であった。尚徳の死は万民を救うものである。「幸《さいわい》に今、御鎖側官金丸は寛仁大度《かんじんたいど》［寛大でなさけ深く、度量の大きいこと―広辞苑］、更に兼ぬるに恩徳《おんとく》［恩恵―同］四境《しきょう》［四方のさかい―同］に布き、民の父母たるに足る。此れ亦天の我が君を生ずる所なり。宜《よろ》しく此の時に乗じて世子を廃し、金丸を立て、以て天人の望《のぞみ》に順《したが》ふべし。何ぞ不可なること之れ有らんやと。言未《いま》だ畢《おわ》らざるに、満朝の臣士、声を斉《ひと》しくして允《いん》諾《だく》す［承知する］。其の響くこと雷の若《ごと》し［如し―来間］」。「貴族近臣」は「先を争ひて逃去す」。「王妃・乳母、世子を擁着して真玉城に隠る。兵、追ひて之れを殺す」。群臣たちは内間に行き、金丸を説得したが、応じない。それでも結局は受け入れて、「首里に至りて大位《おおい》に践《ふ》む［位につく］」（一三四―一三五頁）。

5　冨村真演の「革命」説

この「第一尚氏」から「第二尚氏」への政権の移行をどのようにみるか。

前項でみたように、伊波普猷は「革命」説の立場にあった。仲原善忠《なかはらぜんちゅう》『琉球の歴史』（『仲原善忠全集』第一巻、沖縄タイムス社、一九七七年。初出は一九五二年）も、伊波説を受け継ぎ、「尚円の革命」と記している（三四頁）。

冨村真演《とみむらしんえん》は「尚円王考」（南島史学会編『南島―その歴史と文化』国書刊行会、一九七六年）で、同様に「革命」として論じている。ややくわしく紹介する（ルビは来間）。「第一尚氏王統の尚徳王薨《こう》逝《せい》の成化五年（一四六九）四月二二日直後に勃発した易姓革命によって、金丸（尚円）が大位を践《ふ》み、第二尚氏王統の始祖となった」。また「革命によって国王に推戴された金丸（尚円王）」とも記している。ここに「易姓革命」との記述があるが、易姓革命とは、「中国において王朝の交替を正当化するために用いられた革命革令《かくめいかくれい》思想《しそう》」のことで、「王朝交替」を正当化するために用いられる論理であり（本郷真紹、『日本歴史大事典』）、金丸の王権奪取が「革命」であったとしても、当人ではなく傍《はた》が「易姓革命」というのには、違和感がある。

「革命」だという、その根拠を聞こう。①『中山世鑑』の著者・向象賢《しょうじょうけん》、『中山世譜』の著者・蔡鐸《さいたく》と、その重修者・蔡温《さいおん》ともどもに、第二尚氏ゆかりの人物で、「彼等が尚円王の業績を美化潤色したことは一考すべきである」。これは、後の正史の執筆者たちが自らの先祖の業績を美化したものであって信頼に値しない、としているのである。またこうもある。「『世譜』に、尚徳王代の宿弊を除去して諸政一身を実現したとの記事は、真実に反するものとして［ものであって―来間］到底理解できない」。尚円の政権奪取を合理化するために、前政権・尚徳はその非を挙げ連ねられたのであるとの理解であり、納得がいく。

②金丸は天順三年（一四五九）に御物城御鎖側官に就いているが、「御鎖側官の職掌は、国政に参与するとともに、外交に関する事（国庫の重要財源である公倉の掌管を含む）を管掌し、那覇・久米村の行政をも兼務した顕職《けんしょく》［要職―広辞苑］であった。那覇は当時の琉球における国際商港で、交易のために市肆《しし》［市店―同］が設けられ経済活動の活発な商業都市であったし、久米村は朝貢貿易の専管者の聚落《しゅうらく》で、この両地域の行政を担当したことは、金丸の経済的基盤を確立し、それがさらに政権者としての地位を高め、後年の王位推戴とも深く関連するものとして、重視すべきであろう」。そこで、「那覇の経済的状況」に言及していく。『海東諸国紀』の「琉球国之図」、『世譜』、『琉球国由来記』、『李朝実録』（いわゆる朝鮮人漂流記を含む）、『明実録』の記事を紹介し、「那覇は、琉球や各国商船の頻繁な往還によって活況を呈し、国際的交易都市として繁栄していた。金丸（尚円）がこの那覇の行政主管を兼任したことが、彼の経済的基盤を確立したに相違ない」。これは、御物城御鎖側官という役職が、彼に権力を持たせていった、としているのである。

次に、「朝貢貿易と久米村」に進める。「琉明貿易開始後の王府の国是《こくぜ》は、朝貢貿易の隆盛《りゅうせい》を期し、その円滑な運営と継続を図るにあった。しかも、専管者は久米村人であったことを思えば、金丸が久米村の行政管轄を依託されたことは、那覇のそれと同じく重視すべきであろう」。その久米村人を中心に、「朝貢使臣」が編成されるが、その任命の実権は金丸にあったであろう。そこから「使臣として差遣《さけん》され明・南蛮諸国で受ける経済的利益、発遣頻度の実績に基く職位の昇格、使臣に任命される政治的・社会的名声などを希求して、種々の手段を講じ、金丸（尚円）に迎合接近する者が多かったこと」を指摘しているが、これは冨村の推定である。だが、冨村はこのことをもって金丸が王に推戴されたことの「根拠」と主張しているのである。また、「彼の即位以後、御物城御鎖側官に任命された者はな」く、このことは「金丸（尚円）が御物城御鎖側官に就任したことが、国王推挙の主要因となったことを自身の体験を通じて認知したために、後続の断絶を意図して該官職を廃絶したのであろう」と、推定に推定を重ねている。

こうして、一方で御物城御鎖側官という役職の性格から、他方で琉球王国における朝貢貿易の意義の大きさから、金丸の王権奪取を説明している。しかし、これは可能性の指摘であって、金丸が真に政治的にも経済的にも権力を強めていったのかは不明であるし、貿易の利得が王にではなく、その使臣である金丸に帰したというのも説得的でない。

さて、金丸は御物城御鎖側官に就任してから死ぬまでの、「一八年間に七回も」使者が差遣されていることを示しつつ、それが多いという受け止め方であるが、ほぼ三年一貢というのは「多い」のだろうか。それはともかく、先に進める。尚円の王即位の翌年、一四七〇年に、彼が派遣した「最高使臣」であった程鵬《ていほう》が、「明官劉玉《りゅうぎょく》との密貿発覚で摘発され」た。明帝は、劉玉のみを処罰し、程鵬は赦免《しゃめん》した。それは尚円に対応を任せたのであって、程鵬は処罰されるか、少なくとも明への派遣使節としては更迭されるべきであった。しかるに、尚円は程鵬を二年後、五年後、七年後と、「二年毎に三回も派遣している」。そのことを冨村は「思うに、そこには従来のゆきがかりから、尚円と程鵬との人間関係が複雑な要素を含み、断截し得なかったからであろう」という。もう一つ、「程鵬に次いで差遣数の多かった蔡璟《さいえい》」の場合である。程鵬の事件の翌一四七一年、「蔡璟の蟒竜《もうりゅう》の衣服私造が摘発され」た。この場合も蔡璟は処罰されなかったが、尚円王に対しては「戒諭の勅書」が発せられた。しかし今回も明帝への謝罪もなく、犯行の二年後には蔡璟をまた差遣している。「犯行者の同一人物を引き続き最高使節に再任した国王尚円と、これを固辞せず承引した蔡璟は、両者ともに非違行為に対する自己省察が全く見られない」。そのことを冨村は「要するに国王尚円が、彼を処断し得ない特殊な人間関係と、国内の政情上、やむを得ない処置であったであろう。しかし、問題はそこに伏在する」。そして三つめ、一四七四年、「通事蔡璋《さいしょう》等が福州において、懐安県民の陳二観夫妻を殺害し、その房屋《ぼうおく》を焚き、財物を強奪する等、の肆悪《しあく》事件を惹起した」。蔡璋は蔡璟の弟である。これにより、「自後［事後―来間］の貢期を二年一貢に改定し、廩給口糧《りんきゅうこうりょう》は一〇〇人、多くも五人以上を加えないこと、使臣等が、私物を附帯買売することの禁止」などを言い渡された。これらのように、「使臣の乱脈が頂点に達して、明廷の不信と警戒心を強めさせたのは尚円王代で、尚真王初めはその惰性に過ぎなかった、と思う」という。これらをもって冨村は尚円を「批難されるべき」とする。

他にも、南海諸国における問題が二つ提起されている。一つは、一四七八年、琉球船が安南国《アンナン》に漂流して救助を受けた時、「異国間の対立抗争に関与して、占城《チャンパ》に加担し安南を侵略した」こと、もう一つは、一四六九〜七〇年、満剌加国《マラッカ》に派遣された随員が「勧諭を聴かず争闘を好み、現に州府を騒擾《そうじょう》している」こと、である。

まとめて冨村はいう。「琉船乗員の安南国侵掠《しんりゃく》事件や、満剌加国での不法行為などで、他国王に不信と警戒心を抱かしめたことは、革命後の琉球国内における王権不振と社会的不安がまだ鎮静していなかったことを表象するもので、それは明国での違憲事件の続発と軌を一にし、尚円の王位推挙と深く連関するものとして注視すべきである」。「これは尚円の国王推戴の経緯と、それに基づく王権の脆弱・綱紀の紊乱《びんらん》・道義心の欠陥に起因したと推測する」。国王尚円は「国政刷新を遂行するだけの王権を欠いていた」のである。問題を起こした使臣たちを処罰できなかったのは、「それによって生ずるであろう反発や内政上に及ぼす影響を危惧《きぐ》したからで、外交的諸懸案の解決よりも、むしろ、王権保持と国内政治の安定を急務とした推戴国王の苦悩の現れであった、と見たい」。

さらにまとめて、「革命」の推進者たちを次のように規定している。「要するに、金丸（尚円）を国王に推挙した者は、国内において第一尚氏王統に怨恨《えんこん》や不平不満を持つ者は一先《ひとま》ず除くとして、見た限りの渉外関係史料では、彼が御物城御鎖側に就任後、彼れによって重用された程鵬・蔡璟・蔡璋等（通事を含む）を始めとする久米村、および琉球人の使臣等と、御物城・親見世《おやみせ》等で彼の支配下にあった隷属官人等や、彼の行政管轄下にあった那覇・久米村の有力者等が、これまでに受けた政治的・経済的恩恵に対する報恩と、今後さらに、それの維持増進を意図し期待しての支援推戴であったと思う。それゆえに使臣等の非行も免責看過されたのであろう」。

この冨村真演の議論はどう受け止めるべきであろうか。私見を提示する前に、諸家の議論を整理しておく。冨村説に関係しないが尚円即位の評価に関わる部分も取り上げる。

6　冨村説の評価

(1)　冨村説を継承する人びと

宮城栄昌《みやぎえいしょう》は、伊波普猷の説を受け継ぎ、また冨村真演の説を支持している。宮城『琉球の歴史』(吉川弘文館、一九七七年)は、「尚円王の即位は一老臣の推挙を端緒に平穏裡に実現をみた感じがあるが、彼と尚徳王との間には越え難い溝があったようだし、しかも世子を廃止し王統を転覆させるという大事件の出現には、企図された革命の勃発を考えざるを得ない。その中心人物は尚円自身であり、それを支えるのは御物城の官人と外国貿易に関係の深い久米人であった。また第一尚氏時代の激しい政治的並びに社会的不安を通じて、現王統の失政に不満をつのらせた王臣たち―その代表が一老臣であったであろう―も、革命の支持勢力となったに相違ない。もちろん自領西原《にしはら》にも支持分子が多く存在していたであろう。それならばこその革命は無血裡に成功したのである(冨村真演「尚円王考」〈『南島―その歴史と文化―』〉参照)」(八六頁)。

ほぼ冨村の議論のままの記述といえる。ただし、「彼と尚徳王との間には越え難い溝があったようだ」という理解は、冨村とは異なっていて、正史の記述を受け入れていることになる。

高良倉吉『琉球の時代―大いなる歴史像を求めて』(筑摩書房、一九八〇年。ひるぎ社、一九八九年新版)は、次のように述べている。「名もない百姓から身を起こし天下人となった金丸は、いわば琉球版太閤秀吉ともいうべき存在だが、その出自・経歴はさておくとしても、〝クーデター〟をまたしても易姓革命流の価値観で説明したのはいただけない。このような図式では、勝利した者の人格をほめちぎることはできても、歴史の真相からはおよそ遠ざかるいっぽうだからだ。どうして、尚徳は悪逆非道の王で、金丸は衆民に推挙される人格者でなければならないのか。明らかに、後世の作為がはたらいていると見なければなるまい。冨村真演氏が〈尚円王考〉(一九七五)で提起するように、金丸は対外関係の職能集団久米村人に擁立されて政権の簒奪をはかったと考えるほうがより歴史の真相に近く、また、尚徳の死は実は毒殺だったとの伝承のほうがはるかに事柄の一面を示唆しているように思う。したがって、第一尚氏王朝は尚徳のような出来の悪い王をもったために滅びねばならなかったとする正史流の説明では、第一尚氏王朝が王位継承争いや有力按司の反乱をかかえつつ構造的に安定しない必然の帰結として、みずからの進退を試される時が来たのだという点を、私たちの前に指し示すことはできないのである。尚徳と金丸、どちらがより人格者であったかなどということは別に問題ではない。どちらが勢力を集め野望を実現し勝利を握ったかが問題なのである。――だが、その荒々しい王権争奪戦の真相を伝えるたしかな記録は何も残されていない」(八〇-八一頁)。

「革命」が「クーデター」となっている。踊るような文章であり、読者は引き付けられるかもしれないが、その要点を抜き出してみると、意外に単純な指摘である。それは、「正史流の説明」を否定して、冨村説を支持しているものである。ただ、冨村説を微妙に単純化している。というのは、尚円の支持勢力について、冨村は「久米村、および琉球人の使臣等と、御物城・親見世等で彼の支配下にあった隷属官人等や、彼の行政管轄下にあった那覇・久米村の有力者等が」といい、高良のように「対外関係の職能集団久米村人」に限定してはいないからである。

高良倉吉『琉球王国』（前出）は、次のように述べている。「一四六九年、七代尚徳が死去した直後であった。首里城内でクーデターが発生し、世子は殺害され、王族もことごとく追放された。尚巴志の統一王朝樹立から数えてちょうど四〇年後、彼の築いた王朝はもろくも崩れ去ったのである。クーデター勢力に擁立されて王位にのぼったのが、当時対外外交易長官だったという金丸《かなまる》であり、即位して尚円と名乗った」（五六－五七頁）。「クーデター」との評価が提示されているのみである。ただ、その性格には言及しない。

嘉手納宗徳《かでなそうとく》『琉球史の再考察』（前出、一九八七年）の中の「尚真王代に諸按司を首里に聚居させたということへの疑問」に、「尚円のクーデター」という文言がある（四一頁）。

上原兼善《うえはらけんぜん》「琉球王朝の歴史」（前出、一九九二年）は、「尚徳政権は成化五年（一四六九）、王府の要職にあった金丸の下剋上《げこくじょう》によって滅び、金丸が王位につき、尚円と称した」と述べている（二一五頁）。冨村の名は出していない。「革命」は「下剋上」となった。

田名真之「古琉球王国の王統」（前出、『〔新版〕沖縄県の歴史』二〇〇四年）は、冨村の名は出していないが、冨村説に関わる。「また、金丸の即位についても群臣に推されて固辞するもかなわず王となったとあるが、クーデタ説が有力である。越来王子時代の泰久につかえ、頭角をあらわした金丸は最後は御物城御鎖側官という顕職にのぼりつめていたのであり、海外貿易を管掌していたことから久米《くめ》村との関係も深かったと推測されている。泰久の代に阿摩和利・護佐丸といった有力な按司たちが亡ぼされているが、これも泰久のかたわらにあった金丸とまったく関係がなかったといえるかどうか疑わしい。喜界島《きかいじま》遠征など人民を苦しめた暴君尚徳なきあと、着々と勢力をきずいた老練な政治家の金丸が、衆人に推されたかのようによそおって王位を奪ったといえるのではないか」（八九―九〇頁）。田名は、金丸の出自に疑問を出し、「先王統の後胤」説を退け、冨村説を支持しつつ、しかし正史の「暴君尚徳」論を肯定しており、それに対して金丸が「王位を奪った」という。それは「衆人に推されたかのようによそおって」なされたのである、と。

生田滋《いくたしげる》「琉球と東南アジアの諸王国」（大林太良・谷川健一・森浩一編『シンポジウム・沖縄の古代文化』小学館、一九八三年）は、これらの理解とは異なっている。「このように考えてくると、第二尚氏の始祖尚円王《しょうえん》（在位一四七〇―七六年）が、〈御物城御鎖側《おものぐすくおざしのそば》〉、つまり王室の貿易担当大臣であったことの意味がよくわかってくる。第二尚氏が権力を握ったということは、琉球王国にとって、この段階で貿易を継続することが絶対に必要であったことを示している。また尚円王没後の尚宣威《せんい》と尚真《しん》の王位をめぐる争いも、この当時国内に大きな動揺のあったことを示しているが、これらの背後には閩人《びんじん》三十六姓が減少し、ついには久米村となっていくという変化があったものと考えられる」（二三九―二四〇頁）。生田は、久米村人の支えによってではなく、むしろその数が減っていくという事態と関連させて理解している。

(2) その検討（来間）

以下が筆者（来間）の私見である。尚円の政権奪取が尋常ではなく「革命」ないし「クーデタ」であったことは一応了解される。その意味を、明への朝貢貿易が当時の王権の最重要の課題であったことから、それとの関連で考察するのも一応正当といえよう。

しかしそれならば、この時代の朝貢貿易の利得はどの立場の者が懐《ふところ》にしていたのか、その構造が知りたくなる。王なのか、王の下で働いていた金丸などの役人だったのか、それとも直接交易を担う久米村人たちだったのか、という問題である。もちろん、それぞれに分配はされていただろうが、真の主体は誰であったのかという問題である。この主体がもし久米村人たちであったのであれば、金丸は実質的にはその代弁者であり、彼らの意のままに動かされていたことになり、「革命」の主体は久米村人ということになる。琉球王国の成立過程からみて、そのことは可能性としては高い。冨村はしかし久米村人たちに限定していない。そのことはこの問題の理解が整理されていないということになる。高良は冨村とは異なって、久米村人たちに限定したが、その理由を示していない。

このように、久米村人たちと金丸＝尚円が一体的であったとした場合、「革命」前の王の立場があいまいになる。久米村人たちと金丸＝尚円が一体的であり、権力を強めつつあったのであれば、あえて「革命」を起こす必要が分からない。そのことによって、何が変わったのであろうか。冨村が指摘した、尚円代の明・南海諸国との衝突騒ぎは何を意味するのか。久米村人たちと金丸＝尚円は、そのような騒ぎを起こすために権力を握ったとは考え難い。騒ぎを起こすような久米村人たちは、そもそもの彼らの属性であったのであろう。倭寇的性格を想起させる。冨村は、久米村人たちが騒ぎを起こした主体であり、金丸＝尚円はそれを差し止めることができなかった、と描いている。ならば、金丸＝尚円は久米村人たちの隠《かく》れ蓑《みの》、あるいは傀儡《かいらい》（ロボット）であり、主体ではなかったということになる。主体は久米村人たちにあったのであろう。

原点に帰ってみると、琉球王国はそもそもこれら久米村人たちとの共同か、もしくは彼らを主体として成立した、成立させられたものであったし、王や琉球人官人と対立や矛盾を含む関係にはなかったはずである。そうであったがこの時代になって対立や矛盾を生じたということになるのだろうか。この理解からは、主体である久米村人たちの、より一層の権力強化のための「革命」であったという結論となる。

しかしながら、歴史の事実はこの理解とは背反している。尚円の庇護下にあった久米村人たちは、騒ぎを起こして明朝から疎《うと》んぜられている。「二年一貢」等々への縮小を言い渡された。現実に、このころを境に琉球王国の対外交易は縮小し始めている（次節で検討）。このことを踏まえて「尚円革命」の意義を考えれば、意図に反して逆効果だったということになろう。逆に、生田滋のように、対外交易の縮小傾向が先行していて、その対応、立て直しのための「革命」だと考えてみても（私はこちらに親近感を覚える）、効果があったとはいえない。

かくして、正史の記述にこだわり、それに即して歴史を解釈しようとすることには大きな限界を感じざるを得ない。

7　即位後の尚円

まず『中山世鑑』である。「尚円公は即位されてから、尚徳の政策を覆し、寛大をもって民に臨み、暴政をやめたので、民は喜び従った」云々。「成化六年（一四七〇）庚寅《かのえとら》秋に尚円公を尚徳の世子として、大明へ冊封《さくほう》を請う使者を遣わした」。「成化八年（一四七二）壬辰《みずのえたつ》に大明の憲宗皇帝は…尚円を封じて琉球国中山王とし」た。「成化一二年（一四七六）丙申七月二八日に、尚円公は御在位七年、御年六九にして薨ぜられた。世子の久米中城《くめなかぐすく》王子［尚真］は…幼少だったので群臣が協議し、成長されるまでの間、尚円公の御舎弟越来《ごえく》王子を主君に奉ろうと、王位に推戴した。これが尚宣威《しょうせんい》である」（一三一-一三二頁）。

次に『中山世譜』である。「成化六年（一四七〇）庚寅、即位」。冊封を請う使者を遣わし、明から冊封使が来たことは同様。冊封を受けた成化八年には謝恩使を送った。成化九年には進貢使が派遣された。「（成化）一二年丙申七月二八日、薨じた。在位七年。寿六二」。「世子の久米中城王子（尚真）は、即位すべきであったが、年齢が幼なく、経験もないので、群臣が相談して、暫定的に王弟の越来王子（尚宣威）を主君とすることとなった」（一一六-一一八頁）。

何れも事績の記述はない。

『世鑑』は、尚宣威について、次のように述べている。「尚宣威は、尚円公の舎弟である。宣徳五年（一四三〇）庚辰《かのえたつ》に誕生され、五歳で父母と死別し、兄尚円公に養育されて、九歳の時に兄に従い、この地に渡ってこられた。景泰四年（一四五三）癸酉《みずのととり》に二四歳で家来赤頭になられた。天順七年（一四六三）癸未《みずのとひつじ》に三四歳で黄冠に昇進された。成化六年（一四七〇）庚午《かのえうま》に四一歳で越来王子になられた」、そして即位した（一三四頁）。『世譜』もほぼ同様である。

尚宣威は、しかしながら、六カ月後に退任に追い込まれる。即位の祝いであるべき場で、「陽神の君手摩《きみてずり》」が実質、尚真を推したのである。

第三節　王国成立後の対外交易

ここでは、王国成立後の対外交易がどのように展開したのかを検討する。「大交易時代」と称して、その展開を「発展」「拡大」一辺倒であったかのように論ずる者がいるから、そのことを検証しようということである。したがって、時代は一五世紀から一六世紀を広く扱うことになる。いわゆる「大交易」の収縮はいつから始まるのであろうか。なお、うち対朝鮮交易は、琉球が主体となっていたことは少なく、博多の商人が媒介したことが多かったので、前章第三節6～8で扱った。

1　「絶え間ない進貢」から「二年一貢」へ（真境名安興）

真境名《まじきな》安興《あんこう》『沖縄一千年史』（前出）は、琉球王国成立後の対明交易について、次のように述べている（ルビと読点は来間）。

「爾来《じらい》、琉球の進貢は毎年殆《ほと》んど絶間《たえま》なく、或《あるい》は一年に二貢、三貢の多きに及びしを以《もっ》て、却《かえっ》て其煩瑣《そのはんさ》に渉《わた》るを厭悪《えんあ》せられたり（王統紀参照）。仍《よ》って、明朝に於ても、之が制限を附するの必要を認め、永亨《えいきょう》七年（一四三五）尚巴志の時には、進貢使の員数を定め、二〇人の外、京に入るを許されざりき。而《しこう》して、同一一年には、琉球館を福建《ふっけん》に置き、琉球の朝貢、毎年二艘《そう》とし、毎船一〇

○人乃至《ないし》一五〇人を以て、定限とせり。其後、尚円時代、即ち文明《ぶんめい》四年（一四七二）に至り、琉球貢使の従人等、福建に於て人を殺し、財を掠《かす》めし等、乱暴狼藉《ろうぜき》至らざるなかりしを以て、憲宗、礼部に命じて、之を議せしむ。礼部、奏《そう》して曰《いわ》く、琉球毎年入貢するが故に、奸弊《かんぺい》を生ぜり、乞《こ》ふ命じて二年一貢となさんと。遂に其制を定められしと云ふ」（六六‐六七頁）。

すなわち、当初は琉球からの進貢は毎年、あるいは年に二回、三回と「絶間《たえま》なく」行われたが、明はこれを嫌い、制限するようになった。一四三五年には、北京に入ることを許される進貢使の数を二〇人とし、一四三九年には、福建に「琉球館」を置くとともに、進貢船の数を年に二艘、一艘あたりの乗員を一〇〇～一五〇人とした。一四七二年に、琉球の進貢使の従人らが福建で人を殺し財を盗んだ（冨村真演が通事蔡璋《さいしょう》等が起こしたとして紹介していた事件である。前節4）。明はこれをとがめて「二年一貢」に制限した。

2 「頂点」は一四五五～一四六〇年（小葉田淳）

(1) 総括

小葉《こば》田淳《たあつし》『中世南島通交貿易史の研究』（前出）は、「第二篇 琉明間の通交貿易」を、「便宜上、次の三期に分けて考察する」として、第一期 尚巴志《しょうはし》―尚円《しょうえん》（一四二三‐一四七六年）／第二期 尚《しょう》真《しん》―尚清《しょうせい》（一四七七‐一五五六年）／第三期 尚元《しょうげん》―尚永《しょうえい》（一五五七‐一五八八年）としている（二二六‐二二七頁。中国暦・和暦を西暦に改めた―来間）。それぞれにくわしい「使船表」を掲げている。それは、派遣者、文書日付、船字号、勘合、船数、王舅《おうきゅう》、正義大夫、長史、使者、人員数、使船の要目を一覧できるようになっている（もっとも、空欄も少なくない）。小葉田はいう、「歴代《れきだい》宝案《ほうあん》には、洪熙元年［一四二五年］以後の文書を収めるが、咨文《しぶん》・符文《ふぶん》・執照《しつしょう》を比較研究する事によって、琉球船の全貌を察知し得る」と（一二八頁）。

小葉田は、次のように概括している。「第二篇にて研究せる琉明貿易及び、本篇第八章並に第三篇にて考叙する南海貿易の発展推移によれば、琉球の中継貿易の大勢は、尚巴志の初世より尚円代に至る間［小葉田の第一期―来間］は、其盛興期にて、就中、泰久の前後を頂点となし得ようかと思ふ。我が永享より文明八年に到る」。琉球の対明貿易と対東南アジア貿易の推移を見れば、一四三〇年から一四七〇年が最盛期で、中でも一四五五年から一四六〇年が頂点であった。続けて、「尚真の治世は半世紀に及び、政治史上整備期の観があるも、海外貿易は此時代下降の途《みち》を辿《たど》る事となり、次の尚清代を中間階段として、以後衰退する。尚真の大規模な政治工作、土木企業等は、前代来の富の蓄積に負ふものあるを考へしめる」。次に尚真の時代に移り、それは内政面では王国の「整備期」に当たろうが、海外貿易についていえば、「下降の途を辿る」時代であり、さらに尚清の代になるとやや持ち直すも、以後衰退する。尚真が大きな「政治工作」や土木事業を行ったのは、過去の蓄積によるものであって、その時代に栄えたのではないであろう（三六―三七頁）。

なお、小葉田は、「本土と琉球間の貿易の推移事情」はよく分からないが、「琉球の海外貿易は要するに仲継を主とする」ものであるため、琉球の対明貿易と対東南アジア貿易の趨勢をみれば、「本土とのそれ」もうかがい知ることができるとしている（七九頁）。

(2) 対明関係

対明関係は、次のとおりである。尚巴志から尚永まで、つまり一四二五年から一五八八年までを総括すると、この一六三年間に二一一隻であるが、「一年平均船数」は一四二五〜七六年（三二年間＝尚円以前）は二・八隻、一四七七〜一五二六年（四五年間＝尚真代）は一・五隻、一五二七〜八八年（六〇年間＝尚清以後）は〇・九ないし一隻となっていて、次のように評価される。「使船数の多少より観て、尚円以前が琉明通交の盛期であり、尚真代を中間階段として、尚清以後衰退するといふ事になる」。なお、尚真代を二年一貢と一年一貢の時代に区分すれば、「前期一年平均一・八隻強、後期一・二隻となって、相当の差がある」。小葉田は触れていないがそこに提示されたデータによれば、最初期の三二年間を、「尚巴志・尚忠代」（一八年間）と「尚徳・尚円代」（一四年間）とに区分すれば、前者が三・一隻強、後者が二・一隻弱となり、一五世紀前半が「盛期」であり、以後はしだいに減少していっていることが分かる（八〇-八一頁）。

(3) 対東南アジア（南海）関係

対東南アジア関係は、次のとおりである。まず、尚巴志以前は「海外貿易の勃興期」である。そのころの対東南アジア関係は「暹羅」（シャム）に限られていた（七九-八〇頁）。小葉田は、「対明」と同様に、「対東南アジア」の関係も王代別に集計しているが、これによって、「琉明及び琉球南海通交を通じて、一五世紀を盛代とし、一六世紀前半を減退期とし、以後を衰亡期と為す事を得る」と述べている（八六頁）。

表　南海遣船表（小葉田淳「中世南島通行貿易史の研究」より）

年代	暹羅《シャム》	旧港《パレンバン》	爪哇《ジャワ》	満刺加《マラッカ》	蘇門答剌《スマトラ》	仏大尼《パタニ》	安南《アンナン》	巡達《スンダ》	合計
15 c 前半	24	4	6	—	—	—	—	—	34
15 c 後半	10	—	—	16	3	2	—	—	31
16 c 前半	20	—	—	4	—	8	1	2	35
16 c 後半	4	—	—	—		—	—	—	4
計	58	4	6	20	3	10	1	2	104

（注）　上原兼善の作成した表（「南海遣船表」『〔旧版〕沖縄県の歴史』山川出版社・県史シリーズ 47，1972 年，68 頁）を，半世紀単位で集計して記した．合計欄も設けた．前拙著『琉球王国の成立』下では，田名真之の作成した表を掲げた（178 頁）が，それとも若干の差異はあるものの大差はない．

小葉田は、「琉暹貿易《りゅうせん》」（琉球と暹羅《せんら》＝シャムとの貿易）を中心に考察して、その杜絶の状況を次のように述べている。「陳侃《ちんかん》の使琉球録」の時代、「当時は琉球は南海にては唯《ただ》暹羅のみが殆ど唯一の通商国であった」。「明への附搭貨《ふとうか》は嘉靖三〇年代［一五五〇年以降］に至ると蘇木《そぼく》のみとなり、万暦七年［一五七九年］頃からは土夏布《どかふ》を以て代用された。進貢物に於いても嘉靖以後南海船貨減少し、隆万年間［隆慶・万暦＝一五六七～一六一五年］には蘇木のみとなった。同じ傾向が本土に対する輸出に就いても考へられる。嘉靖後期には暹羅一国の通商のみ存続し、それも隆慶四年［一五七〇年］を以て絶えた。されば嘉靖後期以後の琉球の南海船貨転貿の減少は、直接に暹羅貿易の廃絶に至る経過に照応したものといへる。／琉暹貿易は主として、琉球側の往貿であつて、其《その》衰退の直接的の大なる原因は琉球側に見出されよう。南海貿易の中枢は実に暹羅貿易にあつたと観てよいが、仲継貿易である以上は結局琉明及び本土通交の上に齎《もたら》された衰退の動向は暹羅貿易の上にも作用し得たものである」。これはまた、東南アジアへの「西欧人の進出」や「明商船の通商発展」、さらに「本土商船の南海」進出によって加速された。「琉球の南海船貨の仲継貿易の意義は多く茲《ここ》に失はれたといつてよい」（四五四-四五五頁）。

小葉田の「南海宛遺船表」（縦書き、八一-八五頁）を、上原兼善《うえはらけんぜん》が「南海遣船表」（横書き）として作成している（『〈旧版〉沖縄県の歴史』山川出版社・県史シリーズ47、一九七二年、六八頁）。前頁に、これを半世紀単位に集計して記す。これによれば、一六世紀前半までは隻数の変化はあまりなく、行き先はシャム中心でありつつも、一時マラッカに移ったことが分かる。

3　海外貿易の「隆昌」から「衰頽」へ（安里延）

(1) 総括

安里延《あさとのぶ》『沖縄海洋発展史―日本南方発展史序説』（琉球文教図書株式会社、一九六七年。初出は一九四一年）は、「中世」を一三七三年（南朝の年号を使い、文中二年とする。「察度が始めて明に入貢した」年である）から一六〇九年（慶長一四年。「薩琉の役」）までと定義し、その「中世」をさらに三つに区分している。第一期は、察度入貢から武寧・思紹の「諸主」の時代の四〇余年間である。第二期は、「尚巴志に依つて三山が統一された」年、すなわち一四二九年（永享元年）から、「従来の一年一貢が明廷に依つて二年一貢に制限せられた」年、すなわち一五二二年（大永二年）までの九〇年間である。第三期は、「尚真末年」から、「琉球の南洋貿易が断絶して史上より跡を絶つ」一六〇九年（慶長一四年）までの八〇年間である（六、二〇-二一頁）。「諸主」は「諸王」の誤植ではなく、随所にある（一方「王」との記述もないわけではない）。安里は、「琉球国」「琉球王」というのをはばかっており、あるいは「王」とある部分の方が誤植かもしれない。

それぞれ、第一期は「海外貿易の創始期」、第二期は「海外貿易の隆昌《りゅうしょう》時代」、第三期は海外「貿易の衰頽《すいたい》時代」と名づけている（二一一―二一三頁）。

(2) 第一期（一三七三〜一四二九年）

まず、第一期を取り上げる。「第一期は隋《ずい》の煬帝《ようだい》、元《げん》の世祖《せいそ》［クビライ―来間］の再度の招諭に対しても頑固として、之を拒絶した先例を破つて、始めて支那の冊封を奉じ、琉球史に新局面を開いた時代であり、又此《これ》に前後して、日本本土に対しては、南北朝の争乱に依つて通交が杜絶《とぜつ》してゐたのを再興し、朝鮮に対しては、高麗王の許《もと》に使者の派遣のあつた事が、始めて史乗《しじょう》［歴史書。「乗」は記録の意―広辞苑］に見え（察度が元中六年、子・玉之を高麗王・辛昌の許《もと》に遣はした事が『高麗史』に見える）、又南海地方においては、暹羅《シャム》との通商貿易が開始された時代である。即ち、東海の一隅に介在してゐた琉球が、世界の琉球として活躍する礎地《そじ》を築いた意味に於いて、此を海外貿易の創始期と呼ぶ事が出来ると思ふ」（二一一頁）。

要旨はこうである。隋書流求国伝の記述にあり、また元寇を受けたりと、中国からの「招諭」を二度も断ったのに、一三七二年に初めてそれを受け入れ、「琉球史に新局面を開いた」。一方、日本に対してはこのころ通交を再興し、朝鮮に対しても使者を派遣しており、シャムとの通商貿易が開始された。この第一期は、琉球が「世界の琉球」として活躍する基礎を築いたのであり、これを

「海外貿易の創始期」と呼ぶことができよう。

なぜ「満剌加《マラッカ》通交の開始された尚徳《しょうとく》の時代まで」を第一期に入れなかったのかといえば、シャムなど「南蛮諸国との通商の創始」は、「察度に依つて始められた支那貿易の発展の結果に外ならず、且つ琉球に於ける藩内統一［三山統一のこと―来間］と貿易との関係を、特に重視する」からである（二一一―二一二頁）。ここでは、琉球の東南アジアとの交易は、対明交易の発展と関連しているとしていて、対明交易のための東南アジア交易であるとの認識が語られている、といえよう。

安里はしばしば、「琉球」を「藩」と表現していて、ここでも「藩内統一」としているが、これも「国」というのをはばかった可能性がある。

また節を改めて、次のように述べている。「第一期は所謂《いわゆる》三山鼎立《ていりつ》の時代」であり、「此等の三山は各々泊《とまり》・糸満《いとまん》・親泊《おやどまり》を貿易港として、或は明に使者を派遣して朝貢し、或は留学生を遣はして明文化の吸収に努めると同時に、進貢貿易の利潤に依つて経済的基礎を鞏固《きょうこ》にし、天下に覇を唱へんとしたのである」。「三山」に対応する三つの港を挙げているが、その根拠は分からない。「親泊」はのち「今帰仁」と一つになって「今泊《いまどまり》」といわれるようになった。

一方の明は、「国庫の支出を多くする事を充分自覚しながら、中華の主《ぬし》たる威容を中外に宣揚《せんよう》せんが為には、小国琉球の為に蒙《こうむ》る損失等は顧《かえりみ》る事なしに、その朝貢を受けたのである」。のちには「琉球の毎年の絶間なき進貢は、遂に明朝に嫌悪される様になつたが、而《しか》も尚《な》ほ、外藩に対する**懐柔策**として、明廷は之を制限する事が出来なかったのである。実にこの時期は、無条約・無制限の時代であり、明の**懐柔款待**《かいじゅうかんたい》の最も徹底せる時代であつた」。その事例として、①朝貢船が不足といえば、それを支給してくれる、②船が破損すれば、それを修理してくれる、③給賜品の変更希望を出せば、そうしてくれる、④船工・通事が不足といえば、閩人《びんじん》を移住させてくれる、⑤進貢品を調達する金銭の不足をいえば、支給してくれる、⑥中国の法に触れることがあっても処罰しない、⑦琉球からの使者には、滞留中と帰航の費用を支給した、⑧留学生に対しても衣食を支給した、を挙げている。「当時の明朝は琉球の如何なる願ひをも、聞き容れたのである」、「琉球は進貢の美名にかくれて、莫大な利益を占めることができたのである」、「第一期は、無制限・無干渉の時代であり、**柔遠策**の徹底せる時代である」。しかし、「琉球のすべての願ひを許容した第一期の無制約時代は、長くは続か」なかった（二三-二五頁）。

近年の研究者が「琉球優遇策」としているものを、安里は「懐柔策」「柔遠策」としている。「懐柔款待」というのも、同じ意味であろう。このことを指摘した点で、安里延はその先駆者である（本シリーズ第四巻、『琉球王国の成立』下、第五章第六節10）。

⑶　第二期（一四二九～一五二二年）

第二期は、「無制約時代」であった第一期に続く。一四三五年に「進貢使者の北京に入る者を二〇人に定め」られた。一四三九年には「琉球の遣明船を毎年二艘とし、その人員を毎船一〇〇人乃至一五〇人に限定」された。一四七二年には「二年一貢に制限し、その定員も一〇〇人に制限」された。それでいて安里はこの第二期を「貿易の隆昌時代」としているのであるが、その理由は、尚巴志が「察度に始められた貿易政策を愈々《いよいよ》鞏固にし、明への進貢を盛《さかん》にするのみならず、その「それが」制限に際会しても、何等かの名目に依つて遣明船を多くし、進貢貿易の利を得る事に努めた」からである、という。さらに、このような対中国の関係だけでなく、「南蛮貿易」も「活況を呈する」のである。那覇港が「国際港」として開設されたことも、その一つである（二五-二九頁）。この間には、尚円の政権奪取と、尚真の「一年一貢」請願のことも含まれている。

(4) 第三期（一五二二～一六〇九年）

第三期は「衰頽期」であるという。尚真の時代に「一年一貢」が許されたものの、また「二年一貢」に戻された。背景に明の「国家財政の疲弊困憊《こんぱい》」があったのであるが、明からの「船の支給」は「全く廃絶し、船舶の修理も自らの費用を以てなさねばならなくなった。「積載貨物」の価格も「著しく暴落した」。その他、倭寇の跋扈《ばっこ》・暴威、ポルトガル人の「東洋進出」もあって、「海外貿易の衰微期たる第三期を招来したのである」（三〇-三一頁）。

4 終わりなき「大交易時代」（高良倉吉）

高良倉吉『琉球の時代』（前出）は、第三章「大交易時代」を掲げている。そこには、「東南アジア派遣琉球船隻状況」という表が掲げられている（小葉田淳・安里延によっている）が、時代的変遷は検討していない（一一六-一一七頁）。その末尾には「一四世紀末から一六世紀にかけて、琉球内部では王国形成の運動が着実に進行し、外部に対しては中国との関係を主軸とする壮大な対外交易が展開した」と書いている（一四一頁）。つまり、「一四世紀末から一六世紀にかけて」の期間が、平板に「大交易時代」とされているのである。

それどころか、次のように明らかに事実と異なることを述べている。「ついに一五〇七年、皇帝は尚真の［一年一貢をという―来間］嘆願行動に根負けして一年一貢を認可することにした。以後、琉球の対中国貿易はますます活発化し、多くの船隻が東シナ海を越えて中国に渡航し、商物を満載して帰ってくるようになった」（一九四頁）。

なお、高良は「琉球王国交易ルート（一四～一六世紀）」を掲げていて（安里延も、『〔旧版〕沖縄県の歴史』の上原兼善も、同様の図を掲げていて、高良の創作ではない）、これをもって「実に壮大な交易ルートが展開されている」という（八七頁）。これについては村井章介の批判がある。「琉球の〈大交易時代〉の説明にしばしば使われる地図がある。琉球と東アジア・東南アジア諸国とを航路（推定）でつないだもので、高良倉吉作成の〈琉球王国交易ルート〉と題する図はその一例である。現在のタイ・マレーシア・インドネシア方面への航路が、かならず福州・広東・安南を経由していたように描かれるなど、ルートについても疑問が多いが、さらに問題なのは、どの国との関係も濃淡なく、かつ双方向だったかのようなイメージを与えてしまう点である」、この「地図の与える印象などもてつだって、双方に帰属する船が行き交ったかのように思われているが、『歴代宝案』によるかぎり、相手国の使節と外交文書は、ことごとく琉球船の帰航を利用して琉球に到来している。大交易時代の琉球・東南アジアの外交は、ほとんど一方的に琉球からの働きかけによって行われたもので、東南アジア諸国は受け身の対応に終始した」（『日本中世境界史論』二六二―三

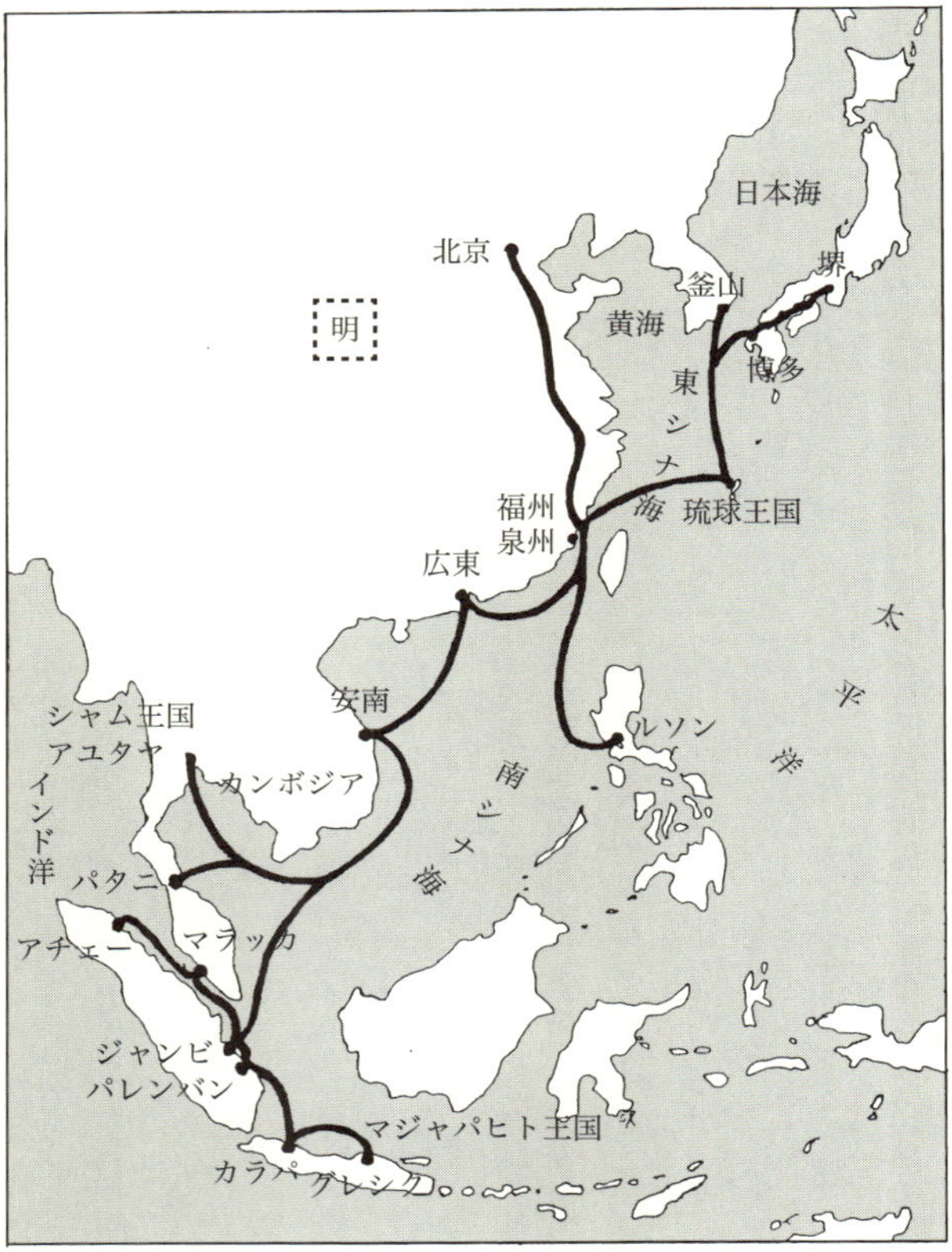

図 2-1　琉球王国交易ルート（14 世紀末～16 世紀中葉）

（出典）　高良倉吉『新版 琉球の時代』（ひるぎ社，1980 年，91 頁）をやや改変した．

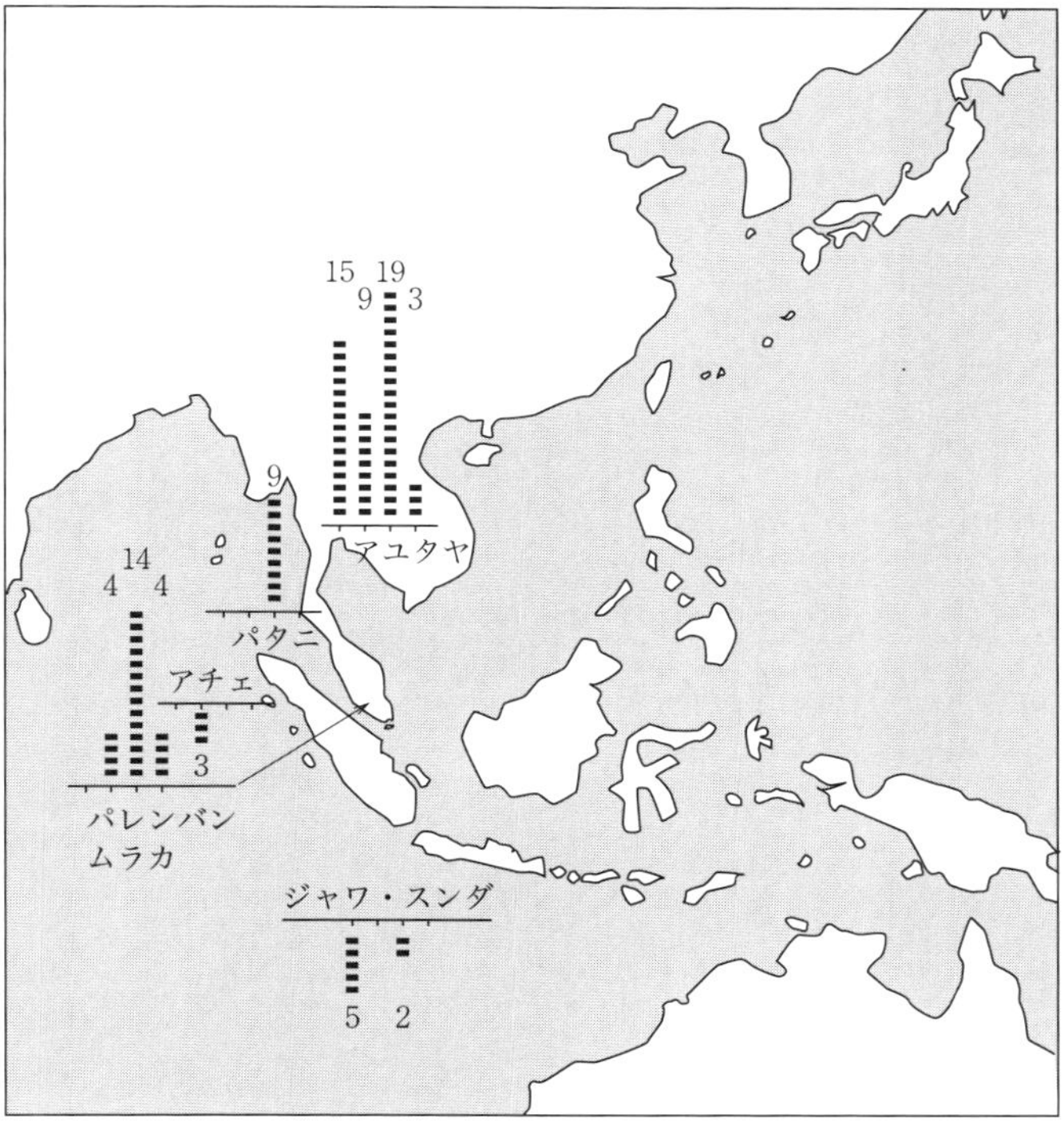

図 2-2　琉球王国の対東南アジア交易図

（注）1. 地域ごとに表示した．パレンバンはムラカ（マラッカ）と，ジャワはスンダと統合した．

2. 時期ごとに表示した．それぞれ左から 15 世紀前半，同後半，16 世紀前半，同後半の順である．数字は件数を示す．

六四頁）。ただし、ここでは『歴代宝案』に史料を限定しての話であり、村井自身、この論文の後方で他の史料を加えて補足している。

そこで、高良の図とともに、その弱点を補強して作成した図を掲げる（図2-1、2-2）。高良倉吉『アジアのなかの琉球王国』（吉川弘文館・歴史文化ライブラリー、一九九八年）は、琉球王国が「優秀な船舶」を持っていたことを強調して、「福建型ジャンク船の流れを汲む琉球の進貢船＝貿易船＝海船は、その当時としては安全性に十分にこたえる高いレベルの船舶であった。それゆえに、数百年にわたって東シナ海の荒海を往来することができたのである」という（九一頁）。「数百年」という表現は、普通には五、六百年を意味するが、察度の進貢から数えたとして一九世紀後半までに当たり、それこそ「終わりなき大交易時代」を描いていることになろう。

もっとも、次の記述もあって、「終わりはあった」ことにも触れている（ナンバーを挿入した）。「さて、一六世紀に入ると琉球の海外貿易にはしだいに翳《かげ》りが見えはじめた。①それ以前、一五世紀後半から朝鮮ルートが日本商人の手によってすでに奪われており、琉球は九州の商業勢力を介して朝鮮とつながるようになっていた。②そして、一五一一年のポルトガルによるマラッカ征服は、東南アジア貿易ルートに暗い影を投げかけた。…記録に登場する東南アジア派遣の船は、一五七〇年のアユタヤ行きが最後である」（一五五頁）。「③琉球の海外貿易、とくに東南アジアルートに決定的なダメージを与えたのは中国貿易勢力の海外進出であった」。「明帝国も、一六世紀中期になるとその国力は急速に衰えた。海禁政策はザル法化し、中国商人が大手を振って海外に進出する状況が日常化した。その結果、中国人に代わって中国商品をアジア諸国に供給すること、また、アジアの特産品を中国に供給するという琉球の中継貿易の屋台骨は大きくぐらつくことになった」。「④加えて、一五世紀後半からは日本商人が東南アジアに進出した。…日本商人が、琉球の頭越しに直接東南アジアにつながるようになったのである」（一五七頁）。

このような記述は、『琉球の時代』でも触れられなかったわけではないが、それは後景に置かれ、人びとを「郷土賛歌」に導いたのであった。

5 対明交易の減少（真栄平房昭）

なお、真栄平房昭《まえひらふさあき》「対外貿易の発展」（『那覇市史』通史篇第1巻・前近代史、一九八五年）は、『歴代宝案』と『明実録』によって、「対明貿易（遣船状況）」を、王代別に、一四二五年から一五八七年まで掲げているが、派遣船の数の年平均値は三・二隻から順に一・一隻まで、ほぼ一貫して減少している。また「東南アジア貿易の推移」という表は「推移」ではなく「国別貿易船数」になっているが、これによれば、一四二五年から一五七〇年までの間に、シャムがその全期間にわたって一四六年間・五九隻と最も多く、マラッカが四九年間・二〇隻、パタニが五四年間・一一隻と、これに次いでいる。さらに、一四世紀後半の「馬・硫黄の輸出」表を掲げているが、それによれば一三七六年から九五年の二〇年間・一三回で、馬は四六〇匹（ただし不明年が五回あり）、一回平均三五・三匹、硫黄は三万六〇〇〇斤（ただしゼロ回の年が七回あり）、一回平均二七六九斤となっている（一四六頁）。

6　一五世紀半ば以降の交易衰退（生田滋）

生田滋《いくたしげる》「琉球中山王国と海上貿易」（前出、『琉球弧の世界』）は、「グスク時代」、明の建国と海禁令・冊封体制に触れたうえで、「琉明関係」を七つの時期に分けている。それは同書表3に集約されているが、これには第一期と第二期の前半が含まれていないので、生田の記述にしたがってこれを補充したのが、次の表である。なお、「斤」が現在と同様の計量単位であれば、一斤＝六〇〇グラムであり、一〇〇〇斤＝六〇〇キログラム、一万斤＝六〇〇〇キログラム＝六トンである。

【第一期】ほぼ二年に一回の割合で進貢している。また「明による官営貿易」も少なくとも二度行われた。

【第二期】一年一回ないし二回進貢している。期間は五六年間と長く、「琉明関係の最も緊密な時期であった」。主体は泉州《せんしゅう》（琉球との交渉窓口）の民間商人で、そのため船とその乗組員を下賜した、つまり「いわば、泉州の国際貿易が琉球を基地として盛んに行なわれた時期であった」。「第二期の途中、すなわち洪熙《こうき》元年（一四二五）からは、『歴代宝案』が参照できるようになり、

硫黄の数量

硫黄		説　明
斤	指数	
不明	—	明の官営貿易も
不明	—	最も緊密な時期
38,013	100	泉州商人の貿易
35,300	93	在琉中国人も減
28,345	75	貿易量は維持
27,272	72	実質はやや減少
8,818	23	琉球船の使用へ
6,192	16	すべて琉球船に

外してある．
7期はさらに「前期・中期・後期」に
の欄を加えた．進貢船隻数，馬の頭数，

生田・表3の拡充表　各期別年平均の進貢船数・馬・

	期間	年数	進貢頻度	進貢船		馬	
				隻数	指数	頭数	指数
第1期	1372～1382	11年	2年1貢	不明	—	不明	—
第2期	1383～1424	42年	1年2貢	不明	—	不明	—
	1425～1439	15年		3.5	100	61.9	100
第3期	1440～1477	38年	1年1貢	1.8	51	25.2	41
第4期	1478～1506	29年	2年1貢	1.6	46	21.3	34
第5期	1507～1517	11年	1年1貢	1.3	37	18.2	29
第6期	1518～1547	30年	2年1貢	0.7	20	5.4	9
第7期	1548～			0.9	26	2.8	5

（原注）『歴代宝案』より算出．記録の欠失している年のある場合は，その年を計算から除
（注）　生田滋「琉球中山王国と海上貿易」表3に，第1期と第2期の前半を加えた．この
3区分されているので，それを実線で区分した．また，期間，年数，進貢頻度，説明
硫黄の斤数の「前期比」はそれぞれ「指数」に改めた．「説明」は本文から採用した．

船の隻数や進貢品の数量なども判明する」。表にはそれ以後の、すなわち第二期の後半以降の数値が掲げられている。

【第三期】再び一年一貢となる。それは「琉球の使者が福州に滞在するさいの接待費がかかりすぎること、使者と住民の間に紛争のあったこと」などによる。「第三期に入ると、進貢船の隻数が半減する」。「その結果、琉球を基地とする貿易船の数も減少したものと思われる。それにともなって、おそらく琉球に住む中国人の数も減少したことであろう。しかし、このことは琉明間の貿易量の減少を意味するものではない。明確な史料はないが、おそらくこのころから、私貿易の来航がはじまったのではないかと思われる」。「おそらく明のほうでは、密貿易に対抗するために、官営貿易の拡大をはかったのではないかと考えられる」。

【第四期】二年一貢に制限される。「成化一四

年（一四七八）、琉球国の使者が福建省で住民を殺し、家屋に放火して財物を略奪するという事件が起こった」からである。「ただし、たしかに二年一貢になったが、年平均の隻数、馬の頭数、硫黄の数量をみると、第三期と第四期との間にはほとんど差がない」。

【第五期】尚真の要請によって一年一貢となった。「ただ、実際の隻数などは、わずかながら減少しており、明のほうからみると、名を捨てて実をとっている感じがする」。

【第六期と第七期】二年一貢にもどった。「ところが、この正徳一三年から嘉靖元年（一五二二）まで、『歴代宝案』には、琉明関係に関する文書が欠けている」。「嘉靖一二年（一五三三）からは、進貢以外のさまざまな名目で、琉球の船が中国に派遣されるようになる。これは、明から来航する私貿易船が大幅に減少、ないしは途絶した結果であろうと考えられる。同じくこの年から、琉球で建造されたと考えられる〈本国小船〉〈土船〉といった名称の船が、進貢船その他に使用されるようになる。…［嘉靖］二八年以降の進貢船は、みな琉球で建造されたと思われる船で行われるようになる。したがって、嘉靖二六年［二七年─来間］までを第六期とし、嘉靖二七年［二八年─同］以降を第七期と考えたい」。

かくして、「琉明関係の概略」が次のように示される。「まず、第一期と第二期は、琉明関係が最も緊密な時期であり、泉州の国際貿易が琉球を基地として行われた時期である。これを前期としたい。次に、第三期、第四期、第五期は、明側で琉明関係を規制しようとした時期であり、中国からは私貿易船が多数来航していた時期である。これを中期としたい。第六期、第七期は、琉明関係が名目的になった時期であり、のちに述べるように、琉球が国際貿易の基地としての役割を失った時期である。これを後期としたい」（以上、二六五-二七五頁）。

なお、表の引用に当たって、「前期比」を「指数」に置き換えたが、この指数に着目すれば、進貢船の隻数は一五世紀半ばが最高で、次には半減、さらに三七に落ち、ついに二〇台にまで減少している。馬の場合もほぼ同様の動きである。硫黄だけは、一六世紀初期まで水準が保たれている。

7　琉球優遇政策の転換（岡本弘道）

岡本弘道《おかもとひろみち》『琉球王国海上交渉史研究』（榕樹書林、二〇一〇年。その第一章の初出は一九九九年）も、「一四三〇年代まで」が「最盛期」だという。岡本の示したグラフは、本シリーズ第四巻『琉球王国の成立』下、第五章第四節15（七〇頁）で紹介しておいたが、ここでは、「琉球優遇政策の転換とその要因」と題する、第一章後半を検討する。琉球の対中国（明）貿易は、実態として衰退していっただけでなく、政策的にも衰退させせられていったのである。

「対琉球優遇政策」は「明一代を通じて維持されたというわけではない」。小葉田淳も「明代中期以降、明朝が諸国の朝貢に対して漸次設けていった諸制限」に触れていた。まず、「正統年間に入ると、一転して貢期の制限が命じられるようになる」。一四三七年には占城《チャンパ》に対して、一四四三年には爪哇《ジャワ》に対して、それぞれ「三年一貢」が命じられている。暹羅《シャム》に対しては特にないが、それは実態として「三年一貢に近い状態」にあったからであろう。「ともあれ、一四三〇年代後半から四〇年代にかけて、明朝側はこれらの朝貢国に対して貢期制限を再設定し、朝貢頻度を押さえようとする姿勢を明確にしたこと、そして五〇年代にはそれが実現したことは明らかである」。日本に対しても、一四五三年の入貢が「海船九隻、随行員の総数は一〇〇〇人を超える大規模なものであり、当然その附搭貨物の数量も膨大なものだった」ので、明側は価格を下げたりしたが、「この時点で明朝の日本に対する姿勢が一変していた様子が窺える」。その兆候は一四三六年にもすでに表れていた（三四-三六頁）。

琉球との関係も変化していく。一四五二年に、明朝は福建の沿海居留民に対して「中国貨物を収販し、軍器を置造し、海船に駕して琉球国と交通し、招引して寇を為すを得ることなかれ」という「禁令」を出しているが、ここには「海寇と結びつきかねない潜在的脅威として琉球国を認識している様が見て取れる」。まず現れたのは「海船の賜与」を巡る変化である。それまで琉球に対しては「海船の賜与の事例が屢々《しばしば》見受けられるが、景泰元年（一四五〇）になると、琉球側が費用を負担する形での海船建造が許可されており、以後琉球の費用負担による福建での海船建造が通例となった」。「ここに洪武・永楽年間の積極的な琉球へのテコ入れ政策からの後退を見ることができる」。一四五九年には、琉球が附搭貨物に対して「銅銭の給価」を願っても却下された。この状況は以後も続く（三六-三八頁）。

「成化年間［一四六五～一四八七年—来間］においては、琉球への朝貢制限が様々な形で表面化してくる」。①「貢道」（朝貢使節入貢の地）は、当初は「柔軟な対応」だったが、一四六九年に「福建」に限られた。一四八八年に浙江に来た琉球の貢船に対し、「二年一貢の貢期」に違反したことと「貢道」の違いを理由にいったんは「朝貢を却下」した。②「琉球への派遣中国人に対する政策にも転換が見られる」。一四七二年に「琉球国の夷人、先に進貢するに因りて、内地に潜居し、遂に家業を成し、年久しきも本国に還らざる者あり」として、中国に住み着いている琉球人を帰国させよと指示した。③一四七四年に、琉球使節による中国人殺害・強盗事件が起き（前節4）、翌年に「二年一貢」「最大人員一五〇人」とされた。これは尚真代の一五〇七年に「一年一貢」とされるものの、一五二二年にまた制限された。④朝貢頻度は、かつては「不時」（いつでも可）だったが、一四六〇年代には「一年一貢」になっていたとみなしうる。／「以上の検討の結果、琉球の朝貢に対する各種の制限措置は、概ね成化年間前半、一四六〇年代後半から一四七〇年代前半に集中していることが見て取れる。この時期の朝貢に関係する各種の制限は、すでに進行していた対琉球優遇政策の転換という大きな流れの最終的な帰結とみなすのが妥当であろう」。

岡本は、明の対琉球政策が倭寇との関連で、当初は「優遇」し、後には「後退」していったと描いている。

8　琉球の対外交易の全体像（豊見山和行）

豊見山和行《とみやまかずゆき》「南の琉球」（入間田宣夫《いるまだのぶお》・豊見山『北の平泉・南の琉球』中央公論新社・日本の中世5、二〇〇二年）は、「明朝が琉球から入手していた物の状況を簡単に概観する」として、次のように述べている。まず、馬である。「一三七四年一〇月、中山王の第二回目の朝貢から馬が朝貢品として登場する。そして、朝貢馬の数字がわかるものをいくつか示すと、一三七七年の馬一六匹、一三八二年の馬二〇匹、そして数量の不明な時期が続いたあと、一四一〇年の馬一一〇匹をピークに、およそ一回の朝貢時には二〇匹前後となる。以後、『歴代宝案《れきだいほうあん》』によると一四八〇年代には一五匹、一五三一年には一〇匹、一五七一年には四匹というように徐々に減っている。つまり、朝貢品としての琉球馬の最盛期は明初から一四一〇年までということになる」。「一三八三年、内官・梁珉による馬九八三匹という大量買い上げを最後に、琉球から馬を購入した記録は見えなくなる。明側が積極的に琉球から馬を求めたのは、一三七四〜八三年のわずか一〇年ほどであり、以後は琉球からの朝貢に頼っていたことになる」（一八八―一九〇頁）。

　これを提示された表①（明初の朝貢と明朝による買い上げ状況、一九一―一九四頁）、および表②（海船名および国王の交易形態一覧、二〇三―二〇八頁）によって再集計すると、次のようになる。

　馬については、生田の第一期（一三七二〜八二年）は「不明」とあるが、豊見山は一三七六年の四〇匹（購入）、一三七七年の一六匹、一三八二年の二〇匹を挙げている。生田の第二期の後半（一四二五〜三九年）は年平均六二頭とされているが、豊見山は「一四一〇年の馬一一〇匹をピーク」（一三八三年の九八三頭購入もあるが―来間）としつつ、以後は「およそ一回の朝貢時には二〇匹前後」としている。ここの「以後」は生田の第三期（一四四〇〜七七年）に当たる時期のことと思われるが、生田は平均二五頭としている。生田の第四期（一四七八〜一五〇六年）は平均二一頭としているが、豊見山には「一四八〇年代には一五匹」とある。生田の第五期（一五〇七〜一七年）は平均一八頭としているが、これについて豊見山は数値を出していない。生田の第六期（一五一八〜四七年）は平均五頭としているが、豊見山は「一五三一年には一〇匹」としている。生田の第七期（一五四八年～）は平均三頭としているが、豊見山は「一五七一年には四匹」としているだけである。

「朝貢品としての琉球馬の最盛期は明初から一四一〇年まで」ということについては、生田の第二期（一三八三～一四三九年）が最盛期という指摘とほぼ対応しているが、しっかりは対応していない。いずれにせよ、いわゆる「三山統一」は一四二九年とされているので、少なくとも馬の朝貢

馬と硫黄の進貢表

年次	馬(匹)	50年累計	硫黄(斤)	50年累計
1374-77	56		6,000	
1382-88	1,194		3,000	
1390-98	302	1,552	17,000	26,000
1410-26	130		10,000	
1439	2	132	20,000	30,000
1469	15		20,000	
1470-79	168		230,000	
1481-89	214		260,400	
1491-99	195	592	280,000	790,400
1501-09	158		208,000	
1510-17	110		160,000	
1523-29	34		50,000	
1531-39	39		50,000	
1541-49	39	380	65,000	533,000
1551-59	38		70,000	
1561-69	28		55,000	
1571-74	4		10,000	
1583-86	6		16,000	
1591-99	12	88	30,000	181,000
1601-09	8	8	22,000	22,000

（注） 豊見山和行「南の琉球」（入間田宣夫・豊見山『北の平泉・南の琉球』中央公論新社・日本の中世5，2002年）の表①②から10年単位，50年単位の集計．数量不明な年を含む．

については、それ以前の話だったということだけは確かである。

硫黄の朝貢数量をみる。生田は第一期は不明としているが、豊見山は一三七六年に五〇〇〇斤、一三七七年に一〇〇〇斤、一三八二年に二〇〇〇斤を挙げている。その平均は二六六七斤となる。生田は第二期は平均三万八〇〇〇斤としているが、豊見山は一三八六年に一〇〇〇〇斤、一三九〇年に八〇〇〇斤、一三九五年に二〇〇〇〇斤、一三九六年に七〇〇〇斤、一四二六年に一万斤という数字を挙げている。その平均は五六〇〇斤となる。これも同様に「第二期が最盛期」となる。しかし、両者の数字は大きく異なっている。

9　琉球の対東南アジア交易と交易全般の収縮（田名真之）

田名真之《だなまさゆき》「海外交易と琉球」（前出、『〈新版〉沖縄県の歴史』）は次のように述べている。「琉球は明朝の冊封体制に参加したことにより、明朝との進貢貿易を展開し、ひいては東南アジア各国とも交易するようになった。やがてアジアの一大交易拠点へと成長していったが、今日この時代を称して琉球の大交易《だいこうえき》時代とよんでいる」（一〇六頁）。この、高良倉吉に始まる「大交易時代」の呼称は再検討されねばなるまい。その訳は、執筆者自身の記述によって与えられていると考える。それをたどってみる。

「まずは東南アジア交易の開始と停止についてである。いつはじまったか明確にはわからない、というのが答えだ」。一応、一三九〇～九六年の時期に「東南アジア交易がはじまっていたと推測することも可能である」。「しかし他の可能性として」これらの東南アジア産と考えられる品々は「中国での購入もありうるだろう」。物産が東南アジアのものだからといって、東南アジアに出かけたとは限らないとしているのである。「一四二〇年代以降」は「琉球船が交易に出向いた可能性が高い」けれども「当初はシャム船も来ていた」。一三九六年の「山南王叔《しゅく》の胡椒の進貢は山南の東南アジア交易を示している」のではなく、「東南アジア交易も渡来中国人が主導権をにぎっていた」のだから、中国で購入した胡椒を進貢していたと考えられる（一〇七頁）。

趣旨は、一三九〇〜九六年の時期に東南アジア交易が始まっていたとは考えにくいが、一四二〇年代以降には始まっていたということのようだ。「東南アジア遣船一覧」という表が掲げられていて、一四一九〜一五七〇年の相手先別の年次が示されている（本シリーズ第四巻『琉球王国の成立』下、第五章第七節6、一七八頁に要約して掲載）。ただし、文章からは、東南アジア交易の存在そのものに疑問を出しているように読める。

「では交易がおわったのはいつかというと、これも明確ではない」が、一五七〇年のころと「想定しても大過はなかろう」（一〇七‐一〇八頁）。

「つぎに交易の相手国についてである」。「琉球の東南アジア交易は暹羅《シャム》を軸にプラス二カ国ほどで展開されていたのである」。「三カ国との交易は琉球の交易の力量とかかわると考えられる。明朝から支給された船隻の数、交渉や通訳をになう渡来中国人をはじめとする乗員・水夫《かこ》の人数、中国・日本との交易の量的問題などであろう」（一〇九頁）。やや意味不明だが、二か国との交易ならどうにかこなせるが、三か国となると力量からして無理だということのようである。

「琉球船とくらべれば小型船であったかもしれない中国の民間貿易船は一六世紀初頭のマラッカに毎年数十隻来航していた。琉球の数倍の取引を行っていたと推測される」(一〇九頁)。一六世紀初頭に中国の民間船がマラッカにたくさん出てきていたというのは、すでに「海禁」は有名無実化していたということだろうか。少し早すぎないか。また、これに比べれば、琉球の交易はとるに足らないということか。やはり、琉球に力量がなかったから、東南アジア交易はあまり盛んではなかったということのようである。

「では琉球が東南アジア交易をはじめたのは何故かという点についてである。本来進貢は土産《どさん》の物と定められている。しかし進貢品となる琉球の土産は馬・硫黄・螺殻《らこく》などわずかであった。まして交易となると需要の高い品物である必要がある。そこで中国の必要とする胡椒などの香辛料の入手のために交易が開始されたとなろう。さらには［東南アジアは―来間］進貢貿易で入手した磁器・絹布の転売先、つまり市場でもあったのであり、もう一方の日本との緊密な関係もあわせてみれば、中国・東南アジア・日本を結んでの中継貿易へと発展していく必然性があったといえよう」(一〇九―一一〇頁)。

琉球は、自らの生産物が乏しいので、東南アジア交易に乗り出し、香辛料を手に入れて中国に貢ぎ、中国から得た磁器や絹布を東南アジアに売っていた、という。琉球はこのような中継貿易でしか生きられなかったのである。どこに「大交易時代」が見えるのだろうか。

そして終末に向かう。「進貢貿易も含め交易がもっとも隆盛をきわめたのは一五世紀前半」であった、「一五世紀前半、最盛期を迎えていた琉球の海外交易は、同世紀後半に至るとしだいに陰りをみせはじめ、一六世紀にはいるとあきらかに衰退に向かい、後半には東南アジア交易はついに終焉を迎えることとなる」と述べている（一二〇頁）。

渡来中国人は「海禁」という事態になって、急場しのぎで「琉球王国」を仕立てて、しばらくはそれ以前と同様に、琉球を拠点にした交易を行っていたが、その後、この「琉球を拠点にした交易」の魅力が後退して、琉球を離れていくようになる。田名は言う。一五七〇年を最後に琉球船が東南アジアに行くことはなくなった。「その後は明朝への進貢を細々と続けたが、それさえも航海に人を欠くありさまで、指定の福州に辿り着けず、漂着を繰り返していた。航海をになってきた久米村人が琉球をみすてたのである。琉球の進貢貿易の再出発は島津侵略を経た近世に至ってからである」（一二三頁）。

10　琉球の対東南アジア交易（村井章介）

村井章介「一五・一六世紀の海洋アジアの海域交流―琉球を中心に」（平尾《ひらお》良光《よしみつ》・飯沼《いいぬま》賢司《けんじ》・村井編『大航海時代の日本と金属交易』思文閣出版、二〇一四年）は、次のようなことを指摘している（二一-四五頁）。

明は海禁政策をとり、勘合による認証制度を設けたが、「明は琉球を勘合によるチェックの対象からはず」した。それは、「下海できなくなった自国商人に代えて、琉球という国家を海外産物入手の窓口とする」ためであった。そのため、「中国人商人は琉球に移住してその王の臣下となり、琉球王国の外交使節団員という姿で、朝貢貿易に参与したり、海外産物を買い付けたりすることで、実質上貿易活動を継続することができた」。こうして、「明は一種の貿易公社として琉球を位置づけたともいうことができた」。そのことは、「琉球がなかば明の国家機構に組み入れられていたことと照応する」。この論点は、これまでの村井の琉球王国論で主張されていたことでもあるが、いっそう明瞭な表現となっているように思える。

明は琉球に優遇措置を与えたが、それには次のことがある。①勘合から外した（既出）。②「何年一貢というような朝貢度数の制定からも、日本船に対する寧波のような、入貢地の指定からも、琉球は自由だった」。③「さらに貿易活動を支える基盤として、のべ三〇余艘もの海船が給与された。④「外交・貿易のノウハウをもつ中国人が送り込まれた。かれらは、自主的に移住した中国人ともども、王国の外交・貿易業務をになう専門家集団となり、王国を代表する対外貿易港那覇の一角に〈久米村〉とよばれる居留地を形成した。また、かれらのトップは王国内に明の制度にならって設けられた〈王府〉の長官である〈王相〉の地位に就いた」。これらも、すでに村井自身と他の史家たちによって指摘されてきたことであるが、傍線を引いた末尾の文章は、やはり一歩踏み込んだ表現となっている。

ただし、この論文では、その理解の行きすぎを戒める文言も記されている。「中継貿易の形態をとる琉球の朝貢貿易において、久米村人のような居留中国人の果たした役割の大きさがしばしば指摘されるが、一方で、琉球が主体的に担う国事という性格も厳然と存在していた。中国周辺諸国間の通交・貿易関係を華僑相互の関係に還元してしまうのはいきすぎである」。

以下、「琉球~東南アジア通交を担った人びと」すなわち、使臣、通事、頭目などの姿をくわしく追究していく。火長から通事になるコースもあったことから、「**通事**の職務が言語上の意思疎通に特化されていなかったことを語っている。通事を輩出する居留中国人層は、言語能力のみを買われて王国に奉仕するのではなく、航海をふくめた外国渡航の総合的専門家集団だったのであり、貿易に必要なノウハウを自立的に保有していた。実態面からこれを見れば、貿易商人という姿があらわれてくる」。さらに、「**火長**のような航海技術者のすべてが国家のお抱えだったわけではない…。かれらは琉球であれば那覇の久米村に居を構えていたと思われるが、琉球の国家からはある程度自立した社会勢力として存在し、おそらく琉球外の諸地域にいる同業者との連携をもっていたであろう。海洋アジアには、港市国家が形成される以前から、〈能《よ》く海道を諳《そら》んずる火長〉のネットワークが存在し、各港市国家が結びあう〈国交〉もそのネットワークに依存することで成立しえたのである」。琉球に居住する中国人たちは「琉球は仮住まいで終始明皇帝の臣下でありつづけた」とは言えないが、「かれらが一〇〇%琉球国王の臣下にはなりきらず、意識と活動の両面で琉球の国家からある程度自立した領域を保持していたことは、事実であろう」。

11　まとめ

以上みてきたように、一四世紀後半ころから琉球には、多くの中国人商人が(日本人・朝鮮人とともに)渡来してきていたのである。その人びとが、明の「海禁政策」に直面して、行き場を失おうとした時、他ならぬ明自身から呼びかけがあり、それに応えて「琉球王国」（はじめは「中山」、そして「山北」「山南」）を作り上げ、朝貢するようになった。初期琉球王国では中国人宰相が「国相」などとして補佐していた。しかし、もともと産物の少ない琉球は、自らの産物だけでは交易を続けることはできず、東南アジアの産物を入手したり、日本の産物を入手したりして、中継貿易の形をとっていった。それでもメリットは長続きせず、渡来中国人たちもしだいに琉球を離れていく。そこで、交易が希薄化していき、中国人が少なくなっていく状況に対応して、琉球人自身による琉球王国になっていく。いかざるを得なかった。

おそらくは、このような「港市国家」であった琉球は、人びとから租税を徴収することもなかったと考えられる（第八章）。「琉球王国」は、地域住民とは隔離された、孤高の「くに」だったのである。それが、交易の後退という事態に直面して、「自立」への道を模索せねばならなくなった。そこに「尚真の時代」があったといえるのかもしれない。しかし、所詮「自立」はむつかしい。その道を築くこともままならぬうちに、一七世紀初頭に薩摩藩・島津氏の侵入を受け、その支配下に組み入れられたのである。

第四節　室町幕府との通交

1　琉球の使節が京都に来る（六度目）

真境名安興《まじきなあんこう》『沖縄一千年史』（前出）は、第二編第四章「外国の交通」の項を立てている。そこには、一四五一（宝徳三）年に琉球船が兵庫に来たこと（一二一-一二三頁）が含まれているが、次の小葉田淳もそれを紹介しているので、そこで触れることにする。なお真境名は、日本との通交については、この一件のみを記すにとどまる。

小葉田淳《こばたあつし》『中世南島通交貿易史の研究』（前出）は、琉球の室町幕府（小葉田は「足利幕府」という）との通交を、次のようにくわしく描いている。長くなるが、整序し、要約しながら紹介する。ただし原文もかなり採用する。年号は西暦を使う。

なお、本シリーズ第四巻『琉球王国の成立』下、第六章第六節「2 室町時代の日本と琉球の通交」で、一五世紀前半について、次の件を紹介してある。一四〇四年、琉球から幕府に使船が送られた。一四一四年、将軍義持《よしもち》が尚思紹《しょうししょう》の遣使に返書を与えた。一四二〇年の朝鮮人の記録に、琉球の船は海賊たちから狙われていたと記されている。一四三一年、琉球から沈香《じんこう》が届いたので代銭を払った。一四三三年、琉球から反物などが届いたので代金を払った。以下が、その後のこととなる。

一四四六年七月、琉球の使節が京都に上ってきた。これは、六度目である。その後も、一四四九・五一・五八年に来ている（四九年のことは、次に出てくる）。「斎藤親基《さいとうちかもと》日記に、文正《ぶんしょう》元年七月、琉球使の参洛《さんらく》［地方から京都へのぼること―広辞苑］を記して、〈琉球人参洛（当御代六ケ度目）長史を号し、御寝殿庭前に於いて、三人御目《おめ》に懸《かか》り云々［原漢文を読み下しに改めた―来間］〉とある。即ち将軍義政の代となつて琉使の参洛は文正元［一四六六―来間］年度のものが六度目といふ」。その前、「義政の代、文正以前、琉球使の来朝せる事の明かなるは、宝徳《ほうとく》元年・同三年・長《ちょう》禄《ろく》二年の三度である」（二二―二三頁）。なお、「斎藤親基日記」は、「室町幕府政所《まんどころ》執事代《しつじだい》であった斎藤親基（一四二六―？）の日記。一四六五（寛正六）～一四六七（応仁元）五月までの記録」である（森田恭二、『日本歴史大事典』）。

　これに関わる小葉田の評論は次のとおりである。「文正元年の琉使を、親基日記に長史《チョウス》と号するとあり［ルビは小葉田―来間］、蔭涼軒《いんりょうけん》日録には王舅《おうしゅう》並に正使芥隠西堂《かいいんせいどう》と記してゐる。王舅・長史は当時貢使として明に使したのであるが、王舅は琉人であり、長史は此頃では閩人裔孫《びんじんえいそん》［三十六姓の子孫―来間］の専管［一手に管理すること―広辞苑］となつてゐる。芥隠は…京都の僧で、尚泰久時代多くの禅寺《ぜんでら》を開創《かいそう》した。文正元年は次の尚徳《しょうとく》の治世である。彼は勿論五山の緇僧《くろそう》［黒色の衣装を着た僧侶カ―来間］と旧識［＝旧知―来間］の間であり、且又是等《これら》禅僧が幕府の外交機務［機密に関する政務―広辞苑］に参与したのであるから、其間に昵懇《じっこん》な往来を続けたのは当然である。彼は蔭涼軒主集箴《しゅうしん》に明帝より中山王に贈つたといふ梅月《ばいげつ》の大軸や南蕃酒《なんばんしゅ》等を贈つてをり、集箴も琉球使船の貿易につき幕府との間に種々の斡旋《あっせん》をしてゐる」。「蔭涼軒日録によれば、文正元年来朝の琉使は七月二八日、神殿前庭にて将軍に謁《えみ》し、三拝して退出した。退出の際、総門の外辺《そとあたり》にて鉄砲を放つて人々を驚かしたといふは有名な話である。謁見の際、幕府への礼物を進めてゐるが、礼物は料足［金銭―広辞苑］一〇〇〇貫其他であつた。料足一〇〇〇貫は、当時礼物として慣例となつてゐたと見え、宝徳元年八月の参洛の際にも〈近日琉球国（島人と号す）商人京に著《つ》き、薬種並びに料足一〇〇〇貫文を進めた―読み下し文に改めた・来間〉とある（康富記《やすとみき》 宝徳元年八月二六日）。此一〇〇〇貫文は造内裏料《ぞうだいりりょう》［内裏の造作料―来間］として、幕府より進めたといふ事である（同九月五日）。長禄二年参洛の際に、菓盆を献じた事が見える（蔭涼軒日録 長禄二年七月九日）。当時の琉球の諸国通交の例よりいへば、かゝる礼物は大体一定してゐた事と思ふ。将軍に拝謁した使者（三人）も、使臣としての私進物を奉行を介して進上したのである。又、文正元年八月には、王舅は義視《よしみ》［将軍―来間］に謁して礼物を進めてゐるし、蔭涼軒主に対しては、国王より書契《しょけい》並に贈物があつた」（二三一―二四頁）。

「蔭涼軒日録」は「相国寺《しょうこく》鹿苑院《ろくおんいん》内の蔭涼軒主の公用日記」で、「蔭涼職は将軍と鹿苑僧録の間を連絡する役で、僧録よりも将軍に近い立場にあった」（今泉淑夫、『日本歴史大辞典』）。「康富記」は「室町期の貴族で権大外記《ごんだいげき》を務めた中原康富（？―一四五七）の日記。一四一五（応永二二）～一四五五（康正元）までの記事が断続的に残る」（伊藤俊一、同書）。

2　琉球の貨物に代金を支払わず

一四五一年七月、琉球の使船が兵庫に来た。細川勝元《ほそかわかつもと》（摂津《せっつ》・丹波《たんば》・讃岐《さぬき》・土佐《とさ》の守護で、この時は幕府管領《かんれい》でもあった）は、その荷の中から必要なものを選び取ったものの、代金を支払わなかった。琉球の使は、以前にも同様なことがあったと、幕府に訴えた。幕府は奉行を派遣して調べさせたが、その後のことはうやむやになった。「宝徳三年の使船は七月末に兵庫に来着した。然るに摂津守護細川勝元はいち早く人を遣《や》つて、琉球船の装載せる商物を撰取《えらびと》り、代金を支払はぬので、琉球使人は先年より代金の未払いがあつて四、五〇〇〇貫文に達し、今度又売物を押留《おうりゅう》するは堪へ難き事であると幕府に訴へたので、義政は布施《ふせ》・飯尾《いいお》氏等奉行三人を遣《や》つて糾明した所、細川氏が商物を未だに返済せず、奉行も結末を得ずして未だ上洛せぬといふ話が伝えられた（康富記　宝徳三年八月一三日）」。

　これについて小葉田は次のように述べている。「若し果して細川氏が商物を購入するといふ事で、之を収受して代金を支払はぬならば甚だ奇怪至極にて、中原康富の記す如く〈希代《きだい》之所行《しょぎょう》哉［世にも稀《まれ》な行ないかな―来間］〉といはねばならぬ。然し之は或る種の商品を撰定し押留《おうりゅう》して、返戻《へんれい》しなかつたといふが事実らしく、琉球使船の商賈物《しょうこぶつ》［商売品―広辞苑］を幕府が点検せしめて、予《あらかじ》め注進せる目録以外のものがあれば成敗する［裁く―広辞苑により来間］といふ制規［＝規制―来間］に関係ある行動らしい」（二四―二五頁）。

なお、先ほど保留しておいた真境名安興のコメントをここで紹介すると、次のようにある。「四、五〇〇〇貫文（四〇〇〇貫目は六万六六〇〇余両、五〇〇〇貫は八万三三〇〇余両に計算せらると云ふ）を当時の管領細川京兆《けいちょう》に押領せられしことを、将軍義政に訴へしに、義政は三人の奉行に命じて之を糾明せしめけりと云ふ」（一二二頁）。ここに「細川京兆」とあるのは、細川氏の嫡流の流れを「京兆家」と呼んでいたので、「康富記」はそう記したのであろう。応仁の乱を引き起こした勝元は、三代目の「晴元《はるもと》が三好長慶《みよしながよし》に降《くだ》り、京兆家は没落した」（小川信、『日本歴史大事典』）。

『〈新版〉沖縄県の歴史』（田名真之《だなまさゆき》執筆部分）は、「宝徳三（一四五一）年、兵庫に入港した琉球船が守護《しゅご》の細川勝元《ほそかわかつもと》により積み荷を押しとられるという事件がおこった。勝元は先年にも琉球船の売り物を押留して代金をはらっておらず、未払いは四、五〇〇〇貫におよんでいるとしている。琉球の訴えにより幕府は奉行をつかわし糾明にあたらせたが、勝元の抵抗で難渋していると伝えている」と記している（一一六頁）。

3　琉球使芥隠、交易手続きの簡素化を求める

話は第一の事例に戻る。この一四四六年七月の琉球船の来着に対して、伊勢定親《いせさだちか》（政所執事）が八月六日、この船の点検を簡単に終われば、以後琉球から船が頻繁に来るようになるだろうとして、そのことを蔭涼軒主の集箴《しゅうしん》に諮《はか》り、集箴は将軍義政に伝えた。義政は定親に対し、「琉球船奉行」の飯尾元連（いいおもとつらカ―来間）に伝えるようにと指示し、集箴もそれを元連に伝え、琉球の

使者である王舅《おうきゅう》と芥隠西堂《かいいんせいどう》に伝えられた。結果、貨物点検は簡素化され、公用物は代金を払って受け取り、他の物は自由に売っていいとした。このことは、それまでがいかに煩瑣《はんさ》な手続きであったか推測させるし、以前から芥隠が集箴や定親に改善を求めていたことの結果である。「文正元年の琉船来朝にさいして、八月六日伊勢定親が、所謂琉球入貢船の点検を大概《たいがい》一日位で簡単に終わる事として、将軍の恩恵を加へれば往来が頻々とならうといふので、内点検にて麁物《そぶつ》・細物《ほそもの》注文書を以て注進し、其他漏泄《ろうせつ》の物［漏れたもの―広辞苑］あれば成敗する事として、右の内《うち》将軍の入用品あれば召進《めしすす》める事とするを蔭涼軒主集箴に諮り、集箴より義政に披露する所があつた。依つて義政より貞親に此旨を琉球船奉行飯尾元連に達するように沙汰あり、集箴自身も元連に命を伝へ、王舅及び芥隠西堂に達する事となつた。翌日元連が出仕しなかつたので、飯尾之種をして処置せしめた。貨物点検に於いては従来の手続を緩和して、公用物を召進せしめ（之には勿論代金を下付す―小葉田注）、他物は随意に貿易せしむる事としたらしい。右の処置の結果は琉船の往来が一層頻繁になるべき事を貞親も集箴も述べている。之より先、芥隠は点検の事に就き集箴に訴ふる所あり、集箴・貞親と竊《ひそか》に談合する所があつた。王舅も亦、点検方の中止を集箴に語る所あつたらしい。此点検は勿論、兵庫にて装載貨につき行はれたので、以前には余程煩瑣《はんさ》のものがあつた如くで、前述の如き細川氏の貨物押留の如き之を厳施し［厳しく実施し―来間］、若くは制規［規制―同］に乗じて、私為［恣意《しい》―同］をも加へたものでなからうか」。小葉田はその裏づけとして、集箴の記事を紹介している（二五―二六頁）。

なお、『〔新版〕沖縄県の歴史』（前出、田名真之執筆部分）にも、このことについての簡潔な記述がある（一一六頁）。

まとめて、小葉田は「琉球使船の来朝は、義政の代、文正元年まで、凡《およ》そ二三年間に六度、三・四年毎に一回の割となり、永享年中は二・三年に一回の割であった」と述べている（二六頁）。手続きは簡素化されたが、琉球使船の来航回数は「永享年間」（一四二九〜一四四〇年）の「二・三年に一回の割」から、「義政の代」（一四四九〜一四七三年）の「三・四年に一回の割」へと減少しており、さらに「応仁・文明の大乱以後は、其上［いっそう―来間］上洛は余程稀《まれ》となった」、「此頃以後、琉船の近畿回航が極めて寥寥《りょうりょう》たるもの［ものさびしいもの―広辞苑］であった」のである（二七頁）。

若干の補足をする。「伊勢定親」は「政所執事《まんどころしつじ》」、「将軍義政を養育したことから義政に重用され、その権勢は幕府政治を左右するほどであった」（高村隆、『日本歴史大事典』）。「麁物《そぶつ》」は「広辞苑」には「惣物《そうぶつ》」に同じとして、「盆・暮に奉公人に与える衣類など。仕着せ」とあるが、次の「細物《ほそもの》」は『日葡辞書』に「黄金」とあるという（広辞苑）。この対比が分かりにくい。何よりも、「琉球船奉行」という役職があったことが注目される。

4　幕府、島津氏に琉球渡海船の監督を指示する

一四七一年に室町幕府から島津氏に対して、琉球渡海のことについて、その監督を指示した。小葉田は次のように述べている。「文明三年一一月、幕府は右衛門尉行頼の奉書を以て島津氏に宛て

〈乃《すなわち》、琉球渡海船の事、堺辺《あたり》に従い、近年尽期無き候や―読み下しに改めた・来間〉といひ、将来幕府の印判を帯びざるものは渡航を禁止して帰還せしめ、特に船に銅銭を積みたるものは押留《おうりゅう》して、幕府へ差出すべき事を以てし、仔細は当時入洛中の五代《ごだい》筑前守に達する事を伝へた（薩藩旧記 前集二八）。即ち文明の初年頃より、堺近辺の商人の琉球渡航の盛《さかん》となりし事を示している」。それ以前に、「幕府は一般琉球渡航船は島津氏の認可を要する事を許したので、幕府の印判を帯びざるものは渡航を取締るべきを命じたのである」（三一頁）。

『〔旧版〕沖縄県の歴史』（前出、上原兼善《うえはらけんぜん》執筆部分）は、次のことを述べている。なお、上原は「琉球」とはせずに「沖縄」としているが、原文のまま紹介する。「一四八一年（文明一三）に、幕府が印判を帯びないものの渡航を島津氏に禁じさせたことも、島津氏のそのような特権［沖縄に対する特別な地位―上原により来間］を正当づけるのに役立ったといえる。しかし、…特権は、かならずしも常に安定したもので［は］なかったとみてよい」。一五七〇年（永禄一三、元亀元）にも同じように指示されているからである（七四頁）。

松尾千歳（前出、『〔新版〕鹿児島県の歴史』）もまた、こう述べている。「文明三（一四七一）年、足利幕府は島津氏に、幕府の許可証をもたない船を琉球に渡海させないように命じ、さらに島津氏自身も琉球渡海朱印状を発給して、琉球交易権の独占をはかるようになった。しかしこれらは国内的権力の付与であって、独立国家である琉球王国の交易権などを規制するようなものではなかった」（一八一頁）。

『〔新版〕沖縄県の歴史』（前出、田名真之執筆部分）は、「幕府は文明三（一四七一）年段階ですでに島津氏に書を送り、堺の商人が琉球に渡海していること、今後幕府の印判（渡海朱印状《しゅいんじょう》）のない船を取りしまるようにと命じていた。島津氏の琉球渡海船に対する取締りがお墨付きを得て、その後島津の権益につながっていくことになる」と記している（一一六頁）。そのうえで、これを受けた「島津氏は、領内を通過する琉球往還の船への監視を強めていった。琉球航路を自己の権益としていったのである。琉球側でも畿内《きない》に赴くには島津領内を通過することから島津氏との良好な関係の維持をはかっていた。慶弔その他たがいに書状をかわし、進物を贈っていたのである」（一一七—一一八頁）。

一四七四年に、幕府は島津氏に対して、三商人の名を挙げて、これらは遣明船であるから琉球渡海を全《まっと》うさせるように命じている。以下、小葉田からの引用である。「文明六年九月、幕府は奉行奉書を以て、泉州《せんしゅう》小島林太郎左衛門尉・堺《さかい》湯川宣阿・小島三郎左衛門の船は遣明の事に付き仰付《おおせつ》けらる、所あるが故に、別儀を以て煩《わずらい》なく琉球渡海を全《まっとう》せしむるやうに、島津氏に命じてゐる」。この船は文明八年に堺港から出航した（三一一頁）。

5　幕府、島津氏を通して琉球船の来航を促す

一四八〇年に、幕府は琉球に使船の来朝を促すよう、薩摩藩に伝達する。「忽劇《そうげき》」（怱劇＝あわただしいこと—広辞苑）のころは仕方がなかったが、すでに「静謐《せいひつ》」（世の中がおだやかに治まること—同）となっているのだから、依然と同様に来朝すべきである、と。「文明一二年二月一一日付、

島津氏宛幕府の奉書に、琉球国より無音《ぶいん》の儀は、世上忽劇の間は是非に及ばざるも、既に静謐に属する上は、先例の如く来朝すべきであると速かに伝達されたく、幕府使者の帰還と同時に船を琉球に遣《よこ》す事を命じている（薩藩旧記 前集二八）」（二七頁）。『〔新版〕沖縄県の歴史』（前出、田名真之執筆部分）も、「しかし応仁元（一四六七）年応仁《おうにん》の乱《らん》がおこると、琉球船は来航しなくなる。幕府はしばしば来航を促し、文明二（一四八〇）年には島津忠昌《ただまさ》に書状を送って、乱のあいだはやむをえなかったが落ちついたので前々のように船を送るようにと、伝えさせていた。それでも琉球船はなかなか入朝しなかった。堺《さかい》の商人が琉球貿易に赴いていたのも一因であった」と記している（一一六頁）。

次は、小葉田によるその原因論である。「琉球使船の上洛の行はれ難くなつた事の原因は、既述の如き、貿易上に加へられた拘束と、内海航路の不安である。殊に大乱以後は、内海は兵船の往来衝撃の巷となり、海賊が自在に跳梁《ちょうりょう》する事となつた」。その事例として次のものを挙げている。「応仁の遣明船が帰朝の際に、文明元年［一四六九年―来間］、南海路を迂回した」、そのわけは、「一号船＝幕府船・二号船＝細川船が、当時敵側に立つた大内氏の領海を避ける意味もあつたが、さらに幕府や沿海諸大名の制御の絆を弛《ゆる》められ、或は敵側に廻つた海賊の掠奪を恐れた結果であつて、其後遣明船が経費・時日の過大なる費《ついえ》を堪へて、態々《わざわざ》南海路を迂回した根本的の理由であつた」。南海路とは、大内氏を避けて、四国の南を回る航路のことである。もう一つの事例も挙げている。「朝鮮の世祖は、肥前上松浦の久野能登守《くののとのかみ》藤原頼永の使者として入鮮した僧・寿藺なるものをして幕府に通信せしめんとし、書及び礼物を授け、又礼曹に命じて、書を大内氏及び頼永に与へて護送せしむる事とした。寿藺は文正元年［一四六六年―来間］五月、京城を辞して、文明二年［一四七〇年―同］再び入鮮し、世祖に復命する所あつたが、其言ふ所に拠れば、文正元年六月、上松浦に還り、船を修し、行装《ぎょうそう》［外出する時のよそおい―広辞苑］を整へて、翌応仁元年［一四六七年―来間］二月、上松浦を発したるも、途中兵《へい》起り、海賊岸に充ちて、南海（此場合は中国航路を指す―小葉田注）中国梗塞《こうそく》せる［塞がって通じない―広辞苑］を以て、北海即ち日本海を航し、四月、若狭に着して幕府に到つたといふ（海東諸国紀、世祖実録 一二年三月丙辰、四月戊辰）」。そしてこう総括している。「さなきだに［そうでなくてさえ―広辞苑］夙《つと》に［以前から―同］南海の異什珍貨を齎《もたら》す琉球船は内海の海賊の狙う所であつたから、時世の天変が彼等に与へた恐怖は察するに難くない」（二七‐二八頁）。琉球が南海の「異什珍貨《いじゅうちんか》」をもたらすとあるが、これは「変わった日用品・道具」や「珍しい物品」ということであろう。

一四九二年に、細川氏のために堺商人と連絡をとっていた遊初軒等縁の努力によって、「細川船二隻、幕府船一隻を以て、翌明応二年三月、堺を出発する運びとなった」。琉球から帰朝した船がもたらした情報によると、「先帝即ち明の憲宗」の死去を「弔《ちょう》する諸国多き」というので、そのことを等縁が蔭涼軒集証《しゅうしょう》を通して将軍に伝えたという。この記録に「琉球舟」という語が出ているが、小葉田は、これは「堺商人の渡航船」で、おそらく「幕府の允許《いんきょ》［認め許すこと―広辞苑］を得て渡航したものではあるまいか」としている（三一‐三二頁）。堺商人の中国への渡航が琉球を経由していたのである。

6　節目としての一四八〇年

なお、村井章介《むらいしょうすけ》『世界史のなかの戦国日本』（筑摩書房・ちくま学芸文庫、二〇一二年。初出は一九九七年）は、次のように述べている。「貿易国家琉球の繁栄に翳りが見えはじめたころ、琉球の国家的自立が失われる不吉な前兆があらわれていた。一四八〇年、室町幕府の奉行人布施英基は、薩摩の島津武久に対して、つぎのような要請を発した」。その内容は以下のとおり。「琉球国より（京都に）便りがないことは、大乱で世間が騒がしかった間は、やむをえないことであった。しかしすでに情勢がおちついたので、〈早々に先例の通り琉球船の来朝が行なわれるよう、（琉球に）申し遣わされたい〉という旨の（幕府の）奉書が（島津氏に）送られた。（幕府から）仰せ出だされた通りに、急ぎ（琉球に）御伝達いただければ幸いである。おなじことならば、この（手紙を持参する）使者が（京都に）帰ってくるのにあわせて、琉球船を遣わすようにさせることが肝心である」。これに対する村井の論評は、次のとおりである。「幕府は、応仁・文明の乱のあおりで途絶していた琉球船のヤマト来航を再開させようとしているが、それを〈来朝〉と呼んで、琉球をはっきりと自己より低位に位置づけており、しかも薩摩島津氏に琉球への働きかけを委ねている。この委任をひとつの根拠として、のちに島津氏は琉球を薩摩の附庸国（属国）だと主張するにいたる」（八九―九〇頁）。

このように、この件をいわば「節目」とする認識は、新旧の『沖縄県の歴史』などには見られない。

7　近畿・堺商人、自ら琉球に出向くようになる

琉球船が来なくなったので、**近畿商人**は困った。小葉田はいう。「琉使の上洛が行はれず、公用物を除き随意貿易も許された着岸地の兵庫を始め、近畿商人に与へた打撃は尠《すくな》くなかつた。琉球船の齎《もたら》す南海の諸貨に対しても、最大の消費地であつた近畿の諸地にあつて、琉球使船の上洛が、直接には唯一の取引の機会であつただけに、商人の苦痛は一通《ひととお》りでなかつたであらう。殊に薬草類・沈香《じんこう》類等は既に不可欠の商品として流用されてゐた」。そこで竜沢天陰、堺の医・清隠、一条兼良らが、その不足を記し、それを求めている様子が記録されている、と紹介したうえで、かつては（一四三〇年代は）これら「南海産の薬種・香料等」は「明使船」によってもたらされていたが、その後は「直接に産地に往貿する琉船によつて、より安価に輸入され、其或ものは、遣明船にて却《かえ》つて支那［中国―来間］に輸出された事であつた。即ち、一部は頻繁に上洛せる琉使の来朝毎《ごと》に、一部は琉球との間に往来交易せる九州方面よりの転売によつて、近畿に供給された」（二一八―二一九頁）。

琉球から南海産物が届かなくなって、**堺の商人**は自ら琉球に出向くようになった。「之より先に、兵庫に代つて商権を伸張してゐた堺商人は、此大乱を契機として、支那・朝鮮貿易にも華々しき活動を示して来た」。室町時代の「遣明船貿易」は、幕府や諸大名や寺社が「経営者」となっている

が、実際上は「従商人」（実際に従事する商人）に委ねて行われ、「従商人」は「経営者」に対して、利益の一部を納めるというものであった（本シリーズ第四巻『琉球王国の成立』下、第六章第一節9参照）。「応仁以前には、遣明船従商人としては博多・門司の商人が優勢であった」。それが「文明以後」には堺商人が優勢となっていた。そこに琉球からの船が来なくなった。「近畿に於いて内外商品の集散地たる堺の商人にとつて、琉球船の上洛の杜絶《とぜつ》が与えた打撃の大なるを思ふと共に、猶《なお》特に彼等にあつて直接苦慮したるは胡椒・蘇木等は日明貿易に於いて重要なる輸出品であつて、之等は琉球より転売されたものであつた。されば彼等は、到らざる琉球船を俟《ま》つより進んで琉球に往貿する機運を摑《つか》んだ事は、当時の堺商人の気魄《きはく》といひ実勢力といふも、寧《むし》ろ当然であつた」（二九－三〇頁）。

8　室町幕府・薩摩島津氏と琉球の交際（東恩納寛惇）

東恩納寛惇《ひがしおんなかんじゅん》『黎明期の海外交通史』（帝国教育出版部、一九四一年。琉球新報社、一九六九年再刊。のち、琉球新報社編『東恩納寛惇全集』第三巻、第一書房、一九七九年に収録）は、「慶長琉球入以前に於ける本土との交通」を次のように描いている。「慶長琉球入」とは一六〇九年の薩摩藩・島津氏の琉球侵攻のことである。

第一に、それ以前に「本土の勢力が南島を支配してゐた事が幾度もあつた」とし、伊波普猷の「古琉球に於ける航海術及造船術についての試論」（一九三七年）によって、そのころを「大和世《やまとよ》」

と称していた、という。伊波はこの語が「おもろ」に出ているという。「斯様《かよう》な時代は、幾度かあつたかも知れないが、尚巴志《しょうはし》頃から尚真《しょうしん》の初年頃まで約六〇年ほどの期間が盛《さかん》な大和世であつたやうに史実の上では證明出来る」（二六頁）。一五世紀後半の六〇年間のことである。

第二に、「鎌倉前後から室町期にかけて、琉球商船が盛《さかん》に大和旅を続けてゐたらしい事は疑《うたがい》なき事実である」。例示としては、まず「永楽一五年（応永二四年、西紀一四一七）一二月朝鮮の遣明使蘆亀山等が北京より齎《もたら》した報告の中に、永楽帝が琉球使臣の帰国する者に汝が国日本と交親せり云々と云うた事があり（太宗実録）」というものを挙げている。ここでは池谷ほか『朝鮮王朝実録琉球史料集成【訳注篇】』から引用する。「太宗一七年（永楽一五年・一四一七）一二月辛丑（二〇日）魯亀山・元閔生・韓確・金徳章、北京より回《かえ》る。閔生啓して曰く〈（略）帝、因りて琉球国の使臣の回還の時、宣諭す。『汝の国と日本国と交親す。後日、日本を征せば、則ち汝の国必ず路を先引せよ』。使臣、皇恐して回去す。（略）〉。上曰く〈日本への勅草、琉球国への勅命は何を以て陪臣をして之を知らしめたるか〉」。池谷らは「注」として、「北京より帰国した元閔生の報告に、皇帝が琉球国使に後日明が日本を征する時、琉球がその先導をするよう命じたこと、明が行人呂淵を遣わし日本を譴責《けんせき》しようとしており、日本に対するその勅書の草案を見せられたことがあった。国王は、皇帝が朝鮮にこれを知らせた意図を気づかっている」と意訳している。

東恩納に戻る。二つ目の事例として、「宣徳七年（永享四年、西紀一四三二）四月二〇日附で宣宗が尚巴志に与へた勅諭にも〈朕聞く王国と日本国とは境を接し商賈《しょうこ》の往来道路の阻《へだて》なし云々〉とある」というものを挙げている。この二例は一五世紀前半のことで、「従来の行きがゝりから支那

「明─来間」でかく見てゐた」ことの例証である（一六頁）。

文章は「にも拘《かかわ》らず」と続き、「実際は室町前後の戦乱期に入つては」状況に変化が現れたと、次のように述べている。「琉球船が本土に出かけて行く事は、余程間遠《まどお》になつてゐた」と。その事例としては「宣徳三年［一四二九─来間］に明が、内官柴山を琉球に遣はし、銅銭二〇〇〇貫文を齎して、各色磨刀石及生漆等を市《カ》はしめた時に、〈隣国産有地方に前去して収買《しゅうばい》せしめんとすれども、彼の国の争乱に遇《あ》ひて客路不通〉と断つてゐるが、文明一二年（成化一六年［一四八〇─同］）唐船奉行布施下野守《ふせしもつけのかみ》が将軍の旨を奉じて島津陸奥守《むつのかみ》に遣はした奉書に〈自琉球国無音《ぶいん》申之儀、世上忩劇《そうげき》之間者不及是非《はぜひにおよばず》候云々［ここでは〝後略〟されているが、東恩納はのちの行間で次のように続けている。「既に静謐《せいひつ》の上は先例の如く来朝するように」］〉とあるのはこれを裏書するものである」（一六‐一七頁。カタカナのルビは東恩納）。つまり、明は琉球に使として柴山を送り、各種の磨刀石や生漆を買わそうとしたが、日本は戦乱の中にあり、それは叶わなかったことが記されているが、そのような状況は、文明一二年（一四八〇）に唐船奉行の布施が島津にあてた文書によって裏づけられる、というのである。小葉田も記していた。

「斯くして琉球船が来なくなつた結果、九州・中国辺《あたり》の有力者商人等が琉球に推し渡つて行くやうになつた。この時代が伊波氏の謂《い》ふ大和世である」（一七頁）。

東恩納はまた、次のことに言及している。一四〇二年に、足利義教が島津忠国に「琉球を与へた」。そのことの意味は、のちの「所領知行」（領地として支配すること─来間）とは異なって、「領地の優先権を約束する」ということであって、足利幕府が「琉球」を「勝手に処分」することができるまでに琉球に「統治権」が及んでいたわけではない。したがって、このことは幕府と島津氏の間だけのことで、周辺の「諸侯」も「琉球」も知らないことであった。そのため、一五一六年の三宅和泉守や、一五八二年の亀井武蔵守などが「琉球経略」（経営統治すること―広辞苑）を図ったりしたのである（三宅や亀井のことは、本書では第六章第二節で扱う）。

以下、東恩納の原文を記す。「嘉吉元年（西紀一四〇二）足利義教《あしかがよしのり》が、大覚寺尊宥［義昭《ぎしょう》］を誅《ちゅう》したる功によつて島津忠国《ただくに》に琉球を与へた事は、薩藩旧記所載の貴久《たかひさ》公旧譜に依つて知られる」、だが、「すべて此の時代の土地を与へると云ふ事は、後世の所領知行と違つて、領地の優先権を約束する意味であつて、幕府と雖《いえども》、琉球を勝手に処分し得る程、その統治権が琉球に及んでゐたわけではなく、従つて其授受《じゅじゅ》は幕府と島津氏との間だけの了解であつて、海内諸侯と雖これを知らず、又勿論《もちろん》琉球の関知する所ではなかつたのである。であるから其の後と雖、西国《さいごく》諸豪の琉球経略を企画する者は絶えなかつたやうで、永正一三年（一五一六）の三宅和泉守、天正一〇年（一五八二）の亀井武蔵守等は其尤もなるもので、殊に三宅氏の如きは、琉球征伐の為めに一二隻の兵船を薩摩の坊津《ぼうのつ》に艤して［艤装《ぎそう》して＝就航の準備をして―広辞苑により来間］風便を待つて滞留してゐたのを、島津氏が幕命を奉じて之れを誅戮《ちゅうりく》したのであつた」（一七―一八頁）。

末尾にある、島津氏による三宅氏討伐のことは、琉球に報告があり、それには「仮令《たとい》征討の幕許［幕府の許可―来間］を得るとも、当薩摩に於て軍旅《ぐんりょ》［軍隊・戦争―広辞苑］の途をさへ仮さなければ［仮に与えなければ／ゆるさなければ―広辞苑］、貴国を如何ともするを得ざらん」という趣旨のことが書いてあり、「薩摩が地理上特恵的な地位にあつたと云ふ以外には何者も認められないので

年表　日本と琉球の交流（15 世紀）

西暦	和暦	事　　　項
1404	応永 11	琉球国船，武蔵国の六浦に漂着.
1414	応永 21	足利義持，琉球国の「よのぬし」尚思紹宛に書状.
1420	応永 27	琉球国の「代主《よのぬし》」，幕府の御奉行に宛てて書状.
1427	応永 34	足利義晴，琉球国・尚清に宛てて，琉球の仲介で明との交渉が成功したと伝える.
1431	永享 3	琉球から室町幕府に，中国製の緞子《どんす》・繻子《しゅす》，東南アジア産の沈香《じんこう》届く.
1436	永享 8	足利義教，琉球国の「よのぬし」尚巴志宛に書状.
1451	宝徳 3	守護・細川勝元，兵庫に入港した琉球船の積み荷を押留.
1461	寛正 2	琉球国・尚徳，島津忠国に宛てて書状を送り，「水魚《すいぎょ》の約《やく》盟《めい》」を誓う.
1466	文正元	上京した琉球の使節，将軍謁見後，総門の外で鉄砲を放つ.
1467	応仁元	「応仁の乱」以後，琉球船は日本から遠のく．堺商人の琉球渡航はじまる.
1471	文明 3	幕府，島津氏に書状を送り，堺商人が琉球に渡航しているが，幕府の印判のない船は取り締まるよう，指示.
1480	文明 12	幕府，島津忠昌に書状を送り，琉球船の来航を促させる.
1481	文明 13	琉球の綾船，薩摩に至る(京都向けか).

ある」と、東恩納は解釈している（一八頁）。先にみた文明一二年、具体的には二月一二日付の足利将軍が唐船奉行の布施が島津にあてた文書に対して、島津から「同四月二九日、上意の趣《おもむき》速に申達すべき由の請書が出てゐる」が、それだけでなく、「其後引続いて、島津氏より貿易催促に関する書簡が琉球にも行つてゐる」（一八―一九頁）。

東恩納は、「倭寇の跳梁甚《はなはだ》しい」時代であり、「室町幕府の意向」としての「海外貿易の独専［独占―来間］」は果されず、「中国・四国等の諸侯並びに商人乃至は倭寇の徒が、われがちに琉球に押しかけて行くもの、絶えなかつたらし」い、とも述べている。そのことは「文明三年（一四七一）一一月五日附、右衛門尉行頼の名を以て、島津氏に出された奉書が最もよくこれを説明してゐる」という。原文は省略するが、東恩納は次のように説明している。「其の意味は、近来泉州堺辺《あたり》より、無制限に琉球渡航を企つるものあるにより、唐船奉行の朱印なき者は之れを抑留し、その積載の銭貨は之れを没収して、幕府に納入され度いという趣旨である」。また、「琉球渡海船［琉球への渡海船―来間］は博多其他からも続々出かけて行つたもので、それ等に対しては、薩摩の印判なきものは琉球に於て抑留し、其の貨財は琉球の利得とせしめる事になつた」とも指摘している（一八―一九頁）。

第五節　『海東諸国紀』に描かれた琉球

1　『海東諸国紀』とは

中叔舟『海東諸国紀―朝鮮人の見た中世の日本と琉球』（田中健夫訳注、岩波書店・文庫、一九九一年。原著の初出は一四七一年）は、貴重な同時代史料である。

中叔舟は、日本読みでは「しんしゅくしゅう」、朝鮮読みでは「シンスクチュ」であり、『海東諸国紀』は、日本読みでは「かいとうしょこくき」、朝鮮読みでは「ヘドンチェグッキ」である。

『『海東諸国紀』は、朝鮮王朝最高の知識人が日本と琉球の歴史・地理・風俗・言語・通交の実情等を克明に記述した総合的研究書である。一四七一（朝鮮成宗《ソンジョン》二、日本文明三）年に、朝鮮議政府領議政申叔舟が、王命を奉じて撰進した書物で、海東諸国（日本と琉球）の国情と、その朝鮮との通交の沿革を記し、さらに使人接待の規定を収めている。本書に記された使人応接の日朝間の通交をながく規制したものでり、実務書として果した役割も少なくなかった」（田中の「はしがき」、三頁）。

田中は、元《もと》の「漢文を訓《よ》み下し文に改め、注釈を付」し、語句の説明を付け、ルビを付している。また誤りを正している。「底本の擡頭・平出はすべて改行とし、闕字はもとの形を残す」とある。

引用にあたっては、ルビをつけ加えないこととする。また、語句の説明のうち必要と思われるものは［］に記す。「擡頭《たいとう》」（「台頭」とも）は「上奏文などで高貴の人に関した語を、普通の行よりも高く上に出して書くこと」、「平出《へいしゅつ》」は「文中に高貴の人の名や称号などを書く時、敬意を表すため行を改めて前の行と同じ高さにその文字を書くこと」、「闕字《けつじ》」（「欠字」「闕如」とも）は「文章中に、天皇・貴人の名などを書く時、敬意を表すため、そのすぐ上の一字か二字分、あけて書くこと」である［広辞苑］。本書での引用にあたっては、無視する。

「序」には、次のように記されている。「窃《ひそか》に観《み》るに、国の東海の中にあるものは一に非《あら》ず。而《しか》して、日本は最も久しく、且つ大なり。其の地は黒竜江《こくりゅうこう》の北に始まり、我が済州《チェジュ》の南に至り、琉球と相接し、其の勢甚《はなは》だ長し」。以下、日本に関する記述は略する。

「目録」は、次のようになっている。細目は略する。「海東諸国総図／日本本国の図／日本国西海道九州の図／日本国一岐島の図／日本国対馬島の図／琉球国の図／日本国紀／琉球国紀／朝聘応接紀」。なお「琉球国紀」の細目は、「国王代序／国都／国俗／道路里数」となっている。

2　「琉球国紀」の「国王代序」の内容

「琉球国紀」のうち、「国王代序」の内容は次のとおりである。［］内は語句の解説から写し取ったものである。「国王は世襲なり。洪武二三年庚午《こうご》［かのえうま。一三九〇年。明徳元年。高麗恭譲王二年］、国王**察度**《さっと》［察度王統第一代の王。一三二一－一四〇三年。在位一三五〇－一四〇三年。没年は『明実録』により推定〕遣使来朝す。琉球国中山《ちゅうざん》王と称す。是《これ》より連歳《れんさい》遣使す。其の世子《せいし》**武寧**《ぶねい》〔?–一四〇六年。察度王統第二代の王。在位一四〇三–一四〇六年。没年は『明実録』により推定〕亦方物《またほうぶつ》を献ず。永楽七年己丑《きちゅう》〔つちのとうし。一四〇九年。応永一六年。朝鮮太祖九年〕、其の孫**思紹**《ししょう》〔尚思紹。?–一四二一年。在位一四〇六–二一年。首里城を増築。第一尚氏第一代の王〕遣使す。琉球国中山王と称す。其の書の略に曰く。先祖王察度および先父王武寧相継《つ》ぎて薨逝《こうせい》す。以て各寨《とりで》不和を致し、連年征戦し、一向に疎曠《そこう》〔疎遠になること〕す。今大明皇帝の寵を荷《う》け、王爵に封ぜらる、と。一六年戊《ぼ》戌《じゅつ》〔つちのえいぬ。永楽一六年。一四一八年。応永二五年。朝鮮太宗一八年〕、また遣使し、琉球国中山王二男賀通連《かつれん》〔沖縄県中頭郡勝連《かつれん》村南風原《はえばる》〕寓鎮と称す。其の書の略に曰く。予の兄今年淹逝《えんせい》〔逝去すること〕し、予始めて通聘《つうへい》す、と。宣徳六年辛亥《しんがい》〔かのとい。一四三一年。永享三年。世宗一三年〕、琉球国中山王**尚巴志**《しょうはし》〔一三七二–一四三九年。在位一四二一–三九年。第一尚氏王統第二代の王〕と称して遣使す。景泰四年癸酉《きゆう》〔みずのととり。一四五三年。享徳二年。瑞宗元年〕、琉球国中山王**尚**《しょう》**金福**《きんぷく》見〔尚金福。一三九八–一四五三年。在位一四五〇–五三年。第一尚氏王統の第五代の王。「見」について、東恩納寛淳は、琉球文書にさかんに見える文字で、執奏・咨文等の常套語で「現」と同程度の意味の軽い文字と解している（『黎明期の海外交通史』八六ページ）〕と称して遣使す。六年乙亥《いつがい》、琉球国王**尚泰久**《しょうたいきゅう》〔一四一五–六〇年。在位一四五四–六〇年。第一尚氏王統第六代の王〕と称して遣使す。天順二年戊寅《ぼいん》〔つちのえとら。一四五八年。長禄二年。世祖四年〕、琉球国王見〔尚泰久のこと。東恩納寛淳、前掲書、八六ページ〕と称して遣使す。三年己卯《きぼう》、復《また》尚泰久と称して遣使す。五年辛巳《しんし》、遣使して琉球国王**尚徳**《しょうとく》〔一四四一–六九年。在位一四六一–六九年。第一尚氏王統第七代の王〕と称す。成化二年丙戌《へいじゅつ》［ひのえいぬ。一四六六年。文正元年。世祖一二年］、また尚徳と称して遣使す。七年辛卯《しんぼう》冬、国王使自端書〔西〕堂来朝す。自端曰く。尚巴志以上は知らざる所なり、と。尚は姓、巴志は号、名は億載なり。尚金福見の名は金皇聖、尚泰久の名は真物、尚徳の名は大家なり。兄弟無し。今の王［〈今の王〉とあるのは尚円の事でなければならないが、尚円ならばこの年五七歳になっていた筈で一六歳というのは当らない〔東恩納寛淳、前掲書、一二八頁〕］の名は中和、時に未だ号さず。年一六歳なり。宗姓丹峰殿の主女を娶《めと》る。王弟［『朝鮮史料叢刊』本〔韓国国史編纂委員会所蔵本の影印〕には「主弟」とみえる］の名は於思、年一三歳なり。次弟の名は截渓、年一〇歳なり。国王の所居《おるところ》の地は中山《ちゅうざん》と名づく。故に中山王と称す。察度始めて遣使してより以来相継ぎて絶えず。方物を進むること甚だ謹《つつし》めり。或は直《じか》に国人を遣わし、或は日本人の商販して其の国に在る者に因りて使と為す。其の書は、或は箋《せん》［朝鮮では皇太后・皇后・皇太子に充てる文書をいう。下位者が上位者に送る文書。『太祖実録』三年九月丙午条］、或は咨《し》［咨文。朝鮮では中国の六部に充てた文書をいう。同位者間の文書。『太宗実録』九年九月庚寅・一〇年一〇月壬子条。高橋公明「外交文書〈書〉〈咨〉について」〔『中世史研究七』参照〕］、或は致書《ちしょ》［「書ヲ致ス」という形式の文書。同位者間に用いる。『太祖実録』元年是年・六年八月乙酉、『世宗実録』即位年八月辛卯・一二年閏一二月壬戌条等］にして格例一《いつ》ならず。其の称号・姓名も亦《また》定まらず。琉球は我れを去ること最も遠く、其の詳《くわしきこと》を究むる能《あた》わず。姑《しばら》く朝聘《ちょうへい》の名号《みょうごう》の次第を記し、以て後考を待つ」〔一二三三―一二三六頁〕。

田中健夫は「〈国王代序〉は、察度王統から尚王統までであるが、『中山世譜』『中山世鑑』等の記事とは合致しない」と解説している〔四一五頁〕。また、第一尚氏の第三代・第四代の王の記述がない。

3　「琉球国紀」の「国都」の内容

「国都」の項に進める。田中健夫の言葉の解説には「沖縄県那覇市首里」とある。

「国は南海の中に在り。南北は長くして東西は短し。都に石城有り。諸島　星《ほしのごとくつらなる》列る。治むる所は凡《すべ》て三十六島なり。土産の硫黄は、之を掘ること一年にして復《またあな》抗を満たす。之を取るに窮《きわま》り無し。歳《としどし》　中国に遣使して硫黄六万斤・馬四〇匹を貢す」。

以下、三人の名前を掲げ、それぞれに一行ばかりの記事がある。

「梁回［『明宣宗実録』宣徳三年八月庚子条の琉球使節のなかに梁回の名がある］　宣徳五年庚戌《こうじゅつ》［かのえいぬ。一四三〇年。永享二年。世宗一二年］、遣使来朝す。書に、琉球国長史《ちょうす》［明の王相府の官職。明では琉球政庁を王相府に準じ、その執政官を王相・長史に任じた（宮城栄昌『琉球の歴史』五二頁）。外国への使臣としては正議大夫につぐ職。久米協理府の官。二員。正五品あるいは従四品。紫金大夫に従い諸事を同知（『中山伝信録』）］梁回と称す」。

「李金玉　成化四年戊子《ぼし》［つちのえね。一四六八年。応仁二年。世祖一四年］、遣使来朝す。書に、琉球国総守将李金玉と称す」。

「等悶意　成化五年己丑《きちゅう》［つちのとうし。一四六九年。文明元年。睿宗元年］、遣使来朝す。琉球国平田大島平州守等悶意［東恩納寛淳は『世宗実録』一四年六月庚戌条の「琉球国王弟閔意」と同一人ではないかとしている（前掲書、一一八頁参照）」と称す」（以上、二三六―二三七頁）。

4　「琉球国紀」の「国俗」の内容

「地窄《せま》く人多し。海船の行商を以て業と為す。西は南蛮と中国に通じ、東は日本と我が国に通ず。日本と南蛮の商舶亦《また》其の国都の海浦に集まる。国人は肆《し》［たな。店］を浦辺に置き互市を為す。○国王は楼《ろう》に居す。他国使を宴する毎《ごと》に、仮楼を為り構《つく》え、之と相対す。中国および我が国の書至れば旗纛《きとう》［旗と旗矛］を具して出で迎う。左右長史二人有りて王命を出納《すいとう》す。また五軍統制府・議政府・六曹《りくそう》［朝鮮の中央行政官庁。吏・戸・礼・兵・刑・工の六曹。中国の六部の制にならったもの］有り。○地は常に暖く霜雪無し。草木は凋落せず。○水田は一年に再収す。一一月毎《ごと》に種を播《ま》き、三月に秧《なえ》を移し、六月に収穫す。即ちまた種を播き、七月に秧を移し、一〇月にまた穫《か》る。○男女の衣服は日本と大同小異なり」（二三七―二三八頁）。

5　「琉球国紀」の「道路里数」の内容

「我が慶尚東萊《とうらい》県の富山浦《ふさん》より対馬島の都伊沙只［豊崎郡、或は都伊沙只郡と称す。「都伊沙只」は「豊崎」の音を朝鮮音により漢字に表記したもの］に至るまで四八里なり。○都伊沙只より船越浦［長崎県下県郡美津島町］に至るまで一九里なり。○船越より一岐島の風本浦［長崎県壱岐郡勝本町］に至るまで四八里なり。○風本より毛都伊浦［郷ノ浦町本居浦《もとい》］に至るまで五里なり。○毛都伊浦より肥前州の上松浦［松浦郡の北部。佐賀県唐津市中心の地方］に至るまで一三里なり。○上松浦より恵羅武［口之永良部島。鹿児島県熊毛郡上屋久町］に至るまで一六五里なり。○恵羅武より大島［奄美大島。鹿児島県大島郡］に至るまで一四五里なり。○大島より度九島［徳之島。鹿児島県大島郡］に至るまで三〇里なり。○度九島より輿論島［与論島。鹿児島県大島郡］に至るまで五五里なり。○輿論島より琉球国都に至るまで一五里なり。○都計《すべて》五四三里なり」。なお、末尾に小さな文字で「我が国の里数を以て計れば、則ち五四三〇里なり」とある（一三八‐一三九頁）。

以上、「琉球国紀」の内容を見てきたが、田中健夫は次のように解説している。「国王代序」については、すでに紹介した。「〈国都〉は、治世の概略、朝鮮への渡航者とその称号を挙げている。〈国俗〉は、貿易・王宮・官吏・気候・農耕・衣服等の習俗について述べたもの。〈道路里程〉は、富山浦・対馬・壱岐・奄美大島・徳之島・与論島との距離を示したものである。／東恩納寛淳は、〈琉球国紀〉の素材は琉球・朝鮮間を往来した自端西堂と博多の信重から得たものであろうとしている（『黎明期の海外交通史』一二六頁）。〈琉球国紀〉の記事は『朝鮮王朝実録』の琉球関係記事とともに、一五世紀の琉球事情を語る基本的資料の一つということができる」（四一六頁）。

田中はまた、「琉球国紀」は「『日本国紀』にくらべると、記事の量はきわめて少ない。朝鮮の日・琉両国との通行量の差と理解度の差とが、そのまま記事の量の差となったものと思われる」とも書いている（四一五頁）。

6　附録の「琉球国」の内容

『海東諸国紀』には「附録」が二件ある。その二が「琉球国」となっている。別掲の「語音翻訳」は略する。

「一、地界は東西、七、八日、南北は一二、三日程なり。

一、水田は一年に再び収む。正月に種を播《ま》き、五月に刈穫《がいかく》し、六月に種を播き、一〇月に刈穫す。陸田は一年に一《ひとたび》収む。

一、男子は貴賤と無く結髪《けっぱつ》し、髻《もとどり》は右に為《つく》る。国王は常に紅巾《こうきん》を以て頭を包み、有職人は雑色巾《ざっしききん》を用い、庶人は白巾を用う。衣は皆闊袖《ひらきそで》なり。中朝［中国（明）］の使臣来れば、則ち国王は烏紗《うさ》帽《ぼう》［紗で作った黒色の帽子］・紅袍《こうほう》・玉帯《ぎょくたい》、群臣は品《ひん》［王府の官位の等級］に随い、各《おのおの》其の服を服す。皆な中朝の制に倣《なら》う。

一、朔望《さくぼう》［月の一日と一五日］朝する群臣には必ず宴を設く。

一、中朝の人の来り居する者は三千〔十カ〕余家［三十余家か。三十六姓閩人《びんじん》の子孫一族をさす。中国（明）福建省よりの渡来人］なり。別に一城を築き之に処《お》る。

一、三発司［三司官。三司官は「あすたべ」または法司という。定員は初め一人、のち三人。王府の重職で、協同して国王を補佐した。正二品］三員有り。当国の大臣なり。政は大小と無く皆な之を総《す》ぶ。本国の人に非ざれば則ち是の職に除《じょ》することを得ず。

一、長史《ちょうす》二員と正議大夫《せいぎたいふ》二員は用事の者なり。並に中朝の人の来居せる者を以て之に為す。
一、朝士は職田《しきでん》有り。また商販船の随品を以て計給して収税せしめ、之を食す。
一、国王の喪《そう》は、金銀を用《も》つて棺［屍体を入れる用器］を飾り、石を鑿《うが》ちて槨《かく》［棺を格納するもの］を為《つく》る。埋葬せず。屋を山に造《おく》り、以て之に安んず。後十余日、親族・妃嬪《ひひん》［きさきとひめ。女官をさすこともある］会して哭《な》き、棺を開きて尸《し》［しかばね。屍体］を出《いだ》し、尽く肌膚《きふ》を剔《えぐ》り、諸《これ》を流水に投じ、骨を棺に還す。士庶人の喪も亦之の如し。但し石槨《せきかく》は無し。
一、父母の喪は、士大夫《したいふ》［中国で士と大夫。科挙《かく》に合格したもの。官僚層］は一〇〇日、庶人は五〇日なり。食肉・飲酒せず。
一、婦、子女無くして夫死せば、則ち自ら刎《くび》ねて之に従う者は一〇に常に七、八なり。王も亦禁ずる能わず。
一、刑は流配《るはい》・処斬《しょざん》有り。笞杖《ちじょう》は無し。
一、天地壇有り。凡《およ》そ祈禱には必ず之を祭る。他国に奉使する者は壇に詣《まい》りて香を焚き、香の灰を取りて之を呑み、誓いて、我が国の事は当《まさ》に彼に説《と》かざるべし云云と曰《い》い、然る後に発行す。
一、国の東南、水路七、八日程に小琉球［この場合は台湾をさす］有り。君長無し。人は皆な長大にして衣裳の制無し。人死すれば則ち親族回して其の肉を割食す。其の頭廂《とうしょう》［頭蓋骨］を漆《ぬ》るに金を以てし、飲食の器と為す。
一、語音翻訳（別掲「語音翻訳」二七八‐九七頁および影印参照）
弘治一四年［一五〇一年。朝鮮燕山君《ヨンサングン》七年。日本文亀元年］四月二二日

啓して承文院［東班職。事大交隣の文書（中国・日本との外交文書）を掌る官署。槐院］に下す」（二七三－二七七頁）。

田中健夫は、この史料について、次のように述べている。「目録には見えない。弘治一四（一五〇一、燕山君七、文亀元）年四月二二日に上裁を経て、事大交隣の文書を掌る承文院に下された文書である。他界・播種・収穫・服装・宴会・官職・葬礼・風俗・刑罰・信仰・語音翻訳などを箇条書きにしている。また小琉球国（台湾）についても記し、人肉を食する風習などについて書いている。燕山君六（一五〇〇）年、朝鮮に至った琉球国の使者から宣慰使成希顔が聞いたところを兵曹判書李季仝が『海東諸国紀』の附録とすることを上啓して許されたのである（『燕山君日記』七年正月辛未条）。本文では簡略だった琉球関係記事を補充するためのものと思われる」（四一八頁）。

7　『海東諸国紀』の「琉球国之図」とその説明

『海東諸国紀』の「琉球国之図」（図2－3）について、田中健夫は次のように解説している。「『琉球国之図』は、大西・浦傍・玉具足・粟島・那波皆渡などの地名表記から考えると、原図は日本人または琉球人の手で作られたものである。航路はおおむね琉球を起点としているが、上松浦や（奄美）大島を起点としていることもある。周辺島嶼の記載は正確詳細、地図の作成者は琉球渡航の経験をもった日本人－おそらくは博多の道安－と推定してよいのではあるまいか」（四一一頁）。

佐伯弘次《さえきこうじ》編著『壱岐・対馬と松浦半島』（吉川弘文館・街道の日本史49、二〇〇六年）のなかで、佐

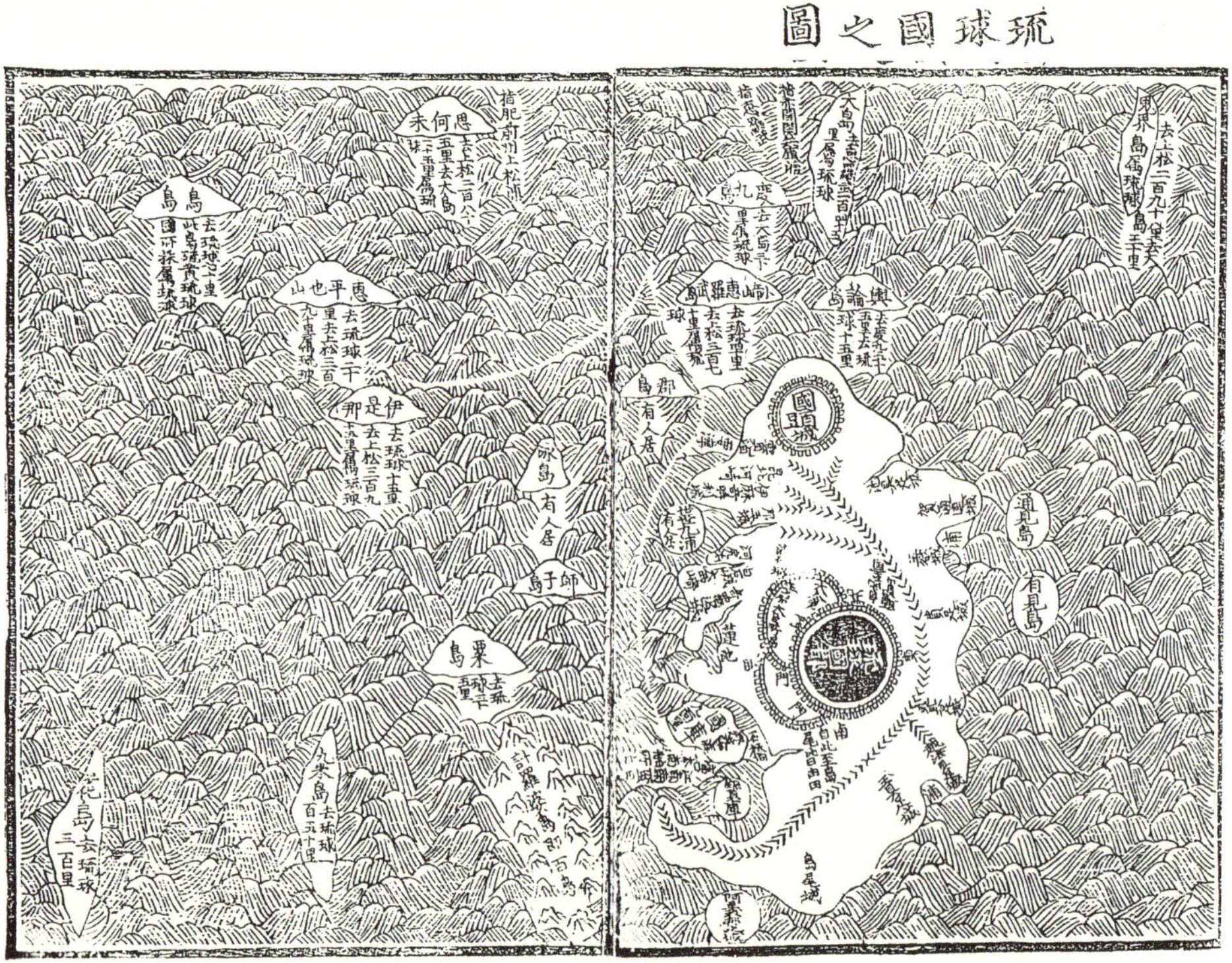

図 2-3 ①　琉球国の図

（出典）　申叔舟著/田中健夫訳注『海東諸国紀—朝鮮人の見た中世の日本と琉球』（岩波文庫，1991 年，390-391 頁）．

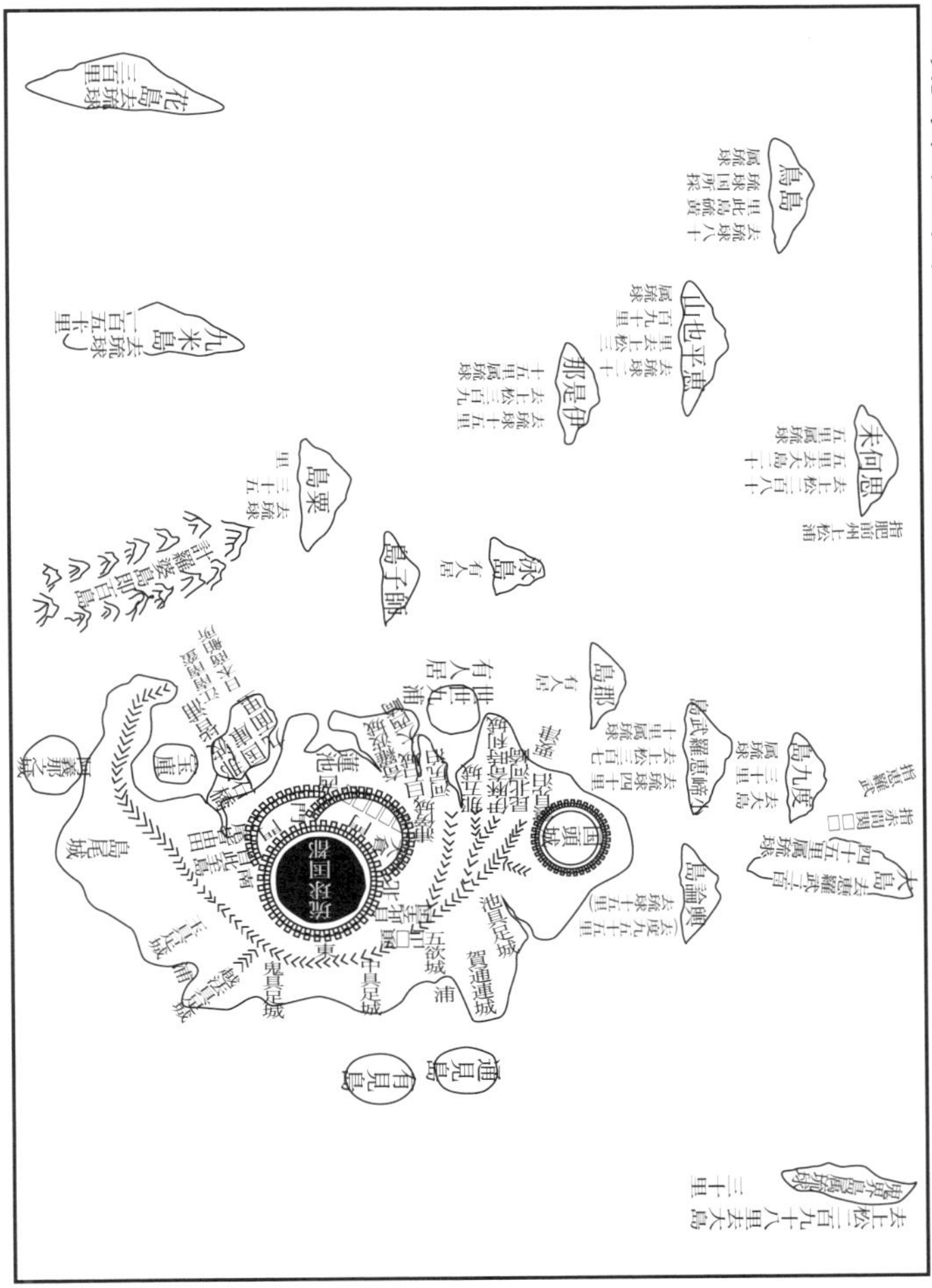

図2-3②

（注）原図の文字を活字体に直した.

伯は『海東諸国紀』について、次のことを述べている。「この史料は、一五世紀半ばの日本と琉《りゅう》球《きゅう》（沖縄）について記したもので、中世日朝関係史の基本史料となっている」。その地図には「海の中に白線が描かれているものがある。この白線は、船の航路を表している。…また、上松浦《かみまつうら》から平戸《ひらど》の東側を通り、薩摩《さつま》と奄美大島《あまみおおしま》に行くルートが描かれている。薩摩からは、島々をへて奄美大島に至り、琉球に至っている。つまり松浦地方から琉球に至る二つのルートが存在したのである。この海上ルートこそ、博多商人の貿易船や琉球船が往来した交易ルートであった」（四－六頁）。

8　東恩納寛惇『黎明期の海外交通史』の説明

東恩納寛惇《ひがしおんなかんじゅん》『黎明期の海外交通史』（前出）は、この『海東諸国紀』の「琉球国の図」を、「最古の南島地図」と評価して、次のように述べている（カタカナのルビは東恩納、ひらがなは来間）。

「最古の南島地図　中叔舟の海東諸国紀は明の成化七年（西紀一四七一）の撰述にかゝり、其後成化九年・一〇年・弘治一四年等の追補があるが、巻頭の日本及び琉球の地図はそれよりも前に作成されたものと思ふ。…こゝには差当りその内の琉球国図を取つて考察して見ようと思ふ。今試《こころみ》に同図に出てゐる地名を列記して見ると、

1　国頭城　…慶長以前の文書には国上とも国頭とも出てゐる。

2　雲見泊（要津）　今の運天港の事である。…

3　昆北河崎　…「自此北河崎」の誤記かと思ふ。

4　伊麻奇時利城　今帰仁《ナキジン》即ち山北王の居城である。今帰仁は慶長頃の文書には今鬼神に作り、「おもろ」には「みやきせん」と仮字書になつているが、今では「なきじん」と唱へている。或は「みや」は「いみや」の上略で、「いみや」は「いま」の拗音化であらう。…

5　那五城　後世名護《ナゴ》に作り、嘉靖頃の金石文には「那古」に作つてある。

6　世々九浦　後世瀬底《セソコ》（方音シスクに響く）に作る。

7　河尻泊　この地名今考へ当らず

8　白石城　この名も今考へ当らず、但、読谷山村の長浜の小字に白石原あり。

9　大西崎　今の読谷崎《ヨムタンザ》で、読谷山は古くは「おほにし」と唱へ、方音では「うふにし」と発声している。…「にし」は琉球語では本来「北」の意味で、西の字訓を使用してある点に此の地図の性質を考察すべき資料があらう。

10　奇羅波城　古くは久良波《クラハ》に作り、今は倉波又は蔵波となつてゐる。

11　蓮池　首里城外蓮華院所属の池を俗に蓮小堀と唱へ、蓮池とも書くからそれかと思ふ。

12　浦傍城　「おもろ」その他金石文に「うらおそひ」と見え、浦襲と書いたのもあるが、後世は浦添になつてゐる。これも傍の字訓を用ひてある点注意すべきであらう。

13　王弟大臣所居　王弟の二字は流布本に悉く不鮮明であるが、文求堂秘本によつて確める事が出来る。

14　九面里　後の久米村《クメムラ》で、明初三十六姓の移民を置いた処、久米村は方音「クニンダ」と唱へてゐるが、この頃は「クミンダ」と唱へて「クミムラ」の原形を留めてゐた事が、九面の字形によって看取される。

15　那波（皆浦）　今那覇《ナハ》に作る。この地はもと浮島《ウキシマ》と唱へられて一小島であった事は吉田地名辞書拙稿・琉球の部に詳しく書いて置いた通りである。この地図には完全に島嶼の形を為してゐるばかりでなく、「皆浦」の註記も亦これを明瞭に説明してゐる。但しこの二字も亦極めて不鮮明で、文求堂によって僅に之れを確める事が出来る。

16　石橋　橋の位置稍々明瞭を欠いでゐるが那覇首里間の連絡のやうに思はれる。明の景泰二年に尚金福が長隄［長虹堤―来間］を築き七口の水門を穿《うが》って海水の出入・人馬の往来に便じたのはこの地図の作成されたと思はれる時から一二年前のことである。

17　国庫　那波島の殆んど中央に位し、且つ九面里の南に当ってゐる点から見て古《いにし》へ外国貿易の公倉であった親見世《オヤミセせ》であると思ふ。

18　宝庫　今の奥武山《オウノヤマ》公園の一部、もとの御物城《オモノグスク》である。其創建の年代は不明であるがこの地図の出来た頃には当時の金丸《カナマル》後の尚円が御物城御鎖之側《オザスノソバ》と云ふ官職に任じてゐるからその以前に建てられた事は明白である。

19　阿義那之城　これも流布本及史料共に不鮮明で文求堂本に依って確かめる事が出来る。この地名の図示する位置は恰度《ちようど》瀬長《セナガ》島で、古へこゝに瀬長城《セナガグスク》があった筈であるが、註記の字面に依ると、「アギナーの城」と訓《よ》むべきか。「アギナー」は「安慶名」に後世作られてゐるが、位置が違ふ。暫く後考を俟《ま》ち度《た》い。

20　島尾城　文字通り訓めば「トミグスク」で後の豊見城かと思はれ亦位置も大体それで合ふや

うであるが、この地図の註記法によると、地名の「グスク」は具足で写し、城郭の意味の「グスク」は城で写してある。例へば玉具足城・中具足城等の類である。さうすると島尾城は「島尾の城」のわけになるから恐らく尾は尻の誤記で、「島尻城」であらうと思はれる。国都の南辺に註して「自此《ここより》至島尾皆由田」とあるのも亦島尻の誤記としなければ［ば］解されない。恰度註記の地点は後の高嶺間切で古へ島尻大里と称し山南王の居城である。中山の首里城及び山北の今帰仁城にそれぞれ国都又は国頭城と註してある対仗からも山南の居城に島尻城とあるべきである。但し、国都及国頭城に郭壁の標記があつて島尻城にのみないのは山南すでに滅びて跡なく、山北は亡びたれど猶ほ鎮守を置いてあつたからであらう。

21　玉具足城　玉城城（タマグスク城）　前記の如く具足は城の方言である。

22　越法具足城　後の大里村の籍内であるが、古へ玉城に属し、山南支城の在《あ》つた地で、天順六年朝鮮に派遣された「普須古《フスク》」、同七年支那に派遣された「鄔普仕古《ウフシク》」等いづれもこの地の領主と思はれる。

23　鬼具足城　南島志は「鬼」を「金武」の旧名としてあるが、註記の位置から見ると金武とは余程違つてゐるやうに思はれる。伊波本「おもろさうし」第八の三二に、「おもろねやがりが、おにぐすくやわせ」と云ふ句が出てゐるのは、かねぐすく、いしぐすく等と等しく城を形容した使《つかい》方《かた》であるか、固有の名であるか判然しない。

24　中具足城　流布本及び史料本には「眞足城」となり、文求堂本には「貴足城」に作り、南島志は「中具足」と採録してゐる、これが正しいと思ふ。のちの中城（ナカグスク）で、城は古へ忠臣護佐丸《ゴサマル》の鎮守した処である。

25　五欲城　後の越来《ゴエク》で、方音では「グイク」と発声される。南島志も亦越来の旧名としてある。魏古《グイク》に作った例もある。

26　賀通連城　後の勝連（カツレン）、永楽一六年朝鮮に使した中山王二男賀通連とあるのもこの地の領主であらう。

27　池具足城　地図面によると、与勝半島の北、天顔川の上流に当つてゐる。美里村籍内の池原に小字石城と云ふのが在つてこの辺に池城《イケグスク》と云ふ城があつたものか、思ひ当る所がない。……

28　通見島　後の津堅《ツケン》島　／29　有堅島　後の宇堅《ウケン》島　／30　度九島　後の徳島

31　恵羅武島　後世永良部《エラブ》に作る。　32　与論島　後の与論島

33　郡島　後の古宇利《コウリ》島　／34　泳島　後の伊江《イエ》島、方音「イイ」と発声す。

35　獅子島　伊江島の南部に当る小島に註してあるが、今考へ当る所がない。

36　恵平也山　後の伊平屋《イヒヤ》島　／37　伊是那　後の伊是名《イセナ》

38　粟島　後世粟国（アグニ）に作る。……

39　計羅婆島　後の慶良間《ケラマ》島で、古くは計良間とも書いた。

40　九米島　後の久米島

41　花島　去琉球三百里と註してあるが、或は花嶼島の事かと思ふ。

42　思何未　…幾分方角は違ふが、稍々南に下つて「須古摩《スコマ》」と云ふ小島のあるのがそれではないかと考へられる。

43　鳥島　硫黄産地たる鳥島《トリ》、大体位置も該当する。…以上の地名を通覧すると、漢字の音訓を併用して土名を写してゐる事に気が付く。…此の地名註記は、朝鮮漂民又は中叔舟自身の手になつたものではなくして、日本人の手になつたものと想像する外はない」（六六-七三頁）。

9　田中健夫「『海東諸国紀』の日本・琉球図」

田中健夫は、「『海東諸国紀』の日本・琉球図—その東アジア史的意義と南波本の紹介」（『海事史研究』四五、一九八八年。のち田中『東アジア通交圏と国際認識』吉川弘文館、一九九七年に収録）も書いている。重複する部分は除いて、次のようなことに触れている。「一四五三年（端宗元、享徳二）三月に、琉球国中山王尚金副［福—来間］の使者と称する道安が慶尚道富山浦に到着した。朝鮮側では道安が琉球国人ではないことを見抜いていた。このとき道安は地図を持参していて、五月の礼曹の宴のとき博多・薩摩・琉球間の距離を説明した（『盧山君日記』端宗元年三月戊辰・四月辛亥・五月卯条）。七月になって、礼曹では〈日本僧道安賷来《せいらい》日本・琉球両国地図〉を重視し、模画四件を製作して表装し、宮中・議政府・春秋館・礼曹の四カ所に分置することを建言して実行された（同七月己未条）。中叔舟がこれらの地図を容易に見ることのできる立場にあったことはいうまでもない」（一三〇頁）。「せいらい」とは「持って来る」の意（新漢語林）。

第六節　朝鮮人漂流記にみる琉球の社会

朝鮮人が一四五〇、一四五六、一四七七年に琉球に漂流《ひょうりゅう》し、帰国後に尋問を受けた。その内容が『朝鮮王朝実録』に記録されている。一五世紀後半の琉球の様子が見える貴重な史料であり、数少ない同時代史料である。これを池谷《いけや》ほか『朝鮮王朝実録　琉球史料集成【訳注篇】』（前出）により、紹介する。同書の著者たちのことは「池谷ら」とし、その解説を重視する。語句の解説は［］に記した。無名のものは池谷らにより、記名のものはその名による。また、引用文中のひらがなのルビは池谷らにより、カタカナのルビは引用者（来間）が付した。

なお、宮島博史「朝鮮伝統社会の成立」（岸本美緒・宮島『明清と李朝の時代』中央公論新社・文庫、二〇〇八年。初出は一九九八年）が『**李朝実録**』について、次のように解説している。「実録とは国王の一代記という意味であるが、国王の死後、実録を編纂《へんさん》することが制度化されたのは、中国唐《とう》代のことであった。これにならって日本でも朝鮮でも実録が編纂されたが、朝鮮で実録の編纂が確認できるのは、高麗時代に入ってからである。しかし高麗各王の実録は一つとして現存せず、他の書物に引用された断片のみが今日伝わるだけである。／それに対して李朝各王代の実録はすべて残っていて、これを総称して『李朝実録』と呼んでいる。五〇〇年をこえる一つの王朝の年代記が完全な形で残っているのは希有《けう》のことであり、その史料的価値はまことに大きい。『李朝実録』はたんに李朝史の基本史料であるばかりでなく、そこに周辺諸国との通交・交渉記事も豊富に収められていることから、中国史、日本史、琉球史などの史料としても研究者に重宝されている」(二八八―二八九頁)。

1　一四五〇年漂流者からの聞き書き

(1) 道安の話

一四五三年三月、琉球国王・尚金福の使者・道安《ドウアン》(博多の俗僧。船頭ともある)が、朝鮮の富山浦(釜山)にやってきた。「これは倭人が琉球国王の意を受けて朝鮮へ使する例の初出である」(九〇頁)。この時、トカラ列島に漂着した朝鮮人二人を送ってきた。万年(卜麻寧)と丁録(田皆)である。礼曹が三人から事情を聴取した記録が残っている。

まず道安は次のことを述べている。「去る庚午の年[一四五〇年]、貴国の人四名、臥蛇島《ガジャジマ》[トカラ列島中の島]に漂泊す。島は琉球・薩摩の間に在り。半ば琉球に属し半ば薩摩に属す。故に二名は則ち薩摩の人、之を得。二名は則ち琉球国王の弟[尚泰久]、兵を領《リヨウ》して[率《ひき》いて―来間]岐浦島[喜界島カ]を征して之を見、買いて国王に献ず。王、闕内《ケツナイ》[王城内―来間]に置き、厚く撫恤《ブジュツ》を加う[いつくしむ―広辞苑]」。琉球国王の咨《シ》には、かつて琉球人が朝鮮に漂流した時、厚くもてなしを受けて送還されたことがあり、感謝している。今回はその恩に報いたものである、とあった(九三頁)。

博多の人・道安は、「外から」の眼で琉球の国情を見ている。「琉球国は地暖かく、水田の穀は一年に再熟す。土産は則ち只だ麻苧［苧麻―来間］有るのみ。而れども商船四集し［よく集まり―同］、故に四方の物［各地の産物―同］備わらざる無し。朝官［官職についている人―同］の衣服は則ち中国［朝鮮―同］の人と異なる無し。無職の人［官職についていない人］の衣は袖口稍《やや》寛《ヒロ》く、色糸を以て袖口に刺繍し、以て尊卑を別《わ》かつ」。「水田の穀［稲―来間］は一年に再熟す」を二期作がなされているという見方もあるが、刈り取り後に再出するひこばえ（又ばえ）のことであろう（来間）。

道安はさらに、博多と琉球の間の薩摩がその交易の邪魔をしていると、次のように述べている。「琉球国は薩摩と和好す。故に博多の人の薩摩を経て琉球に往く者《こと》未だ阻碍《ソガイ》有らず。近年以来、相い和睦せず［文章上は琉球と薩摩が和睦しないとあるが、実際は薩摩と道安ら博多の海商との間が険悪であることを示すものであろう］。尽《コトゴト》く擄掠《ロリャク》を行う［薩摩が物を奪う―来間］。故に却《イ》きて大洋に従い迤邐《イリ》して行く［迤邐は連なり続くさま。迤は地勢が斜めに延びること。従来のように九州西海岸沿いに北上することができず、大洋を迂回して行くことを示す。沿岸沿いではなく、外洋を通らざるを得ないことをさす］。甚だ艱苦《カンク》［艱難と辛苦―広辞苑］と為す。〈今、我等出来の時、商船二艘も亦た搶擄《ソウロ》せらる［奪いとる―新漢語林］〉。因《ヨ》りて博多・薩摩・琉球相《ア》い距《ヘダ》つる地図を示す」（九三―九四頁）。この地図について、池谷らは次のように説明している。別の所に「日本・琉球両国の地図」とあり、『海東諸国紀』の附図のうち、「〈海東諸国総図〉〈日本本国之図〉〈日本国西海道九州之図〉〈琉球国之図〉はこれに拠ったものとされる（中村『日鮮関係史 上』三六一―六七頁）。この地図は田中訳注『海東諸国紀』三八四-八五頁に写真が掲載されている」。

(2) 万年と丁録の話

次が漂流者、万年（卜麻寧）と丁録（田皆）の話の聞き書きである。一四五〇年、私たち二人と、石乙石・石今・徳方・康甫ら六名は、臥蛇《がじゃ》島に漂流した。徳方と康甫は病死した。島には三〇余戸あって、「半ば琉球に属し半ば薩摩に属す」。島人は三日ほどかかって自分たち二人を「加沙里島［奄美大島の笠利カ］」に連れていった。一〇日ほどして「琉球国の人・甘隣伊伯也貴［王弟の呼称カ］」が万年を家に連れて帰った。翌日、「白・青段子［緞子《どんす》カ—来間］各二匹」を持って、王城に自分を連れて行った。自分を買い入れるつもりらしい。中山王は「若いから火筒を学ばせよう」といった［本書第一章第三節2—来間］。池谷らは、ここに出ている「火筒」は、一四六六年に将軍邸の総門あたりで放ったという「鉄砲」かもしれない（第二章第四節1）とし、田中健夫が「一種の火薬の爆発装置であったろう」としていることも紹介している。万年・丁録の話に戻る。三カ月ほど滞在したころ、「琉球の人・完玉之」が「加沙里島」に行ったが、丁録は銅銭で買われて使役されていた。その島の人が万年に命じて、丁録を「奴一人」と交換して連れ帰った。さらに三年ほどして、琉球を訪れた道安に対して、王は朝鮮に連れ戻すように頼んだ。王は、もし朝鮮が喜ぶようだったら、他の朝鮮人たちも送り返したいと言った（九四頁）。

万年らは、琉球国の状況については、次のように述べている。「琉球国、地煖《アタタ》かにして冬月も氷雪無し。毎年九月に播種し、一一月に移種し、五、六月の間に刈獲《ガイカク》す。肥田は則ち再び種《ウ》うれば結実す。痩田は則ち已《スデ》に之を刈るに、根、孼《ゲツ》［枝分かれ―来間］を生じ、穂を発するのみ。且つ、穀熟せば即ち穂を刈り藁《ワラ》を留めて［高刈りして藁の部分を土に残す―同］、以て其の田に糞《フン》す［肥料とする］」。稲作のことと思われるが、肥えた田はひこばえが出るが、痩せた田は出ない、としている。収穫は根っこから刈るのではなく、穂だけを高刈りしている（来間）。「地は平広ならず。路は高低多く、車輛無し」。「父母死するに喪に服せず。肉を食すること常の如し。哭《コク》するも哀せず［泣き叫ぶが、出棺などの時に泣くことはしない］、祭らず［祭祀をしない］」、仏事を作《な》さず」。仏教が普及していないことを思わせる（来間）。「朝鮮の人六〇余、漂して琉球に到るも皆物故す。只、年老五人の生存する有り。其の女子は皆国人［琉球人―来間］と交嫁し、家産富饒なり。老人等は略《ほぼ》朝鮮語を暁《さと》る」。朝鮮人が六〇人も流れてきたが、多くは死に、年老いた五人が生存している。そのうちの女子は琉球人と結婚して、生活は豊かである。彼らは朝鮮語を理解している（来間）。「琉球国王は或いは一、二月に一たび朝［謁見］を受け、或いは一月の内再び朝を受く。朝会の時は三層の殿上に座し、群臣は冠帯を具して［礼装して］庭下に拝す」。琉球国王は、一月には一度か二度、二月には一度、臣たちの謁見を受ける。王は三層に座り、臣たちは礼装して庭に座っている（来間）。「中原の使臣［中国に対する冊封使］の二船、粇《こごめ》［米の粉］・蜜・羊・酒等の物を持ちて国に到る。中山王の弟［尚泰久カ］、軍士を率い、旗鼓［旗と太鼓］・雨傘［貴人にさしかける傘］を備えて郊［城外→港カ］に出迎し、殿内に入りて宴慰す」。中国からの冊封使が二艘の船でやってきて、物品をもたらした。王の弟が「軍士」を引き連れて旗や太鼓を伴って、傘を用意し、港まで出迎え、城内に導いた（来間）。「男子の常服は袖広く長衫《チョウサン》［上下が一体の長衣］の如し。尊者は袖口及び衣の上に五色の糸を以て獣形を繍す［刺繍している―来間］。衣の色は則ち或いは黒、或いは白、或いは紅なり。婦人は或いは広袖の衣の長衫の如きを着し、或いは短襖［腰から上の衣］及び裙《モスソ》［腰から下の衣］の繍無きを着す。短襖の制は我が国に似るも差《やや》長し。僧人の長衫も亦た我が国に似る」。「土産は則ち只麻苧有りて木綿無し。人戸の十分の内一分は蚕を養う。然れども亦た実ならず［豊かでない］」。「男子の頭髪は左耳の上に結び、余髪は右耳の上に環結し、白布を以て之を裹《つつ》むこと回回の形の如し［イスラム教徒のターバンの形↓帕《はちまき》の原初的な形状］。婦人の髪は向後に［後ろの方向に］髻《モトドリ》を作ること我が国の郷吏の髻の如し。小女は向後に之を垂らす。冬月も煖襖衣を着せず。牛馬は四時秣《まぐさか》うに青草を以てす」（九四-九五頁）。

2　一四五六年漂流者からの聞き書き

(1)　済州島人の漂流

一四五六年正月、梁成《りょうせい》・高石寿《こうせきじゅ》ら一〇人が、済州島から船出したが、「台風」に遭って琉球国に漂着した（この季節の強風は台風ではなかろう―来間）。うち八人はすでに帰っている。一四六一年六月、琉球国の使僧徳源《とくげん》が梁成・高石寿を連れてきた。朝鮮王（世祖）はかれらに会って、漂流の縁由《えんゆう》や地形風俗を尋ねるとともに、役人に記録を命じた。（以下はその原文である）

「世祖七年［天順五年・一四六一］六月丁丑（八日）羅州住の船軍［水軍、海軍、またその兵士］梁成・錦山［現在の忠清南道錦山郡］住の私奴高石寿等一〇人、丙子［世祖二年（景泰七年・一四

五六〕」正月、済州より行船し颶風《グフウ》〔明以前の古籍では台風をさす（『漢語大詞典』）〕に値《あ》いて琉球国に漂到す。其の中八人、曾《カツ》て已《スデ》に還り来る。今者《いま》琉球国の使僧徳源、梁成・高石寿を帯して以て来る。礼賓寺〔賓客の宴享などを掌る〕をして供饋《キョウキ》せしむるを請う。上、梁成等を引見し、漂流の縁由〔由来、原因、理由〕及び地形風俗を問う。左承韓継禧〔のち世祖一一年、吏曹判書、成宗九年、左賛成となる〕に謂《イ》いて曰く〈細問し具《つぶ》さに録して以て啓せよ〉」（一二二頁）。

(2) 久米島から沖縄島に渡る

一四六二年二月にそのことが記録された。梁成らは一四五六年正月に済州島を船で発ったが、風に逢って、二月に久米島に漂着した。島は周囲八里（三二キロ）ほどで、「小石城」があり、そこには「島主」が住んでいる（「独居」とあるから、一人あるいは一家族であろう）。「村落」はみな城の外にある。久米島から琉球国の主島までは二日程である。梁成らはこの島にひと月滞在した。それから「貢船」に乗って主島＝沖縄島に渡った。以下が原文である。

「世祖八年〔天順六年・一四六二〕二月辛巳（一六日）初め丙子年〔世祖二年・景泰七年・一四五六（既出）〕正月二五日、船軍梁成等、済州より発船して風に遭う。二月初二日、琉球国北面の仇弥島〔久米島〕に漂到す。島は周回二息〔（息は）朝鮮の距離の単位。俗に站ともいい、一息は日本のほぼ四里。息ごとに道標を設け、石や堆土を置いて休み場とした。（小泉袈裟勝『単位の歴史辞典』柏書房、一九八九年）〕可《ばか》り。島内に小石城有りて島主之に独居す。村落は皆城外に在り。島は其の国を隔つること順風二日程なり。梁成等、島に留まること一月、貢船に載りて国に到る」（一四〇頁)。

(3) 那覇の港周辺と首里城

梁成らの報告を続ける。沖縄島に着いて、港の辺りの「公館」に住まわされる。この公館から王都(首里)までの距離は約二・八キロである。公館の側《そば》に「土城」があって、そこに一〇〇余りの家がある。そこには朝鮮人と中国人が住んでいる。梁成らは、輪番で各家を回り、食事を供された。ひと月過《す》ごして、王城(首里城)に行く。その城はほぼ三重に囲まれていて、「外城」には「倉庫」や「厩《うまや》」があり、「中城」には守りの軍人が二〇〇人あまりいる。大まかにいえば朝鮮の「勤政殿」のようである。王は「吉日」にやって来てここに住む。王城の建物は板葺《いたぶき》である。板の上は錫《すず》で覆われている。建物の上層には珍宝を、下層には酒食(酒や食べ物)を貯蔵している。中層には王が住んでいる。一〇〇人あまりの侍女がいる。

「水辺の公館に住す。館は王都を距《ヘダ》つること五里余［距離の単位としての朝鮮の里は、周尺六尺を一歩とし、三六〇歩を里とするので、一里は約五五〇メートルという(前注『単位の歴史辞典』)］。館傍の土城に一〇〇余家有り。皆、我が国及び中原《チュウゲン》［中国―来間］の人之に居る。家毎《ごと》に輪日、成等に餉《ショウ》せしむ［日ごとに家々を回り、梁成らをもてなす―来間］。一月《ヒトツキ》を過して王城に帰《ゆ》く。王城は凡《オヨ》そ三重にして、外城に倉庫及び厩《ウマヤ》有り。中城は侍衛の軍二〇〇余、之に居る。内城に二三の層閣有り。大概、勤政殿の如し。其の王、吉日を択《エラ》んで往来して之に居す。其の閣は覆うに板を以てす。板上は、鑞を以て之を沃す［錫で覆う］。上層に珍宝を蔵し、下層に酒食を置く。

王は中層に居す。侍女一〇〇余人あり」（一四〇頁）。

(4) 琉球国の地勢

以下は、琉球国の地勢に話が及んでいる。沖縄島の真ん中は狭くて、四里ほどである。南北は広く（長く）、先の先までは見えない。ほぼ長い鼓《つづみ》の形のようだ。大きな川はない。国都＝首里の東北に大きな山がある。山には獣としては猪《いのしし》がいるだけである。島内には「郡」・「県」が置かれており、石の城が築かれている。その城には看守が一人いる。道路の長さはいろいろで、四里、八里、二里などである。住民はある所では密集し、またある所では疎《まば》らであるが、里（部落）ごとに「長《おさ》」がいる。家屋は、官民ともに、大きさに差はなく、一直線に並んでいて、歪みはない。屋根は茅《かや》で覆っている。年中暖かく、霜雪《そうせつ》はない。冬の寒さも朝鮮の四月のようである。落葉はしない。綿入れの着物は着ない。馬のエサには青草を用いる。夏の太陽は真北にある。

「其の国の地勢、中央は狭小にして或いは一、二息なり。南北は広闊《コウカツ》にして其の際を見ず。大概、長鼓《チョウコ》の形の如し。国に大川無し。国都の東北、五日程を距《ヘダ》てて大山有り。山に雑獣無く、只だ猪有るのみ。島内は郡県を置き、石城を築く。官守の者一人有り。道路の相い距つること或いは一息、或いは二息、或いは半息なり。居民或いは稠《チュウ》、或いは稀《マレ》なるも、里［地方行政区画の一である部落］毎に各々長有り。公私の家舎は大小と無く、其の制、皆一字の如く、回互する無し［一字は一の字形、横に一直線に。回互はうねり曲るさま］。覆うに茅草を以てす。其の国、常に暖かく霜雪無し。冬寒も四月の如し。草木は凋落《チョウラク》せず。衣は綿絮《メンショ》［わたいれ］せず、馬を喂《やしな》うに常に青草を用う。夏の日は正北に在り」(一四〇頁)。

以下、箇条書きにそれぞれのテーマを論じているが、五五項目にも及ぶ(一四一―一四六頁)ため、逐条訳の紹介は控えることにするが、いくつかを抜粋・意訳して紹介する。①日本人は奴婢を売るが、琉球はそれを買う。②中国から輸入した銭貨をよく用いる。③港の近くで商っている。④中国からの詔勅を迎えるときは、旗などの「儀仗」(儀式用の武器)を掲げ、「軍士」が甲冑を身に着けて出迎える。⑤官員は「奴婢・土田・家舎及び軍器」などの支給を受ける。城内に常時一〇〇人いる。⑥盗賊はいない。⑦桑・麻・木綿はないが、苧麻がある。⑧「旱田・水田は耒耜《スキ》［長い柄のすき］を用いず。手を以て之を治む。毎《つね》に一〇月に苗種し、翼年［翌年―来間］正月、分苗して之を種《う》う。五月に及びて熟す。其の穂を刈るも其の藁《ワラ》を取らず。其の蘖《ヒコバエ》苗、又盛る［また生えてくる―来間］。一〇月再び之を収む。田を治むるに、但だ鍤《スキ》［スコップ状のすき］を以てし耒耜《ライシ》［鋤《すき》―広辞苑］を用いず」(よく引用される章句なので、原文のまま)。⑨金銀は産しない。⑩牛・馬・豚・鶏・犬がいる。鳥・雀がいる。⑪軍士一〇〇余人を単位として、日をかえ交代で当直する。朝鮮と同様の軍装［武装―広辞苑］・甲冑《カッチュウ》をしている。刀・楯《タテ》・槍《ヤリ》も同様である。⑫国の東の二つの島を攻め、「池蘇」［未詳］は服従しないが、「吾時麻」［奄美大島］は一五年以上前から帰順している。

(5) 肖得誠らの話

なお、ここには、一四五六年に漂流して一四六二年に記録された梁成らの見聞だけでなく、一四六一年一二月に、琉球国の使者に連れられてきた肖得誠《しょうとくせい》ら八名からの聞き書きが含まれている。

「彼等は同じ世祖七年の正月に発船し、二月四日に宮古島に漂到した。四月一六日に琉球本島に送られ、王宮の一部に居住し、七月六日に帰国した」(一四七頁)。その証言の中からも、いくつか記す。①宮古では、二月に大麦の収穫が終わり、小麦も熟しており、瓜・茄子も結実していた。②首里城は三重になっていて、皆、石造である。別に「旧宮」があり、「両城」は「一匹の布の長さ」のように隔たっている。国王は「二層の閣」に住んでいて、「旧宮」にときどき行き来している。首里城には「軍士」が甲を着けて滞留している。国王が「旧宮」に行くときは、「侍衛の軍士約三〇〇名」が皆、甲を着け馬に乗って、前後に列をなして行く。彼らは弓矢・槍・剣などで武装している。③国王は三三歳で、四人の子がある。④官人には五日ごとに「禄俸」を与える。⑤「軍器庫」があって、そこに多くの鉄甲・槍・剣・弓矢を収めている。

池谷らは、次のように述べている。「二件の記録はいずれも当時の琉球国を描写した比類を見ない貴重な同時代史料である。単純な文章の内から、全体に当時の琉球のおだやかな国情と民度の高さが伝わって来るのが不思議である。記述の一つ一つが慎重な検討対象となるべきものであるが、特にいくつかを挙げてみる」(一四七頁)。以下、紹介は六項目に及ぶ。やや簡略にして、以下に紹介する。

(6) 池谷らによる要約と評価

(一)「本条は第一尚氏時代の王城を記す唯一の史料である」。『明実録』や『蔡温本 中山世譜』には「布里・志魯の争い」によって「首里城が全焼した」かのように書かれているが、「いわゆる布里・志魯の争いのわずか三年後に王城に入った梁成らは、外城・中城・内城から成る宮殿の姿を伝え、全焼のあととは思えないところがある」。池谷らは「いわゆる布里・志魯の争い」に疑問を呈している（本章第一節6）。

(二)「肖得誠の記録には、宮城の南に城があり、ここでは旧宮と呼ばれている。国王は時々そこで数日を過ごす、という珍しい記事である。侍衛の軍士約三〇〇余を従え、王子たちを伴って移動するさまから、旧宮は居城よりやや離れた場所であるかと思われる」。

(三)「梁成の記録にある、明よりの詔勅や朝鮮からの書契を迎える儀式。勅使が到来する冊封の儀式でなく、いわば書信を迎える鄭重な［丁重な―来間］作法である。このような記事は使録のうちにない」。

(四)「梁成らが述べた国王の死と葬礼のこと。これは実際に起きなければ描写するはずのない事件であり、その内容は天順四年（一四六〇）六月といわれる尚泰久の死のことである」。

(五)「梁成の記録にある〈女国人〉のこと。短いが三個所にあり、梁成等が興味を持っていた気配が察せられる。つまり〈中原の人〉でも〈日本国の人〉でもないことは、特に区別して認識されていて、明らかに外国人であり、沿江の古泊の処に商売をしに来ることがある人びとである。想像されるのは、東南アジアの人々というよりは、もっとローカルな通交圏、例えば台湾沿海の原住民などではないか、ということである」。

(六)「肖得誠等の記録で特別に注目すべきなのは、〈年三三歳〉と記された国王と、その王子たちのことである。肖得誠等は、首里城内で二カ月半を過ごし、国王に日々召見され、手厚いもてなしを受けた。記事は国王の身辺近くにいての観察の記録である」。しかし、「琉球の史書は、国王尚徳やその子たちについて、全く別の記述をしている」。「琉球の史書」の方がおかしいというのが池谷らの見解である（以上、一四七－一四八頁）。

3　一四七七年漂流者からの聞き書き

一四七七年二月、金非衣（金非乙介）・梁成（梁成突）らが済州島を出て、漂流した。漁船二隻に助けられて、与那国《よなぐに》島・西表《いりおもて》島祖納《そない》・波照間《はてるま》島・新城《あらぐすく》島・黒《くろ》島・多良間《たらま》島・伊良部《いらぶ》島・宮古《みやこ》島を経て、沖縄島の首里《しゅり》に至っている。八重山と宮古の島々のことは、第四章第二節「八重山と宮古」に回して、ここでは琉球国・首里・沖縄島のことを掲げる。特徴的な語句、あるいは意味の鮮明でない語句などを「　」でくくり、全体は思い切って意訳した。

(1)　尚真とその母に出会う

宮古島に留まること「一朔」（一〇日カ－来間）で、南風が吹くのを待って、島人一五人が私たちを伴って一隻の船に乗り、「二昼夜半」かかって「琉球国」に至った。海水の勢いが強く、波は荒れていた。島人たちも皆、船に酔った。「国王」は護送した人びとを「褒賞」した。一人ひとりに「青紅の綿布」を賜い、厚く酒食を提供した。一日中酔い潰れていた。彼らは頂いた綿布で衣を作って着た。滞在一か月して、宮古島に帰った。「国人」と通事が来て、私たちに聞いた。「皆さんはどこの国の人か」、私たちは答えて「朝鮮の人である」と答えた。また聞かれた、「皆さんは漁をしていて漂流したのか」と。私たちは皆（三人）で相談して答えた、「皆、朝鮮国の海南の人で、進上するための米を積んで、京都（朝鮮の京―来間）に向かっていたが、風に遭って流された」と。通事は私たちの話を記録して去り、国王に伝達した。すぐさま数人の官人を遣わして私たちを迎え、一つの館に住まわせた。海との距離は五里程度だろう。屋根は板葺きである。「門戸・窓・壁」がある。外には石垣がある。高さは二丈、石の門がある。夜は戸締りをする。官舎が側にある。「守令」が二人、監守も二人いる。別に一つの「庫」がある。そこには「財物・銭布・魚の塩辛」が貯蔵されている。「出納」は「守令」が担当している。通事がこういった、「これは皆さんの国に郡邑の官庁があるのと同様である」、と。私たちに日に三度供応し、酒も出す。初めの家は、五日分の「糧米・酒醪・魚の塩辛」を官庁から受け取って、役割を果たし、次の家につなぐ。このようにして輪番で供応する。おおむね五、六日ごとに「守令」がやって来て私たちに酒肴を提供し、また「館人」に「豊厚」に供応させる。私たちはたまたま「国王の母の出遊する」のを見た。漆塗りの「輦《れん》」（手車《てぐるま》）に乗り、四面は「簾《すだれ》」を下している。この輦《れん》を担ぐ者は二〇人弱である。皆「白苧衣」を着て、「帛《はく》」（絹布）で首を包んでいる。「軍士」が「長剣を持ち弓矢を」帯びて護衛している。その数は一〇〇人に近い。「双角」（つのぶえ）や「双太平嘴」などの楽器を吹いて「火砲」を放つ。美しい夫人が四、五人、「綵段の衣」（絹織物）を着て、表に「白苧布」の長衣を着ている。私たちは道端に出て「拝謁」した。そのとき王母は「輦《れん》」を駐《と》めて二つの「鑞瓶」（錫《すず》の瓶）に酒を盛って、漆塗りの木の器に私たちのために注いでくれた。その味は朝鮮のものと同じだった。

「小郎」（若い息子・尚真）がいた。やや後《おく》れて別の列にいる。年齢は一〇歳ばかりだろう。容貌はとても美しい。髪は後ろに垂らし、編んではいない。紅色の「絹の衣」（あやぎぬの衣）を着て帯を巻いている。肥えた馬に乗っている。轡《くつわ》をとる者はみな白衣を着ている。馬に乗って先導する者が四、五人ある。左右を護衛する者もかなり多い。「長剣」を持った「衛士」が二〇人余り。傘を持つ者が馬と並んで歩いて、太陽の光を遮《さえぎ》っている。私たちがまた拝んで「謁見」する。「小郎」（尚真）は馬を降りて「鑞瓶」に酒を盛って、私たちに注いで下さった。飲み終わったら「小郎」は馬に乗って去っていった。「国人」の話では、〝国王が薨《みまか》って、継嗣の歳が若い。そのために母后が〈朝〉（政治）を担っている。〈小郎〉が長ずればまさに〈国王〉になることだろう〟とのことである。

(2) その評価

伊波普猷『沖縄歴史物語』（前出）は、くわしく紹介したうえで、「母后というのは尚円の未亡人オギヤカで、彼の女がいかに権力欲と名誉欲との権化であったかを思わせる。尚円の弟の宣威が王位に即いて間もなく、神意に託して退位させたのも彼女であったろう。小郎は後日中央集権を断行して、新制度を造ったオギヤカモイすなわち尚真のことである」と述べている（九八頁）。

比嘉春潮『沖縄の歴史』（前出）は、「これは尚真即位の翌年で、尚真時に一四歳、王母は尚真の生母宇喜也嘉《うぎやか》、年まさに三三の女盛り、彼女が如何に権勢をふるっていたか目に見えるようである」と書いている（一三六頁）。

村井章介『世界史のなかの戦国日本』（前出）は、次のように述べている。「尚真王の即位後まもない一四七八年、たまたま那覇に滞在して帰国の日を待っていた済州島の漂流民が、王とオギヤカの行幸のようすを目撃した。かれらは朝鮮に帰ってこう語っている」。引用文は略する。「この談によれば、尚真王治世の初期はオギヤカが実質上の王だったことがわかる。行列の威儀は相当なもので、朝鮮人がめずらしいのか母子ともに親しく酒をふるまっている」（八〇-八一頁）。

(3) 首里周辺のこと

以下は、那覇から首里に向かっている様子である。「七月一五日。諸寺には旗と天蓋《テンガイ》［仏像などの上にかざす笠状の装飾─広辞苑］がある。それには〈彩段〉や〈彩絵〉［色の付いた絹布］を使っている。その上に人形や鳥獣の形を作っていて、王宮に行く少壮な男子が黄金の仮面をつけ、笛を吹き鼓をたたいて行進している。笛は朝鮮の〈小管〉のようで、鼓も同様に似ている。その夜は〈雑戯〉が催された。国王も観ていた。多くの人々がこれを見るために集まってきて、街をうずめ、あふれている。〈財物〉を馬の背に乗せて運び、王宮に参る者も多い」。「海岸から王宮まで一〇里ほどである。私たちは遠くから王宮の一つの建物を臨む。とても高い。尋ねてみると〈国王の居る所〉だという。これは瓦葺きであるが、他の建物は板屋根が多い」。「男女とも項《うなじ》あたりに〈椎髻《ついけい》〉をし［椎も髻も「もとどり」─↓髪を束ねている］、これを帛［絹織物］で包んでいる。庶民は皆〈白苧衣〉を着ている。婦人は頭の後ろに髪を束ね、いずれも〈白苧衣〉の、〈衫《サン》〉（単衣《ひとえ》）や〈裳《モ》〉（女性が腰から下にまとった服）や〈長衣〉を着ている。高貴な人々は〈綵段〉（絹織物）の衣を着ている。〈襦〉（わたいれ）の〈襖児〉（短い上着）や〈襖裳〉（スカート状の衣服）もある。〈守令〉は模様染めの絹衣を着ていて、髻《もとどり》を包んで〈白細苧布〉の衣を着て、紅色に染めた〈帛〉を帯びている。国王が王宮を出立すれば、数人のものが従う」。

(4) 農業と食事のこと

「水田と〈陸田〉（＝畑）の面積はほぼ半分ずつだが、畑の方が少し多い。水田での稲作は、〈冬月〉に播種して、五月に稲が稔る。収穫後は牛に田を踏ませ、また播種する。七月に〈移秧《イオウ》〉（田植え）し、〈秋冬の間〉にまた収穫する。畑は〈小鍤〉（鍤《すき》とあるが、ヘラであろう）で耕す」、（　）内は来間。「飯は米を用いている。また、塩・醬《ひしお》で羹《あつもの》（スープ）を作る。これに野菜を和《ア》えて、肉も食べる」。「酒には清酒と濁酒がある。錫《すず》製の瓶に盛り、銀の茶碗に注ぐ。味は朝鮮と同様である。また南蛮の酒もあり、それは黄色く、味は〈焼酒〉のようで、きわめて強い。数杯飲めば大いに酔ってしまう」。「飯は漆の木器に盛り付け、羹は小さな磁器に盛る。また焼き物の小皿もある。木の箸はあるが匙《さじ》はない」。

なお、「琉球の人は皆裸足で靴を履いていない」ともある。

(5) 商業のこと

「国中に〈彩段〉（有色の絹）、〈絵帛〉（絹布）、〈苧布〉、〈生苧〉、〈梳〉、〈剪刀〉（鋏）、〈針〉、〈菜蔬〉（蔬菜）、〈魚肉〉、〈塩醢〉（しおから）、〈南蛮国の班絵・班綿布・檀香・白経黒緯綿布・藤〉、

〈唐の青黒白綿布・磁器〉などの〈物を市《あきな》う有り〉（これらの物が売られている）」。「唐人が商売に来て、移り住む者がある。彼らの家は皆瓦葺《かわらぶ》きである。〈制度宏麗〉で内に〈丹雘〉（赤い枠）を施している。〈堂中〉に皆〈交倚〉を設けている。彼らは皆〈甘套〉（冠）をかぶっている。衣は琉球国のと同様である。私たちが笠を持っていないのを見て、〈甘套〉を呉れた」。「朝鮮語の通事は日本人にさせている」。「江南の人、南蛮の人、皆来て〈商販〉し、往来が絶えない。私たちは南蛮の人たちを直接見ることができた。彼らは髪を束ねて肌の色は黒い。常人とは異なる。その衣服は琉球国と同じである。ただし首を〈帛〉で包んでいない」。

(6) 武器のこと、その他

「弓矢・斧・〈鉅〉（鉤《かぎ》状の武器カ）・刀剣・手斧・鎌・錨《スキ》・甲冑がある。甲《カブト》は鉄製もあり皮製もある」。「〈軍士〉は鉄で脛《スネ》を包んでいる。あるいは皮に漆が塗ってあるものもある。脛当てのようだ」。

○次に気候・樹木・動物（家畜・昆虫を含む）・果物などについて述べているが、「宮古・八重山」の項が先行して記述されており（次章で扱う）、例えば「与那国島に同じ」などとなっていて、新しさが少ないので、ここでは引用を略する。

○もう一つ、私は本シリーズ第三巻『グスクと按司』上、第二章で、日本史に出てくる「武士」とは何かを検討して、同書下、第五章第七節で、それを沖縄に適用して、按司を武士としてはならないと論じ、またその後の時代でも沖縄史には武士は登場しないとした。この漂流記には武器を装備した人たちが出てくる。誤解のないように再論しておきたいが、武士の存在の否定と武力を持った人の存在とは矛盾しないものである。日本中世の武士は、武力行使の専門家であるだけでなく、在地領主として地域に根を張っている人びとであった。そのような武士は、やはり沖縄史には登場しないのである。

⑺ 首里から博多まで

「私たちは（沖縄島に）〈三朔〉（三〇日カ）の間、滞在した。通事を通して本国に帰りたいと申し出た。通事はそれを国王に伝えた。国王は〈日本人は〝性悪〟で保証できないから、みなさんを江南に遣わそうと思う〉と答えた。私たちは以前に通事に対して、日本は近く江南は遠いので、日本国に行くことを願っておいた。たまたま日本の覇家台《はかた》の人・新伊四郎らが〈商販〉で来ていたので、国王に願って〈我が国は朝鮮と通交している。お願いですからこの人に率いられて帰還したい〉と。国王はこれを許し、こういった、〈旅の途中は丁寧に扱って帰還させよ〉。なお私たちに〈銭一万五〇〇〇文、胡椒一五〇斤、青染布・唐綿布各三匹〉を賜わった。さらに、〈三朔の糧米五六〇斤・塩・醬・魚醢［しおから］・莞席［藺草の蓆《むしろ》］・漆木器・食案などの物件〉を賜わる［国王が尚真ならまだ一〇歳であり、以上の対応は国王のものとは思えない。国王の側近のとった措置であろう―来間］。八月一日、新伊四郎ら一〇〇余人が私たちを連れて大きな船で航行して、四昼夜かかり、〈日本の薩摩州〉に至って上陸した。波涛が高かったが、どうにか海を渡った。〈勢い、済州と同じ〉。金非衣は〈捕刺伊島〉［新城島］から頭痛を患って〈沈綿として〉まだ治らなかった。

琉球国［沖縄島―来間］に着いてもますます激しい。国王はこれを知って〈南蛮国の薬酒〉を賜わった。新伊四郎らはこれを見て、艾《もぐさ》で灸するなど治療を加えた。舟中で用便をするときは、四郎は従者に補佐させた。船から海に落ちないか心配したのである。薩摩州に到着して、病はようやく癒《い》えた。新伊四郎らは私たちを〈旧主人の家〉に住むようにとして、酒飯でもてなす。四郎らは翌日から〈琉球国から贈られた食糧〉で、日に三度私たちに供応した。薩摩州の〈太守〉が私たちと新伊四郎らを自分の家に迎えて、酒飯と餅でもてなす。肴はすべて海魚であった。その家は〈板屋〉でとても壮麗であった。公事《クジ》はここで行っていた。財産も豊富である。駿馬が数匹いる。弓矢を持ち長剣を担ぐ者二〇余人がいつも〈門下〉にいた。ここの滞在は〈一朔〉（一〇日カ）で、九月になって南風を待って、新伊四郎らは別の船を買って、私たちを一緒に乗せて、海岸に沿って航行し、およそ三昼夜かかって〈打家西浦〉（玉名市の高瀬津カ）に着いて上陸した。四郎らは私たちを連れてともに馬に乗って、陸路を移動する。金非衣は病が起こってまだ気力が満たない。馬を手に入れて金を乗せ、あとの二人は徒歩だった。山野は険しかったが、二日経過して博多に着いた」。博多での見聞は略する。〈一岐島〉（壱岐島）、〈対馬島〉を経て、朝鮮の〈塩浦〉に到着している。その後、六月二〇日に済州島に送り返された。

第七節　「レキオス」とは琉球のことか

1　「レケオ」と「ゴーレス」

トメ・ピレス『東方諸国記』の「第四部　シナからボルネオにいたる諸国」は「一　シナ」「二　琉球、日本」「三　ボルネオ、ルソン」で構成されている（生田滋《いくたしげる》ほか訳・注『東方諸国記』岩波書店、大航海時代叢書Ⅴ、一九六六年）。そのうち琉球について書かれた部分を掲げる。

「**レケオ**人の島」は、次のように描き始めている。「レケオ〔琉球〕人は**ゴーレス**と呼ばれる。かれらはこの名前のどちらかで知られているが、**レキオ**〔レケオに同じ〕人というのが主な名前である」（二四八頁）。これに対する訳者の注は、次のように述べている。「**レキオス** Lequeos あるいは Lequíos は〈琉球〉の対音である。琉球は沖縄に対する中国側からの名称であるが、沖縄自体で琉球と称することも多い。一方ゴーレス Guores が何を意味するかについては諸説があるがはっきりしない」（二四九頁）。

そして、「補注」で「ゴーレス人に関するコメンタリオスの記述」を紹介している。「ゴーレス Gores 人は、アフォンソ・アルブケルケがマラカ〔マラッカ〕を占領した時の情報によると―現在ではより確実なことが知られているが―、当時かれらの国は大陸にあるといわれていたが、一般の意見ではかれらの国は島で、同地からマラカに航海してくるということである。当地には毎年二、三隻の船がやって来る。かれらの携えて来る商品は、生糸、絹織物、浮織布、陶器、多量の小麦、銅、明礬《みょうばん》、フレセレイラである。かれらはまた煉瓦の形をした黄金を携えて来るが、それには国の王の印が打ってある。この金塊がかれらの国の貨幣なのか、それともそれが運び出される港で刻印されたものかは知ることができない。これはかれらがたいへん口数が少なく、かれらの国のことを誰にも話さないからである。この黄金はかれらの国の近くにある島で産する。そこはペリオコPerioco と呼ばれ、黄金を豊富に産する」(五七三頁)。ここには、①ゴーレスが島国であること、②マラッカには毎年二、三隻の船が来ること、③持ち来る商品は多様であること、④ゴーレスの近くのペリオコ島で産する金塊をも持ってくること、が記されている。ただし、③の多様な商品を見ると、それらが琉球産とは考えられず、「仲介交易品」であるか、ゴーレスが琉球ではないか、その何れかだということになろう。

しかし、「このゴーレス人の国は琉球《レケア》 Lequea と呼ばれる」と続く。「かれらは色が白い。かれらの服は外套に似ているが頭巾はない。かれらはトルコ人の新月刀のような長剣を身につけているが、それよりも若干細い。かれらはまた二パルモの長さの短剣を身に帯びる。かれらは大胆な人間で、当地では恐れられている」(五七三頁)。これでいくと、国はレケアで、人はゴーレスということになるが、それにしても、ここに記されているレケア人の姿は少しも琉球らしさがない。そうなれば、次の記述も琉球人のことを書いたものか、疑わしい。

「かれらは到着した港でも、商品を全部一度にではなく、少しずつ運び出す。かれらは真実を話し、人々もまたかれらに対してそれ〔真実〕を話すことを望む。もしマラカの商人が誰かその言葉を違えると、かれらは直ちに彼を捕えてしまう。かれらは短い期間に仕事をすませるよう努力し、誰もその土地に留まろうとはしない。これはかれらが自分の国以外の土地に行くことを好まない人々だからである。／かれらは一月にマラカに向けて〔かれらの国を〕出発し、八月か九月に帰国する」（五七三―五七四頁）。

また、コロンブス、アメリゴ、ガマ、バルボア、マゼラン『航海の記録』（岩波書店・大航海時代叢書I、一九六五年）の「補注・ゴーレス人について」には、次のようにある。「マガリャンイス［マゼランのこと―来間］の航海記録の一つである、無名のジェノヴァ人の手記」は、次のように述べている。「マガリャンイスの船隊」がある島（セブ島の近くの島）に碇泊《ていはく》中に、「二隻の小舟が鶏とココの実を彼等に運んできて、彼ら（マガリャンイス一行）のような人々を見たことがあると云った。一行は、それは琉球人、換言すると**モゴーレス**人―この名を有する人々の国―またはシナ人であろうと推測した」（七〇〇―七〇一頁）。ここでは、「琉球人」＝「モゴーレス人」となっている。

この「補注」は、次のように続く。「琉球人は、以前からマラッカや、スマトラに行っていたから、後に至ってフィリピンと呼ばれるようになったこの群島の一部に琉球人が出かけることはべつに不思議でもないが、同記録のパリ写本の方はゴーレスとあるのに、リスボン写本はmogoresと初めに書かれ、そしてmoの部分を消してあるそうである」。つまり、モゴーレスではなくゴーレスが正しいという。

「補注」はさらに続く。「ゴーレスと云うのは、アフォンソ・アルブケルケが一五一一年マラッカを占領した時に、同地に貿易に来る人々のうちの一国の人を指しているので、アフォンソ・アルブケルケの書簡集、マヌエル王正史その他の記録に現れている」。これについては「日本の学者の間において…考証の活発な論争があったが、リスボン本のモゴーレスという記述は、航海記中唯一のものであって、いまだかつて名称の論争に取上げられたことはない」。ゴーレスをめぐる論争参加者としては、藤田〔豊八〕博士、高桑駒吉氏、新村〔出〕博士、秋山健蔵氏、藤田元春氏が挙げられている。ただ、モゴーレスは一度だけしか出てこないし、検討の対象にはならないという。

しかしまた「補注」は、次のように続けている。あるポルトガル辞典には、「mongóres は Mongol 帝国人民である」とあり、その他の状況からも、モンゴル系の人のことだったようである。またルソン島にやって来る「**レキー**の人民」は「琉球ではなく中国本土からの住民を指しているのではないかと思われる」とも述べている（七〇一頁）。

2 「レケオ人の島」

トメ・ピレスの「レケオ人の島」に戻る。彼らの出身地やその交易の様子は、次の如くである。「国王とすべての人民は異教徒である。国王はシナの国王の臣下で、〔彼に〕朝貢している。彼の島は大きく、人口が多い。かれらは独特の形の小船を持っている。またジュンコは三、四隻持っているが、かれらはそれをたえずシナから買い入れている。かれらはそれ以外は船を持っていない。かれらはシナとマラカで取引を行なう。しばしばかれらはシナ人といっしょに取引をし、またしばしば自分自身でシナのフォケン〔福建〕の港で取引をする。それはシナ本土にあり、カントンに近く、そこから一昼夜の航海のところにある。マラヨ人はマラカの人々に対し、ポルトガル人とレキオ〔琉球〕人との間には何の相違もないが、ポルトガル人は婦人を買い、レキオ人はそれをしないだけであると語っている」（二四八頁）。①レキオの国王は中国の皇帝に朝貢している、②交易に使う船はすべて中国から得ている、③レキオ人の交易は中国人とともに、あるいは福建で独自でなされている、④マラヨ人が語るところによれば、レキオ人は婦人を買わない、などが述べられていて、レキオ＝琉球であることを思わせる。ただ、「彼の島は大きく、人口が多い」というのがやや気になる。

次の部分には疑問点が多い。「レキオ人は、かれらの土地には小麦と米と独特の酒と肉とを持っているだけである。魚はたいへん豊富である。かれらは立派な指物《さしもの》師であり具足《ぐそく》師である〔「具足」は調度品または甲冑《かっちゅう》―広辞苑〕。かれらは金箔を置いた筥《はこ》やたいへん贅沢で精巧な扇、刀剣、かれらの独特のあらゆる種類のたくさんの武器を製造する」（二四八頁）。「訳注」では「これらは琉球で作られたものもあったであろうが、多くは日本本土からの輸入品であろう」としている。しかしそうではなく、産物に小麦・米・肉を挙げていることも、この文章全体が「日本本土」のことを述べているように読める。

続けて、「レキオ人」は「正直な人間で、奴隷を買わないし、たとえ全世界とひきかえでも自分たちの同胞を売るようなことはしない。かれらはこれについては死を賭ける」とあるが、上の文章が「日本本土」を描いているとなれば、この評言も「日本本土」の人のことということになる。

さらに続く次の文章にも、「日本本土」を思わせる部分がある。「レキオ人は偶像崇拝者である。もしかれらが航海に出て、危険に遭遇したときには、かれらは、〈もしこれを逃れることができたら、一人の美女を犠牲として買い求め、ジュンコの舳《へさき》で首を落としましょう〉とか、これに似たようなことをいって〔祈る〕。かれらは色の白い人々で、シナ人よりも良い服装をしており、気位《きぐらい》が高い。かれらはシナに渡航して、マラカからシナへ来た商品を持ち帰る。かれらはジャンポン〔日本〕へ赴く。それは海路七、八日の航程のところにある島である。かれらはそこでこの島にある黄金と銅とを商品と交換に買い入れる。レキオ人は自分の商品を自由に掛け売りする。そして代金を受け取る際に、もし人々がかれらを欺《あざむ》いたとしたら、かれらは剣を手にして代金を取り立てる」(二四八―二四九頁)。

この文章を、高良倉吉は、『アジアのなかの琉球王国』(前出)で、翻案して紹介している(一〇六―一〇七頁)が、「レキオ＝琉球」と判断していて、まったくの「琉球賛歌」となっている。

さて、レキオ＝琉球のこととして記されている以上のことが、それを一部含みつつも、実は琉球そのもののことではなく、大半は日本のことだと考えられるという、この問題を解くヒントが、次の検討によって裏づけられているように思われる。レキオは、必ずしも「琉球」ではなく、「日本を含む琉球」であったのである。

3　「レキオスの中に日本があった」

村井章介「Lequios のなかの Iapam―境界の琉球、中心の琉球」(前出、村井『日本中世境界史論』)は、「一六世紀にヨーロッパ人が作成した琉球・日本周辺の諸地図を追いながら、当初日本が広い地域名称である琉球の一部として描かれていた」ことを明らかにした(序言、vii頁)。よりくわしく見ていこう。

「一五世紀の琉球は、明の海禁体制のもと、東南アジア方面との交易を一手に扱う貿易公社のような存在となり、琉球人の足跡は遠くシャム(タイのアユタヤ朝)、マラッカ、パタニ(以上マレー半島の港市国家)、パレンバン、スマトラ(以上スマトラ島の港市国家)、ジャワ、スンダ(以上ジャワ島の港市国家)、安南、そしてルソンにまでおよんだ。大交易時代と呼ばれる琉球の黄金時代である。他方琉球は明、朝鮮、日本という東アジア諸国とも外交・貿易関係を結んでいた」。当時の琉球は「海上交易の視点からすれば、ひとつの中心といってよい地位を占めていた」。「琉球の国力が頂点に達するとともに没落への兆しが見えはじめてもいた尚真王代(一四七七-一五二六)、ポルトガルの勢力がアフリカ南端を回ってインドに達し、植民都市ゴアを拠点に、香料を求めて東南アジアへと進出してくる。その間一五一一年に占領したマラッカにおいて、かれらは琉球人に出会った。その情報は、ほどなくヨーロッパ人の手になる世界図に書きこまれる。その後一六世紀を通じてくりかえし作成されたヨーロッパ製アジア地図を追跡していくと、日本を琉球の辺境に位置づけた当初の認識が、日本列島地域に関する知見の増大にともなって、刻々変化していく様相を知ることができる」（三八七―三八八頁）。村井は一つひとつ地図を掲載しているが、ここでは省略する。その変化の過程を整理する。①「ポルトガルのマラッカ奪取の立役者である第二代インド総督アフォンソ＝デ＝アルブケルケ Afonso de Albuquerque（一四五三―一五一五）の伝記には、ゴーレスと呼ばれた琉球人がマラッカを訪れていたことがしるされている（前出、ピレス『東方諸国記』補注五七三―五七四頁所引の「アルブケルケ伝」）。以下、重複するが簡略に紹介する。そこには、「ゴーレス Gores 人」の国は島で、マラカに毎年二、三隻、「生糸、絹織物、浮織布、陶器、多量の小麦、銅、明礬《みょうばん》、フルセイラ［銅・錫・鉛などの合金―村井により来間］など」を携えて来る。また王の印が打ってある金塊も携えて来る。ペリオコ島の産であろう。かれらは「たいへん口数が少な」く、その国の様子がよく分からない。「このゴーレス人の国は琉球《レケア》 Lequea と呼ばれる。かれらは色が白い。かれらの衣服は外套に似ているが頭巾はない。かれらはトルコ人の新月刀のような長剣を身につけているが、それよりも若干細い。かれらはまた二パルモの長さの短剣を身に帯びる。かれらは大胆な人間で、当地では恐れられている」。「かれらは短い期間に仕事をすませるよう努力し、誰もその土地に留まろうとはしない。これはかれらが自分の国以外の土地に行くことを好まない人々だからである。かれらは一月にマラカに向けて出発し、八月か九月に帰国する」（三八八―三八九頁）。

これについての村井の考察は、次のとおりである。「的場節子『ジパングと日本―日欧の遭遇』吉川弘文館、二〇〇七年―村井により来間」によれば、ゴーレスとは刀剣を意味する現地語ゴールの複数形としてポルトガル人が使用した語で、琉球人が交易品として日本刀を東南アジアにもたらしたので、琉球人を指すようになったという」。また「ペリオコ島」について的場は「パリオコの位置が熱帯に限定される」と「慎重に…述べるに止めている」が、「ポルトガル人地図作家ロ－ポ＝オーメン Lopo Homem が一五一九年に作成したアトラスで、南海中にしるされたパリオコ島 PARIOCO INSVLA に相当し、パリオコ（漢文文献では巴撈居）とはルソン島で蘇芳《すおう》を指す語だという」。「当時豊富な金の産出がヨーロッパ人によって注目されていたフィリピン群島のうちに求めてもよいのではないか」。まとめて、「このように一五一〇年代、琉球人は生糸・絹織物・陶磁器などの中国産品のほか、フィリピンの黄金や日本の刀剣を携えて、マラッカにあらわれていたのである」（三八八-三九〇頁）。

トメ・ピレスとは、いつの時代の、何をした人か。羽田正《はねだまさし》『東インド会社とアジアの海』（講談社・興亡の世界史第15巻、二〇〇七年）は、こう書いている。一五一七年に「使者として広州に赴き、明帝国との正式な国交を求めた。この人は、マラッカよりさらに東の海域の地理学的・民俗学的な情報をヨーロッパの言葉で初めて記した『東方諸国記』の著者として知られている」。トメ・ピレスのころ、一五一九年の地図には琉球は描かれていなかったのである。

②「このようにしてヨーロッパ人の眼にとまった琉球人は、フランドルの地理学者ゲルハルト＝メルカトール Gerhard Mercator（一五一二-一五九四）が一五三八年に作成した〈世界図〉（ニューヨーク公共図書館 New York Public Library 所蔵）に描きこまれることになる。この地図の東南アジア大陸部と覚しき半島状の地形の先端部に、Leqos populi（琉球人）とある。いっぽう、そ

ことはかけはなれたユーラシア大陸東北方の海中にSipangoという島がある。『東方見聞録』の〈ジパング〉に由来する記述で、じっさいに日本列島の存在を確認した結果ではない。このように本図では、琉球人の本国は所在不明であり、また琉球と日本はなんら関連づけられていない」。この一五三八年の地図に、琉球が初めて登場したが、まだまだあいまいであった。

③「これとほぼ同時代、一五三五年ころの作とされるポルトガル製アジア図には、まったく別な琉球の姿が見られる。この地図は中国南端部をふくむ東南アジア全域を収めており、スマトラ島、ジャワ島北岸、ボルネオ島、インドシナ半島、マレー半島はかなりじっさいのかたちに近く描かれている。その広東あたりの東南方、ボルネオの東北方の海中に、多数の黒点がまるく凝集した群島が描かれ、右脇にos Leaquosの文字が添えられている。東南アジアや広東まで進出したポルトガル人が、琉球のおよその位置を知った段階を反映した描出《びょうしゅつ》と考えられるが、その形態からみて〈多数の島の集まり〉という以上の具体的認識はない。日本にいたってはまったく描かれていない」（三九〇頁）。一五三五年の地図にも琉球は描かれているが、まだ漠然としていた。

④（③と⑤のあいだの年代に）次の二つの地図があり、琉球が登場する。一つは「フランス人地図作家ジャン＝ロッツJean Rotzが一五四一年に作ったアトラス中の東南アジア部分（Luis F. R. Thomaz, "The image of the Archipelago in Portuguese cartography of the 16th and early 17th centuries", Aechipel, vol 49, 1995, XVI)」であり、これには「インドシナ半島東方海上に南北方向に多数の島が五つのグループに分かたれて描かれ、その脇にIlhas dos Lêquiosの文字がある。しかしこれに相当する群島はPenrose mapにも琉球とは別に描かれており、西沙・中沙・南沙群島と

の混同があるように見うけられる」。もう一つは、「アロンソ=デ=サンタ=クルス Alonso de Santa Cruz 著『世界諸島誌』（マドリード、一五四五年）所載〈極東島嶼海域図略図〉（的場前掲書）」であり、これは「一五二一年にマゼラン Fernando de Magallanes がフィリピンで死んで以来のエスパニア人のアジア認識を示すもので、mendanao（ミンダナオ島）北方の地図上辺部に Lequios が見える。ポルトガル製の地図とくらべて、位置関係が混沌としている」（四〇二-四〇三頁）。つまり、この二つとも、本来の琉球を描いたものとは受け取れないとしているのであり、したがって村井はこれを「注」で紹介している。

⑤「一五四五-一五五〇年ころの制作になる〈無名ポルトガル製世界図〉（ローマ、ヴァリチェリアーナ図書館 Biblioteca Vallicelliana 蔵）にいたって、琉球の描出に注目すべき変化があらわれる。中国大陸の東方海上に逆L字形にゆるやかに折れ曲がった列島が描かれ、西端の大きい島の右下に lequio menor（小琉球）、屈曲部の大きい島の右に lequio major（大琉球）その北の大きい島の右に Iapam（日本）と記入されている。大きい島以外はほぼ二列に小さい島がつながり、その北端に Iihas de Miacoo（都群島）とある。そして列島全体の東に大きな文字で LEQVIOS（琉球）としるされている。／明人は現在の沖縄島を大琉球、台湾を小琉球と呼んだが、その情報がとりこまれていると同時に、台湾から日本にかけて、島が南西から北東へ連なっているという地理的知識も成立していたことがわかる。そしてなにより注目すべきは、この列島全体の名称が琉球であり、その一部として日本および都諸島が位置づけられていることである。この地図で LEQVIOS の文字は、ARABIA、PERSIA、CHINA、NVEVA GVINEA（ニューギニア）とおなじサイズの大文

字で書かれている（INDIA の文字サイズはもっと大きい）。琉球はアラビアや中国と肩をならべる大地域の名前だったのである。／これに対して、琉球に属する日本列島地域は、Iapam 島と都群島をつなぐ島の連鎖にすぎず、独自のまとまりをもつ地域としては認識されていない」。「都群島」は京都のことであるが、それが日本の首都であることはまだ認識されていない（三九〇-三九二頁）。

「琉球」が日本を含む名称だったということは、まさに「注目すべき」ことであろう。一六世紀半ばのことである。

⑥「ロ－ポ＝オーメンが一五五四年に作成した〈世界図〉（フィレンツェ、科学史博物館 Museo di Storia delle Scienza 蔵）は、日本に関する具体的認識が反映されたはじめてのヨーロッパ製地図である。琉球列島の先に大陸から南にのびるかたちで複雑な群島が描かれているが、その南端の地形が九州南端につき出る薩摩・大隅両半島に少し似ている。九州と覚しき群島の左肩に小さく Iapam の文字が見える。そして九州の東方洋上には、地図の枠をはみだして無名の大群島が大胆な形と色で描かれている。…この大群島は『東方見聞録』のジパングを描いたものと考えられる。そして新旧日本の橋わたしをするような位置に、Os lequios と大きな文字で書かれている」（三九二頁）。琉球の北方に日本が描かれており、両者の区別が始まっている。

⑦「ローポの息子ディオゴ Diogo が一五五八年に作った〈アジア図〉（ロンドン、大英博物館 British Museum 蔵）は、〈ジパング〉が消えている以外は父のものと酷似するが、九州東方海上に Mare leucorum（琉球海）、九州の北、大陸との接合部に Leucorú prouintia（琉球地方）と、大きな文字で書かれている。どちらの図［⑥と⑦］も、琉球のなかに日本があるという考えに立って

おり、ディエゴの図ではユーラシア大陸の一部にまで琉球が広がっていたことになる。／オーメン父子の地図では琉球内部の地名も格段にくわしくなっている。ローポの図では、西から順にI.fer-mosa（フェルモーサ島＝台湾）、I.dos reis magos（東方三博士の島＝八重山諸島）、Ilhas dos le-quios、lequios、I.do fogo（火山島＝硫黄鳥島）、I.de Santa maria（聖母島＝奄美大島）、Ilhas brabas（〈erabas 永良部島）と続き、九州から西北に朝鮮半島と覚しい突出にむけて、I.do goto（五島）、I.do gato、I.dos ladrois（盗賊島＝対馬）がならんでいる。これらはすべて赤字で、字の大きさはIapamとおなじである」。その他、九州各地の地名などが出ている（三九三-三九四頁）。台湾から琉球諸島を経て、九州に至る島々のいくつかを描いている。

4　「レキオスのある島」はどこか

村井章介は同じ『日本中世境界史論』に収録した「鉄砲伝来研究の現在」の中で、「〈レキオスのある島〉はどこか」を論じている。「フレイタス情報」というのがあって、そこに「葡人［ポルトガル人―来間］が連年、おなじ〈レキオスのある島〉に至った、とある」ことをとらえて、ポルトガル人は種子島と琉球に到来したと論ずる向きがあるのに対して、「一五五〇年代までのヨーロッパ製地図が語るように、鉄砲伝来のころのヨーロッパ人は、イァパン（日本）全体をレキオスという大地域のなかにある島と認識していたから、種子島を〈レキオスのある島〉と表現することに、なんの不思議もない。日本を琉球から独立した地域として描いた最初のヨーロッパ製地図は、一五六一年のバルトロメウ＝ヴェーリョ作〈世界図〉である。…早くから日本が琉球とは別の地域と見られていたという思い込みに基づいて、〈フレイタス情報〉のレキオスを安易に琉球（沖縄本島）に比定する論が多い」と、その誤りを指摘している（二八八―二八九頁）。

この「誤り」の例として、高良倉吉『アジアのなかの琉球王国』（前出）が思い浮かぶ。高良は「フレイタス報告」について、次のように述べている。高良はそれが「琉球人」すなわち「今の琉球人につながる人びと」だと誤解しているのである。「フレイタス報告はまた、一五四三年にポルトガル人が種子島に鉄砲を伝えた有名な事件の一年前に、ポルトガル船が琉球に漂着し、琉球王の厚いもてなしを受けたこと、それはアユタヤで交際のあった琉球人のとりなしによるものだった、と伝えている」（一二五―一二六頁）。

5　日本認識の深化と地図の発展

引き続き、村井章介による。⑧「〈琉球のなかの日本〉という認識が逆転して、現代人の眼から見て〈正しい〉姿に大きく近づいたのが、一五六一年ポルトガル人地図作家バルトロメウ＝ヴェーリョ Bartolomeu Vello 作の〈世界図〉（フィレンツェ、美術学院 Accademia di Arti 蔵）である。台湾―薩南諸島の描出はオーメン父子の図に類似するが、その上方に縦長に九州から北海道まで描かれ、左側に大きい字で IAPAM とあり、海をはさんで朝鮮半島とあい対している。おもしろいことに、地図の左端、太平洋を越えた極西にもうひとつ日本が描かれている。東まわりでも西まわりでも日本は地の果てであった」。この図では、日本は鹿児島、豊後、土佐、山口、都、坂東の六つの地域に分けられており、「中世末の日本の政治地図をかなり正確に反映して」いる（三九四-三九五頁）。

⑨「ヴェーリョ図の二年後、これもポルトガル人の地図作家ラザーロ＝ルイス Lazoro Luis が作ったアトラス（リスボン、科学アカデミー Academia das Ciencias 蔵）は、実証性・実践性を特徴とするポルトガル製世界図の頂点に立つ作品である。その東アジア部分を見ると、台湾―薩南諸島の描出はやはりオーメン父子の図に類似するが、永良部島が erambo となっている」。この図には、「九州西側の島々と瀬戸内海の港町（下関―大坂―堺）」がくわしくかつ正確に描かれている。九州西側の島々を通るので種子島がなく、京都までは行かないので都がないと考えられる（三九五-三九七頁）。

⑩「一五六八年、ポルトガルの地図作家フェルナン＝ヴァス＝ドゥラード Fernão Vaz Dourado の作ったアトラス（マドリード、アルバ公爵 Duque de Alba 蔵）に収める IAPAM 図は、はじめて日本だけを一枚に収めており（朝鮮半島の一部をふくむ）、美しい色彩とあいまって人気が高い。しかし、地図の構成要素から見ると、日本国内の国名の一部を載せるのが目あたらしい程度で、大半はルイス図の全面的踏襲である。…実証性ではルイス図よりむしろ後退している」（三九七頁）。

まとめて、⑪「琉球の描出は、オーメン、ヴェーリョ、ルイス図のいずれも大差がない。日本の描出が大きく、かつくわしくなるにしたがって、相対的に琉球の比重は小さくなり、中心と境界の関係が逆転していく。ドゥラード図では、収録範囲のせいで琉球は隅に追いやられ、北端が顔をのぞかせるにとどまっている」(三九七頁)。「薩南諸島から台湾にかけての描出は、…オーメン父子の地図で基本要素が出そろい、フェルモーサ島の誤った描出を除いて、あまり大きな変化はなかった。その間に極東の地域名称は琉球から日本にとってかわられ、やがて日本地域を一枚に収める地図が登場すると、琉球はその左下隅に追いやられ、北半分しか描かれなくなる。むろんこれはフレーミング[枠《フレーム》を設けること―来間]の都合によるが、ひとつの独自の地域としての琉球が退場したことに相応してもいた。／ときあたかも、東南アジアから琉球船が姿を消し―その最後は一五七〇年にシャムを訪れた船である―、いれかわるように朱印船が東南アジア各地に渡航して、〈日本町〉が形成された。琉球には中国王朝との冊封にもとづく外交＝貿易の関係だけが残され、一六〇九年の薩摩による征服の結果、琉球は日本(江戸幕府と薩摩藩)が確保した中国情報チャネルとして、近世を生きていくことになった。地図史でいえば、幕府が各藩に命じて作成させた〈国絵図〉のなかに、薩摩藩調製の〈琉球国絵図〉が加えられることになる」(四〇一―四〇二頁)。

このような地図作成の歴史と重ねると、「レキオス」を簡単に「琉球」のことだとすることは不可能で、特にトメ・ピレスが「琉球」と「琉球人」そのものを描写したと受け止めることはできないと言わざるを得ない。もちろん、「レキオス」は「琉球」を音写したものであることは疑いないが。

第三章　「世界史」の成立と戦国時代の日本（一六世紀前半）

第一節　ヨーロッパ勢力のアジア進出

1　ポルトガルの「東インド」進出

羽田正《はねだまさし》『東インド会社とアジアの海』（前出）は、その第一章「ポルトガルの〈海の帝国〉とアジアの海」で、次のように述べている。まず動いたのはイベリア半島西端のポルトガルだった。「ポルトガル王マヌエル一世の命によって、東方のキリスト教徒の王を探し出すことと、〈インド〉へ到達し香辛料を得ることのために派遣された**ヴァスコ・ダ・ガマ**を指揮官とする船隊」は、一四九七年七月八日にリスボンを出て、一一月二二日に初めてアフリカ南端の喜望峰《きぼうほう》を回り、翌年三月にアフリカ東岸のモザンビーク、そしてその北方のマリンディから、四月にインド西海岸のカリカットに向かった。「どこからともなく突然現れ、その地ですでに確立されていた商習慣に従わず、すぐに武器に頼った上で嵐のように立ち去ったポルトガル人の行動を、東アフリカの人々はどのように受け止めたのだろう」(三〇-三四頁)。

「マリンディからインド西海岸に向かったヴァスコ・ダ・ガマの船隊は順風に恵まれ、三週間ほどで西インド洋を横断し、五月二〇日にカリカットの北に到着して碇《いかり》をおろした」。用心深く上陸したガマの一行は、カリカット王に面談するが、王への贈り物が貧弱であることを指摘され、ポルトガルの王からではなくガマからの贈り物だと苦しい言い訳をした。「この話は、インド洋海域における交易の盛んさと富の豊かさ、それとは逆に当時のポルトガルやその周辺諸国の物質的な貧しさを如実に伝えている」(四一-四三頁)。

「通常の交易を行う限り、カリカットは安全な町だったはずである」が、ポルトガル側が警戒心を強く持ちつづけ、三カ月滞在しても「ポルトガル人は、結局最後まで現地の人々と折り合えなかった」。そして、航海には気候の悪い八月に出発を強行し、「西インド洋を越えるのに三カ月を要した」。乗組員から多数の死者が出、三隻の船隊を維持することができず、一隻を焼き払い、リスボンには一隻が七月初めに、旗艦が八月に帰着した。ガマは、「重い病気にかかった兄パウロとともに、大西洋上の寄港地サンチアゴ島で別の船に乗り換え、アゾレス諸島に立ち寄」った。ヴァスコがリスボンに戻ったのは、「出発してから二年と少しの時間が過ぎていた」(四六-四七頁)。

それでもガマの航海は成功した。それは「ポルトガルだけではなく、地中海沿岸諸地域に一大センセーションを巻き起こした」。「二隻の船が持ち帰った香辛料や宝石などの商品の売却益は、二年間の航海にかかった総費用を差し引いても十分におつりが来るものだった」。「当時のヨーロッパでは、胡椒や香辛料の需要が大きかった」。それまでも胡椒はヨーロッパに入ってはいたが、そのルートは、カリカットーペルシャ湾・紅海ーシリア・エジプトーヴェネチアであり、ヴェネチア商人の手でヨーロッパ各地に運ばれていたのである。ガマの航海の成功は、この構造が変化するきっかけとなった（四七-四八頁）。

そのあと半年余りで、マヌエル一世は**カブラル**に命じて、インドに大船隊を派遣したが、「カブラルの航海は、往路にブラジルを発見するという功績をあげ、一年四カ月という短期間でインド往復を成し遂げたものの、一五〇一年の六月にポルトガルに帰り着いた際には、失敗と酷評された。インドに至るまでに船七隻を失い、帰途にも一隻を放棄したこと、持ち帰った商品の量が十分ではなく費用を回収できなかったこと、カリカットで武力紛争を起こし、五四人ものポルトガル人を失ったこと、町を砲撃し現地に商館をおくことに失敗したことなどがその理由とされる」（四九頁）。

ポルトガル王は、「さらに派遣を続けるべきか」ためらったが、そのことを知った「ヴァスコ・ダ・ガマは、船隊の資金は自分が出すからもう一度の東方行きを認めてほしいと申し出た」。認められて、「一五〇二年の二月、ガマ提督が率いる二〇隻からなる大船隊が、インドへ向けて出発した」。ガマは港を砲撃し、あるいは船を掠奪し、乗員もろとも船に火をつけたりした。ガマは、一五〇三年の三月に帰途についた。「日本ではしばしば〈勇気ある冒険者〉〈インド航路の開拓者〉として肯定的に語られるヴァスコ・ダ・ガマの実像はこのようなものである。確かに彼は勇気ある船乗りだっただろう。しかし、その富の多くが、現地の慣習や事情を無視した暴力的な商取引とインド洋を航海する船の掠奪、多くの罪のない人びとの殺害によって得られたものだったことも忘れて

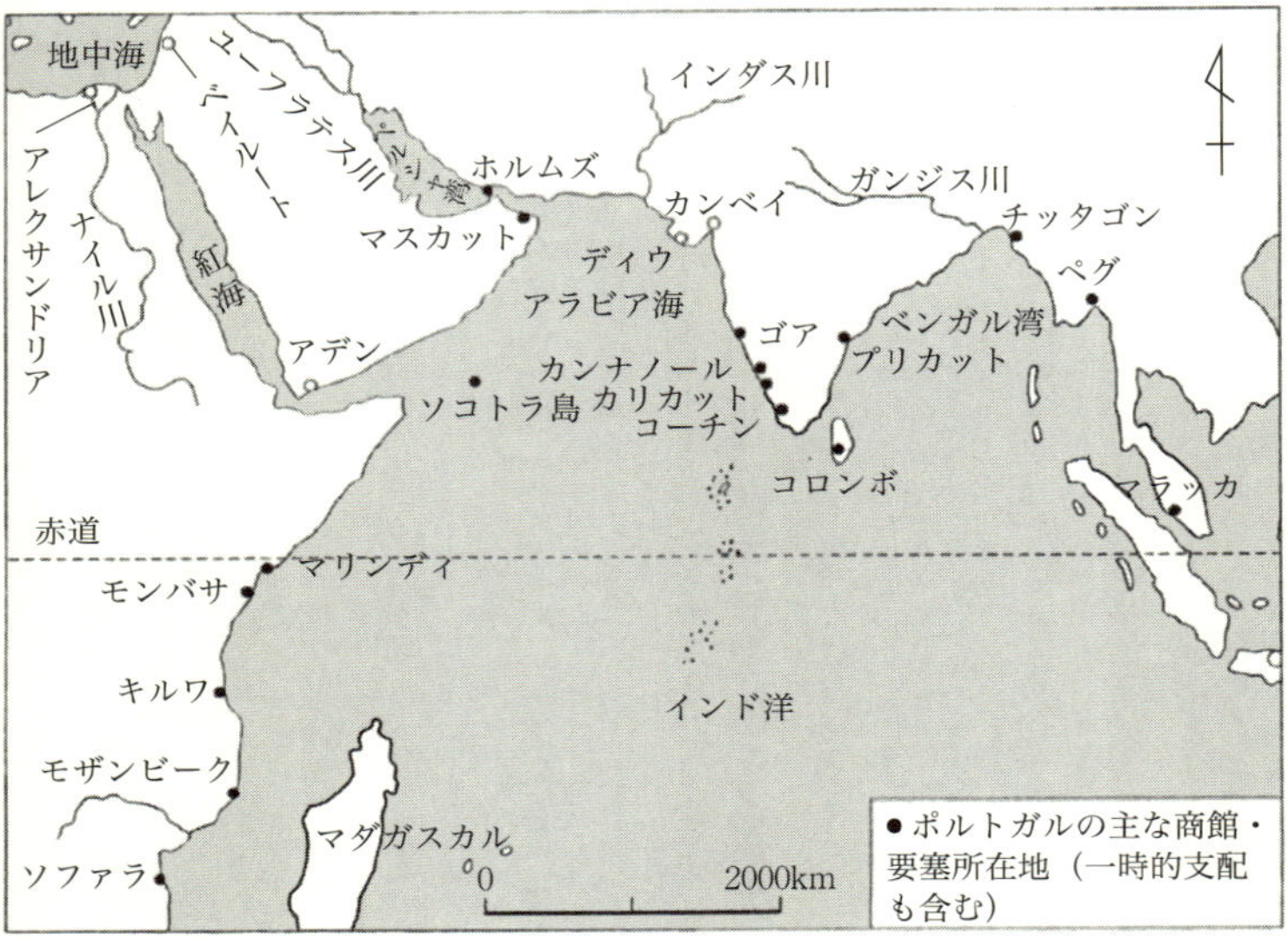

図 3-1　ポルトガルの海の帝国（1520 年ごろ）

（出典）　羽田正『東インド会社とアジアの海』（講談社・興亡の世界史第 15 巻，2007 年）．

はならない。ガマは異文化の共存するインド洋海域の秩序の破壊者でもあったのだ。この一五〇三年以後、ポルトガル王とその部下たちは、ガマによって開発された武力によるインド洋海域の制圧という方法を磨き、発展させていくことになる」（五〇-五四頁）。

　そして「ポルトガル海上帝国」が成立する（図３-１）。それは「征服者として名高い第二副王**アフォンソ・デ・アルブケルケ**」の時代である。「一五〇三年から一五一五年までのわずか一〇年あまりの間に、インド洋海域の主要な港町が次々とポルトガル船隊の攻撃を受け、その支配を受けいれていった。東アフリカのソファラ

（一五〇五年）やモザンビーク（一五〇八年）、ペルシャ湾のホルムズ（一五一五年）、インド西海岸のゴア（一五一〇年）、それにマレー半島のマラッカ（一五一一年）などがそうである」（五四頁）。

それまで「海は誰でも自由に航行でき、港町は誰でも自由に利用できる」として機能していたのに、「ポルトガル人は、港町を征服し、この海域の〈主人〉として、そこで行われる貿易活動を武力によって支配し、管理しようとした」のである。それはしばしば反抗にあったが、基本的には貫かれた。とはいえ、ポルトガルの支配は「胡椒を中心とする**香辛料貿易だけ**」であって、「インド洋における貿易の大部分を占めるその他の多種多様な商品の取引は、それまでと変わらず、多種多様な商人集団が互いに競い合いながら担っていたのである」（五五-五七頁）。

「一五一五年頃までに、インド洋海域の港町の多くがポルトガル人の支配下に入った。これらの港町は、広大なインド洋沿岸に散らばる**点**でしかなかったが、ポルトガル人はそれらの点をつないで**線**とし、船の維持に全力を挙げた。一連の点と線からなる〈ポルトガルの鎖〉の勢力範囲を、ポルトガル語で**エスタード・ダ・インディア**、すなわち、インド国家、あるいはインド領という。ポルトガル人にとって大事なのは、この鎖の内側、すなわち海である。エスタード・ダ・インディアは紛れもなく〈**海の帝国**〉であった」（五七頁）。

ポルトガル人による航海と貿易は、ポルトガル王室や王室と契約を結んだ人びとが行なうほか、それとは関係のない「私的な個人貿易」もあり、「一五一六年には、彼らも含めてすでに四〇〇〇人ほどのポルトガル人がアジア各地で活動を展開していた」。この私的な「ポルトガル人の中には、海賊を生業とする者の他に、共同で、または現地の商人と組んで船を持ったり、船の荷物倉の一部を買い取ったりして、アジア各地の港町を結ぶ貿易に従事する者が多かった」。そこでは、すでに「東南アジアの香辛料をインド各地に運び、見返りにインド各地の綿織物を東南アジアに持ち出すこと、ペルシアの馬や絹織物をインドに運び、インドの綿織物、染料、それに穀物をペルシアに輸送することなど、様々な貿易の形態があった」。ポルトガル人は、そのように、そこにすでに展開していた貿易の中に「参加した」のであって、その形をつくり出したのではない。また、「ポルトガル人の「インド領」は、居住地以外に「陸の領土」を持つことはなく、「海における交通と貿易を支配し、そこからあがる税収をその主たる収入とする〈海の帝国〉だった」(六〇-六六頁)。

2　ポルトガルのマラッカ占領とその支配

羽田正による説明を続ける。ポルトガル人は、はじめはインドの西海域で活動していたが、東南アジア方面から、多数の、魅力あふれる商品が運ばれてくる様子を知るようになる。「当時、東南アジアにおける国際的な商取引の中心地は、マレー半島の**マラッカ**だった。ポルトガル人トメ・ピレスによると、西アジアのカイロ、メッカ、アデンのムーア人、ペルシア人やトルコ人、アルメニア人など、南アジアのグジャラート人、マラバール人、ベンガル人など、東南アジアのカンボジア人やチャンパ人、ルソン人、マルク人やバンダ人、東アジアの中国人、**琉球人**などアジア全域から多くの商人がこの町を訪れ、港では八四の言語が話されていたという。マラッカは、アジアの海の西半分であるインド洋海域の物産が出会う場であり、風待ちの港としても卓越した立地条件を備えていた」（六六－六七頁）。

アルブケルケは、一五一一年にマラッカを占領し、「キリスト教徒と対立するおぞましい異教徒」とみていた「アラブ人ムスリム商人全員の殺害を命じた」。ムスリム商人たちは、「以後のマラッカでの取引をあきらめ、東南アジアの他の港町に商売の拠点を移した」。マラッカの経済的繁栄はくずれた。それでも、ポルトガル人は、周辺各地に拠点を築いていった（六七－六八頁）。

なお、もともとポルトガル王室との関係だけで、そのアジア進出があったわけではない。私的な「商人」が多く含まれていたし、その比重はしだいに高まっていった。「東方へ赴く人々の…大半は、ポルトガルではまともな生業についていないならず者、牢獄につながれていた罪人、そして一攫千《いっかくせん》金《きん》を狙う冒険商人たちだった」。そして、「東インドにやってくるポルトガル人はほとんど男性で、女性はたいそう少なかったから、彼らの多くは現地の女性と結婚し、子供をもうけた。いわゆる〈ユーラシアン〉である」。その子らはポルトガル人と認められたものの、さらに二代目、三代目となると、ポルトガルとの関係は希薄になる。このような状況では、「エスタード・ダ・インディアを健全に維持するためには、常に本国から新しい人材を大量に投入せねばならなかった」が、それはできなかった。かくして「インド領の内部は時が経つにつれて空洞化し、アジアの海ではポルトガル人がほとんど無統制に近い状態で、個々に貿易活動を行うことが多くなっていった」（六九－七〇頁）。

3　ポルトガルのアジア進出とアヨードヤ

石井米雄《いしいよねお》「前期アユタヤとアヨードヤ」（前出、池端ほか編『東南アジア古代国家の成立と展開』）は、ポルトガルのアジア進出とアヨードヤについて、次のように述べている。「一五一一年のポルトガルによるマラッカ占領は、伝統的に確立したインド洋海域世界の交易秩序を根底から覆す事件であった。経済原則にもとづくそれまでの平和的な物資の交換の場に、大砲という軍事的暴力手段の導入によって経済的優位が確立されるようになったことである。三〇〇年にわたって存続したマラッカに対するタイ人の支配関係は、ポルトガルによるマラッカ占領によって消滅した」。タイとマラッカの関係は、二〇年ほど前から切れていたが、これを「最終的に絶ち切ったのである」。以後のアヨードヤは、マラッカを「西洋文明導入の拠点」とするようになり、自らの変革の契機とした。とくに「ポルトガルが導入した鉄砲が、これを独占的に使用する政治権力を強化し、やがて中央集権国家の成立を促進するにいたるのである」。ポルトガルの側も、アヨードヤに対しては交易を歓迎する態度をとり、「ラック、安息香、蘇木などの熱帯森林生産物」や「米」を調達する港市として重要であった（二四九頁）。「ラック」は「シェラック、セラックに同じ。ラックカイガラムシの分泌物から得られる天然樹脂。黄褐色であるが、漂白して白ラックとする。染料・塗料・接着剤などに用いる」。「安息香《あんそっこう》」は「エゴノキ科の落葉高木。スマトラ・ジャワ原産。樹皮は茶褐色、葉は卵形で鋭頭」。また、その「樹皮から分泌する樹脂。熱すれば強い芳香を放つ。薫香に用い、安息香チンキは去痰剤・呼吸刺激剤」（以上、広辞苑）。

また鉄砲の出現に伴う「軍事革命」は、「一六世紀に日本を含む世界の各地にひろまり、それが政治権力の強化、国家の集権化を加速したことは広く知られている」。ただ、日本では「時を経ずして」自家生産に進んだが、アヨードヤでは「輸入」に頼ったままで、「その操作もまた、主として〈ポルトガル人傭兵隊〉の手にゆだねられていた」（二五〇頁）。

アヨードヤは一五一六年に、ポルトガルと友好条約を締結した。それは「アヨードヤが西欧の国と結んだ最初の条約であった」。この条約で、アヨードヤは鉄砲と弾薬の供給を受け、ポルトガルはアヨードヤをはじめとする各地に「居住権と交易権を獲得した」（二五〇頁）。

一方、交易の方は、キリスト教のポルトガル（マラッカ）に対抗して、イスラム教の港市国家（パタニ、アチェ、バンテンなど）が台頭し、「対アヨードヤ交易に参入することとな」り、飛躍的に拡大した。

4　ポルトガルのアジア進出と港市国家

鈴木恒之《すずきつねゆき》「港市国家パレンバン」（前出、『変わる東南アジア史像』）は、次のように述べている。

まずは、港市《こうし》国家の一般的な姿を描いている。「一五世紀から一七世紀にかけての、いわゆる〈交易の時代〉、中国、西アジア、あるいはヨーロッパにおける経済的膨張による香辛料を主とする東南アジア産品への需要増大は、東南アジア各地で生産拡大をうながし、交易を活発化させ、飛躍的な経済的発展、ひいては政治的・社会的変動をもたらした。その変動のなかでみられる主たる現象が大小の港市国の盛衰である。これら港市国の多くは海岸近く、河口部または河川下流部に港市をもち、その港市に上流部あるいは後背地での産物を集荷し、その交易からえられる富を権力の経済的基盤にすえていた。そしてこれら港市はそれぞれの地政的条件に応じて、直接・間接に国際交易に結びつく交易網のなかに組みこまれていた」。

次に、ポルトガルによるマラッカ占領の影響を、次のように述べている。「この東西世界を結ぶ交易網のなかにおける、東南アジアの港市を結ぶネットワークは、一五世紀においては国際的な中継港として急速に発展したが、マラッカが一極に集中する傾向にあった。けれども、一五一一年にポルトガルがこれを占領すると、その高関税、ムスリム敵視政策をきらい、多くのアジア商人がマラッカ港での取引をさけ、ほかに交易の中継地を求めるようになった。その結果、マレー・インドネシア海域の交易網は多極化し、そのなかから、スマトラ北端のアチェ港を中心に**アチェ王国**が一五二〇年ころから港市国として急成長をとげた。また、スンダ海峡に臨むジャワ西部の**バンテン王国**も、同世紀後半以降、国際中継地として飛躍的に発展したバンテン港を拠点に隆盛をみた」。この二つの港市国家の発展を促したのは「胡椒取引の拡大」であった（一五〇頁）。

5　ポルトガルとスペインの攻防

弘末雅士《ひろすえまさし》「交易の時代と近世国家の成立」（前出、池端編『東南アジア史⑪島嶼部』）は、「〈大航海時代〉と東南アジア」について、次のように述べている。「ポルトガルの来航とムラカの占領」では、①一五〇九年のアルブケルケの来航に対しては、「ムラカも兵士や火器を配備して対抗しようとした。しかし、ムラカ在住のジャワ商人や中国人のうちにポルトガルと内通する勢力が生じ、ムラカ側は結束して行動することができなかった。また、火器の使用に習熟していなかったことと、ポルトガル側の火器の性能が優っていたことにより」、ムラカは占領された、②ムラカ側の抵抗はその後も続いたが、成功しなかった、としている（九六-九八頁）。「香辛料貿易独占の試みと失敗」では、③ポルトガルは「ヨーロッパ向けの香辛料取引の独占体制を構築しよう」と努力し、マルク諸島、テルテナ島、バンダ諸島などの胡椒《こしょう》・丁子《ちょうじ》・肉豆蔲《にくずく》をヨーロッパ市場につなごうとしたが、成功しなかった。すでに成立していた「紅海―地中海貿易」を崩すことはできなかったのである。④ポルトガルは、ムラカなどの港市に要塞を築いたが、その維持費がかさみ、それを「アジア人商人の船舶」に高い関税を課すことによって対処しようとし、「アジア人商人との対立を深めた」。グジャラート商人に代表されるアジア人商人たちは、マラカを避けるルートを開発した、としている（九八-九九頁）。

ほぼ一〇年遅れて、スペインが進出してきた。彼らはまずフィリピンに到達し（マゼランはまもなく死亡）、その西側にあるマルク諸島に足がかりを得た。ポルトガルはテルテナ島に勢力を得ていたが、スペインはそれに隣接したティドーレ島と友好関係を結んだ。両者は対立したが、一五二九年に「サラサゴ条約」を結んで、「ポルトガルはマルク諸島および東回りで進出していたアジアの諸拠点を勢力範囲とし、一方スペインは新大陸の大部分、太平洋およびフィリピン諸島を基本的な勢力範囲とすることになった」（九九-一〇〇頁）。

6　ポルトガルの東洋進出の評価

永積昭《ながづみあきら》『オランダ東インド会社』（講談社・学術文庫、二〇〇〇年。初出は一九七一年）は、ポルトガルの東洋進出を、次のように評価している。

もともと西洋と東洋の接触、交易は、成立していたのである。それは、古くはいわゆるシルクロードにおいて、また八世紀を境にして、海上による東西交通が優勢になる。「海上交通は陸上交通とは比較にならぬほど大量の商品を動かせるという利点があった」。自然環境の面からみた海上交通の「東端の障害物」はマライ半島だった。そこに、シュリーヴィジャヤが生まれ、マラッカ王国が生まれる必然性があった。西側の交易者はトルコなど、中東の勢力であり、ヨーロッパは彼らを介してアジアと結ばれていたのである。これを避けてアジアとの直接の交易路を開いたのが、まずポルトガルだったのである。それはともかく、それ以前のことを見よう。「貿易商人のうちで、最もめざましく活躍したのは西方のグジャラート商人と、東方のインドネシア商人であった。それは西から東へ動くインド産の綿織物、東から西へ運ばれるインドネシアの香料類という、二つの商品の流れに対応するものといえる」。さて、一五～一六世紀「当時のマラッカはヨーロッパの諸港を凌ぐほどの繁華な港であったし、アジアの大商船はポルトガル船に比して、決して構造上劣るものではなかった」（一五-三四頁）。

ポルトガルは進出初期において一定の成功を収めた。それは、第一には軍事力によってであり、第二に行政機構や貿易の方法が整備され、能率的であったことによる。第三に、すでに活動していた現地の商人たちが、「必ずしも危機感の自覚がなく、むしろ商業上の利益を求めて、進んでポルトガル人と協力する者さえあった」ことによる。第四に、イスラム教諸国とは異なって、ポルトガルは王室の貿易に対する意欲が特に勝っていた（三四―三五頁）。

しかしながら、このような初期の優位性は、長くは続かなかった。「任意に他国の船を攻撃して掠奪することから、動かない要塞を守る立場になると、ポルトガルは一転して追われる者の辛さを味わうことになるのである。各地に要塞を維持する費用はかさむ一方、貿易の利潤はそれほど大きく伸びなかった。王室の独占貿易とはいうものの、それは表面上のことで、各地において実際に貿易にたずさわるポルトガル人は大幅な裁量の余地を残されていたのであり、しかも彼等の乏しい給料は滞りがちであったから、表向きの貿易とならんで密貿易を行なうことは公然の秘密となった。貿易の資金、収入の不足とならんで深刻だったのは人不足である。もともとポルトガルは現在でも一〇〇〇万足らずの小国であるから、急速に増大する海外の根拠地の人員をみたすのに追いつかず、アジア人との結婚が奨励され、その混血児を雇い入れるなどの苦肉の策が取られたが、もちろん人員の不足を補うには足らず、次第にオランダ人、ドイツ人、イタリア人などの技術者を借用するようになった。このようにしてポルトガル人の貿易機構は、次第に下から非ポルトガル人にとって代わられ、アジア人の水夫長や、要塞長まで出現するようになり、しかも彼等は部下の雇用を一任されていたために、当然自国民を雇い入れたので、この傾向はますますはなはだしくなった」（三五―

三六頁）。

「このように、ポルトガル人の貿易は産地（東南アジア）から市場（ヨーロッパ）までの一貫した体制を夢見ながら、決してそれに成功したとはいえず、時代が下る程、買入れの末端は以前の通りアジア人に一任する傾向が出て来たのである」（三七-三八頁）。

さて、このポルトガル人によるマラッカ占領と、その影響はどのようにとらえることができるだろうか。「マラッカ占領後、ポルトガル人は港の関税という財源を確保するために、今までのマラッカが持っていた扇の要のような重要性を必死で守り抜こうとし、アジア諸国の商人をマラッカに寄港させようとして懸命の努力を続けるが、彼等は高い関税や貿易上の種々の拘束を嫌ってポルトガル占領後のマラッカを避けるようになる。かつての扇の要としての地位は次第に失われていくのである」。まず、マラッカ海峡を避けるために、スマトラ島の西岸を回るようになり、「スマトラ西北端のアチェー」がクローズアップされ、イスラム教徒である商人たちが集まるようになる。この航路は、スマトラ島の東、スンダ海峡を通るので、そこを挟んだジャワ島の西北岸に**バンテン王国**が栄えるようになった。ただし、「どちらもマラッカの後継者としては力不足」で、貿易量はかなり減少した（三九-四二頁）。

7 コロンブスを「インド」に向かわせたもの

コロンブスによる、いわゆる「新大陸の発見」については、トリニダード・トバゴの研究者で、のちに首相になったエリック・ウィリアムズの『コロンブスからカストロまでⅠ―カリブ海域史、１４９２-１９６９』（川北稔《かわきたみのる》訳、岩波書店・現代選書、一九七八年。なお岩波現代文庫として、二〇一四年に再刊された）によって描くことにする。

「一四七四年、このときすでに記念すべき航海の計画を胸に秘めていたコロンブス（一四四六頃-一五〇六）は、イタリア人の大地理学者パウロ・トスカネリ（一三九七-一四八二）によって、この計画が的外れではないという保証を得ていた。すなわち〈貴下が企図される航海は、ひとが言うほど困難なものではありますまい。否、それどころか、その進路こそ間違いのないものであります…〉というのであった」（二一-二三頁）。それは、「第一に活版印刷術、第二に火薬、第三に羅針盤」という「三つの決定的な新技術を自ら開発したり、アジアなどから導入したりして、利用できる状態にあった」ことによって、裏づけられていた。「しかし、もとより技術がすべてであったわけではない。一五世紀の政治風土もまた地理上の発見や対外発展に適合的な状態にあった」。それには、「国民国家の出現」があり、またそのことは「カトリック教会の勝利」と表裏の関係にあった（三一-四頁）。

もう一つ、経済上の問題からも、新世界の発見へ駆り立てられていた。「地中海におけるヴェネツィア、バルト海におけるハンザ同盟の商業上の覇権は、その行く手に世界市場の開発を予期させるに十分であった」。一方、「旧い、封建的な秩序は農村でも覆されつつあり、一五世紀には毛織物工業の基礎となる牧羊業を展開すべく、領地はつぎつぎに囲い込まれた。…こうして農民は土地を喪失し、都市に流れて浮浪者や追い剝ぎとなった。別の見方をすれば、いまや彼らは、公正な手段によってであれ、欺瞞的な方法によってであれ、どこか新しい植民地に送り込むのにちょうど都合のよい人間と化したのである」。「一五世紀に生じた経済構造の変化は、さらに二つの点でコロンブスの探検に直接深く関わり合っていた。すなわち、一五世紀のうちにヨーロッパは地中海を舞台として、インドや中東から学んだ**製糖業**を、すでにかなり大規模に営んでいた、という事実が一つ。実際、主産地となったシチリアやキプロスでは、大プランテーションと大製糖工場が生まれていたのである。/もうひとつの事実は、ヨーロッパが初めはイスラム教徒によるスペイン支配の結果として、次いでポルトガル人による西アフリカ征服の結果として、すでに植民地労働力の使役に経験を有していたことである。ポルトガル語の〈働く〉という動詞が、〈イスラム教徒の如く働く〉という意味に変化してしまった一事をもってしても、その経験の程度はわかろうというものである。ギニア沖のサント・トマス島で、ポルトガル人はニグロの奴隷労働による大プランテーションを経営し、これを基礎に製糖工場を展開していた」（五‐六頁）。

「こうして、一四九二年八月三日、コロンブスがたった三隻の小型船――総船腹四〇〇トン、乗組員総数にして一〇〇人ばかりという――からなる船隊を率いて、新世界航路の最初の停泊地たるカナリア諸島にむけてスペインのパロス港を出港した背景には、ヨーロッパ人に固有の探検癖《ヴァンダールスト》と強烈な経済的衝動、不可欠な技術の発達、圧倒的な十字軍的情熱などがあった。さらに、このような企図をバックアップするのに不可欠な政治体制にも恵まれていたといえよう」。自身もニグロであるウィリアムズが強調したいのは、次のことである。「しかし、とりわけコロンブスが勇気づけられたのは、彼自身がもっていた次のような認識によってであった。すなわち、アフリカは労働力の豊庫［宝庫―来間］であり、しかも、ブラジルのジルベルト・フレーレが評したように、アフリカ人つまりニグロこそは、〈農業植民活動における白人の最大かつもっとも生産的な協力者〉となりうるはずだということ、これである」（六頁）。

8　コロンブスによる西インド諸島の「発見」

引き続き、ウィリアムズによる。「一〇週間に及ぶ航海ののち、一四九二年一〇月一二日、彼の探検隊はバハマ諸島を遠望した。最初に発見された島、つまり原住民のいうグアナハニ島は、コロンブスによってスペインの王と女王の名のもとに占領され、サン・サルバドルと名付けられた。このバハマ諸島からさらに航海を続行したコロンブスは、キューバ、エスパニョーラをまわってスペインに帰国した。その後も航海を重ねた彼は、カリブ海に散在する島々の大部分と南米の北部海岸を発見した」（七頁）。

ただし、この地域に到達したのは、コロンブスが初めてではない。ヴァイキングは北アメリカに、アフリカ人は南アメリカに、到達していた（ウィリアムズは、「発見」にカッコもつけないし、先住民がすでにいたという事実との関係で「西インド諸島の発見」を見直すことはしていない。ここで言っているのは、コロンブス以前に到達・発見した人たちがいたという事実である―来間）。「したがって、コロンブスの本当の功績は、彼がほぼ計画通りの航海に成功したという事実、さらにいえば、一〇年以上の永きにわたって、まるで地中海をでも航海するように、ヨーロッパとカリブ海のあいだを往来しえたという事実にこそあったといえよう」(七頁)。

コロンブスは、「アジアに到着したという信念」をもち続けた。「コロンブスは原住民を〈インド人〉と呼んだが、それがこんにちに至るまで新世界の原住民を指す言葉となっているのだし、〈西インド諸島〉という地名もまたそこから来たものである」(七-八頁)。

当初はスペインの王室から歓迎されたコロンブスであったが、「しかし、外国人であるコロンブスに対するスペイン人の嫌悪感、彼が巨富を得たことに対する嫉妬、部下の間に生じたいさかい、さらには彼の新世界統治のすすめ方への批判などが重なって、結局、彼は没落への途を辿らされたのである」。「一五〇六年五月二〇日、バリャドにおいて、彼は人知れず息を引きとった。/翌年、コロンブスに対してもうひとつ新たな、いわば最後の不当行為がなされた。すなわち、この年ドイツの一地理学教授がコロンブスの発見した新世界に名前をつけたのだが、彼が選んだ地名とは、フィレンツェの探検家アメリゴ・ヴェスプッチ(一四五一-一五一二)にちなむ〈アメリカ〉というのであった」。「一九世紀初頭に南米のコロンビア共和国が独立して国名に彼の名を頂くまで、コロンブスの名にちなんだ地名は、彼自身の発見になる新世界の何処にも見出せなかった」(八-一三頁)。

ウィリアムズは、コロンブスによって、西インド諸島がヨーロッパにもたらしたものとして、「金と砂糖」について詳述していくが、「沖縄史を読み解く」という本シリーズにおいては、それを紹介することは控えざるを得ない。ただ、砂糖の歴史は沖縄にも無関係ではないし、砂糖生産が当初から植民や奴隷労働と結合していたという事実は、記憶されなければならないことである。

9　ヨーロッパの北米大陸への進出

コロンブスに始まるスペインの海外進出は、当初は中米、そして南米、さらに北米の南部へと展開したが、アジアとの関係はずっと遅れる。今津晃《いまづあきら》『アメリカ大陸の明暗』（河出書房新社・文庫・世界の歴史17、一九九〇年）は、「コロンブスによる新大陸発見」といわれる状況と、その後の南北アメリカの歴史を描いているが、その中から二つの章句を紹介したい。

一つは、その後の北アメリカ（アングロ・アメリカ）と南アメリカ（ラテン・アメリカ）の、歴史の差異に関することである。今津はそれを「アメリカ大陸の明暗」とし、本書の表題にも用いている。まず、両者の「類似点」「共通点」を指摘したあと、「合衆国がすばらしい物質的潤沢を誇る国として現代資本主義国家の最先端をゆけば、総じてラテン・アメリカはすばらしい潜在的資源にもかかわらず後進性をよぎなくされ、国内ではいくたの政治不安にさらされているとともに、対外的には〈北方の巨人〉の圧力をひしひしと感じさせられている。／このような相違なり違和感なりこそが根底的な問題なのであり、それらは新世界が旧世界と出会った歴史そもそものはじまりからあたえられていた運命なのであった。それでは、両者のちがいはどのように説明できるのだろうか。／まず、注意すべき点は、スペイン人やポルトガル人の植民とイギリス人の植民との相違だ。コロンブスのアメリカ発見直後メキシコやペルーに突入したスペイン人たちは、いわゆる国外移住者《エミグラント》ではなかった。かれらは本国を永久にあとにしようとしたのではない。家族をともなわないたんなる冒険者として現地を略奪し、一攫千金を夢みていたまでのことだ。これにたいしてイギリス一三植民地、なかでもニュー・イングランドを建設した人びとはエミグラントであり、帰国の意志はなかった。かれらは家族とともに、新大陸に新しい社会をつくることを夢みていた。前者が絶対君主の召使いであったのにたいし、後者は共和主義的自治の理想を実現しようとした人たちであった」。以下は要約しよう。いずれも宗教的動機をもっていたが、北に来たのは宗教的圧迫を逃れるためだったが、南に来たのは土着民（インディアン・インディオ）にキリスト教への改宗を強要するためであった。土着民対策でも、北は外国人として対応し条約を結んだりしたが、南では彼らを国王の直接の臣下にしようとした。「植民そのもののはじめからあらわれた、これまでに挙げてきたような相違はなにに起因するのか。解答は明白だ」。植民者たちの「本国がどういう経済的・社会的段階にあったかということ」、その違いにある。「一六世紀初期のカスティリャおよびアラゴン両王国が、中世封建的要素を残していたのにたいし、一世紀半後の清教徒《ピューリタン》とイギリス王権との抗争は、近代社会をもたらす一八世紀諸革命の出発点だった」のである（三二―三四頁）。時代も一六世紀初期と、一七世紀後半という違いがあった。

もう一つ。「こうして、コロンブスの第一回航海の直後から、探検の船があいついで新世界に向かった。そして、その過程で、新世界とはどういうところかということが知られるようになり、探検も、北アメリカの北西海岸を除くほとんどすべての海岸地方におよぶようになった。探検は国家的な事業だから、ヨーロッパ諸国の支配者たちは進んで富裕商人層に手をさしのべた。こうしてコロンブスの発見につづく一世紀［一六世紀―来間］は、ヨーロッパ諸国が新世界に勢力圏をつくろうとする一大国際競争の最初の世紀となった。古くて豊かなアジア市場へ出かけるためのルートの発見、いまひとつは新しい土地、つまり黄金に富むと想像されていた新世界の収奪、これら二つが一大国際競争のはじまりのおもな理由だった。ヨーロッパ人の知識のなかに、地球上の新しいエキゾチックな領域を導入し、科学者、冒険家、宣教師、投資家たちにとって、新世界がどんなに魅力的であるかを認識させ、ちっぽけなヨーロッパを世界の主人公にするという破天荒な事業の第一歩を踏みこませたのが、この〈**地理上の発見**〉という時代なのであった」（六八頁）。

10　マゼランの船団、フィリピンに到達

スペインのマゼラン船団がフィリピンに到達した。鈴木静夫《すずきしずお》『物語　フィリピンの歴史―「盗まれた楽園」と抵抗の五〇〇年』（中央公論社・新書、一九九七年）による。マゼランの船団は、一五一九年八月一〇日、故郷のスペイン南部セビリアを発って、二六五人、五隻の帆船（小さな木造船）で、「大西洋を西に向かい、南米沿いに南下、現在ではマゼラン海峡として知られる南米の突端の水路を通って、太平洋に出ることに成功した」（一五頁）。

「史上有名なマゼラン船団の世界一周航海は、その全行程がアントニオ・ピガフェタによって記録されている。記録は驚くばかりに克明で、約五〇〇年前の西欧人の武力制圧の行動を知るためだけでなく、彼らと遭遇したアメリカ大陸、東南アジアの諸民族の歴史を知るうえでも、第一級の史料である」（一五頁）。

マゼランは、それ以前の一五一一年に、マラッカを占領したポルトガル軍に加わっていた。そのときエンリケ・デ・マラッカ（マラッカのエンリケ）という人物を奴隷として、セビリアに連れ帰ってきて、キリスト教に改宗させた、といわれている。このエンリケがフィリピン人たちとの通訳を上手にこなした（一九頁）。

一五二一年三月一七日、群島をなすフィリピンの中央部（東側）にあるサマール島に到着した。船団は一隻が難破、一隻が離脱したため、ここに着いたのは三隻だった。「マゼランが最初に会った現地人たちは、小船でやってきた」。「マゼランはこの時とばかり彼らに鈴、赤い帽子、櫛や鏡を贈った。彼らも魚、地酒、バナナなどを差し出した。島民は裸で、腰のまわりを形ばかりの布で覆っていた。男女とも髪を長く伸ばし、女はピアスした耳に金の飾りを付けていた」（一六－一七頁）。

「三月二八日、船団はリマサワ島に到着、マゼランはキリスト受難の聖金曜日に、土地の首長コランブとの血盟の儀式を行った。二人からとった血を地酒に混ぜて飲んだのである。…日没には全員が近くの丘に登り、木の十字架を建てた。ヨーロッパ人がスペイン王のために、この土地を占拠したことを示す象徴的な出来事であった」（一七頁）。

「四月七日、リマサワ島近くのセブ島に移ったスペイン船団は、ここでも首長フマボンと表面的には友好的な交歓を繰り返した。…フマボンの息子の家で開かれた夕食会では、太鼓やシンバル、銅線を張ったバイオリンの演奏もあった。娘たちは薄物をまとい、イスラム教徒のつけるベールをかぶっていた」。交渉があって、フマボンとその妻も洗礼を受けた。「受洗者の合計は男五〇〇人、女三〇〇人に達したという」（一七－一八頁）。

「セブ対岸のマクタン島の首長ラプラプは、フマボンの権威を無視していた」。フマボンの意をくんで、マゼランは大砲と火縄銃と六〇人の兵士でもって、ラプラプを攻めた。ところが、ラプラプ側は一五〇〇人、「数え切れないほどの弓矢を射かけ、鋭い竹槍や石の礫《つぶて》を投げつけ」てきた。右足に毒矢を受け、右手に矢を受け、刀で左足を払われて「マゼランは水中に倒れた」。「マゼラン軍の敗北で、フマボンの協力態勢にも変化が生じた」。敵対してきたのである。「船団は民家に発砲しながら、直ちにセブを出港した。人員不足のため、三隻のうちコンセプシオン号を近海で炎上させ、放棄した。モルッカ諸島でトリニダッド号が水漏れを起こし、結局、ビクトリア号ただ一隻が一五二二年九月六日、サン・ルカールに入港した。出発時の二六五人はピガフェタ［記録者―来間］を含むわずか一八人に減っていた」（二〇－二一頁）。

11　鉄砲の伝来

岸本美緒《きしもとみお》『東アジアの〈近世〉』（山川出版社・世界史リブレット、一九九八年）は、中国における火器の歴史を、次のように述べている（ほとんど原文のとおり紹介するが、火器の部分だけ「　」を付ける）。まず、一六世紀以前の東アジアにも、火薬を利用する火器は存在していた。「火薬」の発明時期については、九世紀の書にも見えるとされる。「武器として用いる火薬」については、一一世紀の北宋の兵書『武経総要』に「硫黄《いおう》・硝石《しょうせき》・木炭を基本原料とする〈火薬〉を用いた諸種の〈火球〉に関する記載がみえる」。一〇～一三世紀には、「火薬を使った火矢《ひや》や爆弾」、「竹などの筒に火薬をつめてその爆発力で弾丸を飛ばすという、鉄砲の原型」も使われていた。一三世紀には、「金属製の筒を用いた銃」も作られ、一四世紀にかけて、モンゴルによってユーラシアの広い地域に広まっていった。一四世紀の後半には、政府の兵器工場で、「全長三五センチ程、重さ二キロあまりの規格化された小型の銃」や、「全長一メートル、重さ数十キロの大型砲」など、「各種の大きさの火器」が大量につくられた。以下の部分は文章全体に「　」を付ける。「一方、モンゴルによって西方に伝わった火器は、ヨーロッパで度重なる改良をへて、一六世紀の初め以降、東アジア諸地域に逆導入されることとなる」（四九-五〇頁）。

その一六世紀以降に東アジアに導入された火器は、「小型の銃」（小銃）と「大砲」に分けられるが、中国では大砲が先行した。「仏郎機（フランキ）砲」である。「仏郎機」とは「ポルトガル」を指した言葉である、という。「一五二二年、ポルトガル船が広東沿岸で明軍と争ったさい、ポルトガルの二隻の戦艦と二〇余門の艦砲が明軍の手にはいった。その後この仏郎機砲を模して政府の兵器工場でつくられた各種の仏郎機砲は、北方の対モンゴル戦線でさかんに用いられるようになる」（五〇-五二頁）。

一方の「鉄炮（小銃）」の、東アジアへの伝来コースについては、よく分からないが、「日本については、一六〇六年に書かれた『鉄炮記』という文章が鉄炮の伝来にかんするほぼ唯一の詳しい史料である」ると述べて、その「大略」を紹介している。「この記述から、一五四三年に種子島に来航したポルトガル人によって日本に鉄炮が伝えられたということが通説となっている」という（五二-五三頁）。

しかし、「ただし書き」が続く。「朝鮮の史料によれば火炮を積んだ中国人の密貿易船は一五四〇年代には頻繁に東シナ海を往来しており、また、日本に現存する初期の火縄銃の形式がヨーロッパのそれよりも東南アジアのものと似ていることなどから、ポルトガル人経由の伝来よりも、東南アジアから倭寇の手で伝えられたルートの方を重視すべきだという説も近年有力である」(五三頁)。

そして中国への鉄炮(小銃)の伝播については、次のようにいう。「中国でも一六世紀の半ばから、新式の火縄銃すなわち日本でいう鉄炮が使用されるようになったが、これを中国では〈鳥銃〉と呼んだ」。その中国への伝来「ルートはかならずしも明らかでない」。いろいろと説はあるが、「現在のところは、一五四八年、当時の密貿易の拠点であった双嶼《そうしょ》を明軍が掃討したさいにえた倭銃が中国への鳥銃伝来の最初であるという説が有力なようである」としている。ポルトガル説もあるが、「仮にそれ以前ポルトガルの火縄銃が中国の一部に知られていたとしても、火縄銃が中国で普及するきっかけは、一六世紀半ばの明と倭寇との戦いのなかで、倭寇のもつ火縄銃の威力が明当局に認識されたことにあるといえよう。一五五八年には政府の兵器工場で、一万丁の鳥銃が制作されている」(五三-五五頁)。こうして「倭寇からの導入説」が語られる。

「一六世紀の後半は、日本でも中国でも、新式火器を主力とする軍隊の建設をめざして多大な努力がおこなわれた時期である」(五六頁)。

村井章介《むらいしょうすけ》は、日本への鉄砲の導入について、『海から見た戦国日本—列島史から世界史へ』(筑摩書房・ちくま新書、一九九七年)で触れ、さらにその改題増補版『世界史のなかの戦国日本』(筑摩書房・ちくま学芸文庫、二〇一二年)を出したが、最新の著書『日本中世境界史論』(岩波書店、二〇一三年）で、次のように整理している。第III部「第二章「鉄炮伝来再考」は『東方学会創立五〇周年記念東方学論集』（東方学会、一九九七年七月）に発表した論文で、日本・中国・ヨーロッパに残る関連史料をつきあわせて、一五四二年鉄砲伝来説を提起した。その当否はともかくとして、以後現在にいたる鉄砲伝来研究隆盛の呼び水となった。なお、以上二編［もう一つは同書第III部第一章「中世倭人と銀」］については、かみくだいた叙述が拙著『世界史のなかの戦国日本』（ちくま学芸文庫、二〇一二年）第五章・第四章にある。第三章〈鉄砲伝来研究の現在〉は、a〈鉄炮はいつ、だれが、どこに伝えたか〉（『歴史学研究』七八五号、二〇〇四年二月）、b〈鉄砲伝来と大分〉（大分先哲史料館『史料館研究紀要』九号、二〇〇四年六月）、c〈鉄砲伝来研究の現在〉（二〇〇六年一一月四日の東方学会第五六回全国会員総会（京都市）および二〇〇八年八月二三日のシンポジウム〈鉄砲伝来・今よみがえる種子島〉（西之表市）の講演レジュメ）の三者を統合・増補して書き下ろした新稿。1・2・3・6節がa、5・7節がb、2・4節がcを下敷きにしている。〈鉄砲伝来再考〉発表以降の諸説乱立を解きほぐし、現在の筆者の考えを示した」（序言、vi頁）。

村井は、宮地正人編『日本史』（前出）のなかで、次のように簡潔にまとめているので、これによって描くことにする。「ポルトガル人によって種子島《たねがしま》に伝えられた鉄砲が、堺《さかい》商人や根来《ねごろ》衆を通じて各地の戦国大名に広まり、動乱の帰趨に大きな影響をおよぼしたことは、よく知られていよう。その伝来の情景については、『諸国新旧発見記』などにみえるポルトガル人情報に、『籌海図編《ちゅうかいずへん》』などの明史料、『鉄炮記《てっぽうき》』などの日本史料をつきあわせることによって、つぎの諸点が判明する。

①ポルトガル人の種子島初来は、『鉄炮記』のいう天文癸卯（一五四三〈天文一二〉年）ではなく一

五四二（天文一一）年だった。②ポルトガル人は翌年再度種子島にきて、銃底の密塞技術を伝え、これによって鉄砲（種子島銃）の現地生産が始まった。③彼らを乗せてきた船は、二度とも王直《おうちょく》のもので、王直は一五四〇年より五、六年間〈日本・暹羅《シャム》・西洋等の国に抵り、往来互市〉したあと、双嶼《そうしょ》にあらわれて許棟《きょとう》の倭寇集団に加わった。／ポルトガル人の出発地はシャムのアユタヤであり、乗っていた船は中国式のジャンクであり、船の持ち主は中国人海商であった。ポルトガル人は、この船に便乗して浙江《せっこう》省沿海に赴き、密貿易に参入しようとしたが、嵐にあって日本列島南辺に漂着したのである。鉄砲伝来が、倭寇勢力の担うアジアの交易ネットワークで生じたことが明らかだ」（二二五-二二六頁）。

最新の文献、藤井譲治《ふじいじょうじ》『戦国乱世から太平の世へ』（岩波書店・新書・シリーズ日本近世史①、二〇一五年）は、次のように述べている。日本への鉄砲伝来について、種子島時堯《たねがしまときたか》の事蹟を顕彰するために慶長一一年（一六〇六）に書かれた『鉄炮記』によって「天文一二年」とする従来の説を紹介しつつも、「これに対しヨーロッパ側の史料から、天文一一年に中国のジャンクに乗り込んでいた三人のポルトガル商人によって伝えられたとする説がある。さらに近年、鉄砲の実物資料を広く海外にも調査を広げ研究した宇田川武久氏［『鉄砲伝来』中央公論新社・新書、一九九〇年］は、「朝鮮実録」等の記事や遺された鉄砲の装備から、その伝来を倭寇によるものとする。村井章介氏は、こうした研究の流れを整理し新たな史料を加え、なお問題点が残るものの、天文一一年を鉄砲伝来の年とするのがより蓋然性が高いとする」と述べている。また続けて、「種子島に伝えられた鉄砲は、種子島から西南九州へと伝わり、さらに天文末年には京都にも姿をみせる。しかしこの段階では贈答用のものであり合戦に使用されてはいない。合戦における鉄砲使用は、まず薩摩島津氏、ついで豊後で、弘治三（一五五七）年ころには毛利氏が使用し、永禄五年（一五六二）の史料には〈鉄砲《てっぽう》放中間《はなちちゅうげん》〉の語がみられ、鉄砲の軍事的使用が急速に進んでいたことが窺える。／鉄炮の製造は、まず種子島で始まり、その後、紀伊根来寺《ねごろじ》、和泉堺そして近江国友《くにとも》へと伝わり、合戦の場での使用が広がっていく。長篠の戦いでの大量の鉄砲使用はそれを象徴するが、鉄砲使用は、長篠の戦いの翌年石山本願寺を攻めた織田軍が本願寺側の鉄砲で打ちのめされたように、信長の専売特許ではない」と述べている（二九-三〇頁）。

12　キリスト教の伝来

羽田正『東インド会社とアジアの海』（前出）によって記す。「ポルトガル人の東方進出は、キリスト教と切り離して考えることができない。そして、キリスト教の問題は、一七世紀以後の東アジア海域の状況を考えるときに非常に重要である」（一二三頁）。

一五世紀に、ローマ教皇はポルトガル国王に、新発見の各地でのキリスト教布教を奨励し、「布教保護者」に認定していた。それは、布教に必要な諸条件を調えて、同行する聖職者たちに利便を図る者のことである。「一五三四年に、ポルトガル国王の領有するゴアに司教区が設けられたのは、そのような事情による。東インドでのキリスト教の布教が、ポルトガルの領土獲得とセットとなっていた」のである（一二四頁）。

その同じ一五三四年に、「パリでイエズス会が創設される」。これは、ヨーロッパで始まっていた「キリスト教改革運動」（宗教革命）に対抗するために組織されたものであった。イエズス会の特徴は、「ローマ教皇に絶対的な忠誠を誓い、会員に厳格な規律を要求するとともに、海外への戦闘的布教を重視する」ところにあり、ポルトガル国王に注目され、インド行きを命じられる。この命によってインドに渡ったのが**フランシスコ・ザビエル**であり、時は一五四二年五月六日であった。イエズス会会長のイグナチウス・ロヨラは「私の意図するところは、異教の地をことごとく征服することである」と述べている（一二五頁）。

そのザビエルが日本に来ることになったのは、次の事情による。「南インドで三年、マラッカやマルク諸島などの東南アジアで三年の布教活動を行ったザビエルは、思うような成果をあげることができず、辛い日々を送っていたようだ。その境遇を変えたのは、日本人キリスト教徒アンジローとのマラッカでの出会いである。彼からえた情報によって新天地日本での布教を有望とみたザビエルは、アンジローの手引きによって一五四九年にマラッカから日本に向かう。ポルトガル人がはじめて種子島に漂着してからわずか六年後のことである。すでにその時点でアンジローのようにいったんゴアまで行ってカトリック教徒になっていた日本人がいたことは興味深い。明帝国の役人朱紈が密貿易商人掃討作戦を展開した直後であり、マカオはまだポルトガル人の手にない。ザビエルを乗せたジャンク船は、中国沿岸の港に寄港することができないままに日本列島へと向かい、八月に鹿児島に到着した」（一二五頁）。

なお、松尾千歳《まつおちとし》は『〔新版〕鹿児島県の歴史』（前出）の中で、次のように述べている。のちに

「ザビエルの依頼をうけ『日本情報』をあらわ」すことになる「ポルトガル商人ジョルジェ＝アルヴァンス」が、天文一五（一五四六）年に鹿児島の山川に来航していて、「山川からマラッカに戻るさい、鹿児島の青年ヤジロウ（Anjiro）を連れ帰りザビエルに紹介した。ザビエルはアルヴァレスから日本に関する情報を聞き、さらにヤジロウと会って日本布教を決断したのである。そして、一五四九年、ヤジロウとともに鹿児島に上陸しキリスト教を日本に伝えた。ザビエルの鹿児島滞在は一〇カ月あまりで、多くの信者を得、その後平戸・京都・山口・府内《ふない》（大分）でも布教活動を行い、一五五一年日本をはなれた。なおそのさい、鹿児島の青年ベルナルド（Bernardo）は、インドのゴアまで同行し、さらにポルトガルのコインブラにある修道院にはいった。彼は日本人初の西欧留学生であった」（一五五－一五六頁）。

羽田に戻る。「ザビエルは日本に滞在した二年三カ月の間に、鹿児島から平戸、山口、堺を経て京都に至り、山口に戻った後豊後《ぶんご》（大分）を訪れている。山口、京都を除くとすべて貿易港である。また、山口は日中間の勘合貿易を掌握していた大内氏の城下町、京都は海外貿易を管理しているはずの天皇と室町政権の所在地である。彼が訪れた場所を知れば、ザビエルの行動がポルトガル船による貿易と密接な関係を持っていたことが分かるだろう。彼が日本に赴くにあたって、マラッカの長官は一行の渡航費、二年間の滞在費、教会の建設費として、精選された胡椒三〇バレル（五七〇〇キロ）を用意したという。日本ではそれほど役に立たないこの商品を生活必需品と交換しなければ、彼は生きていけなかった。本人の熱烈な布教の意志は別として、訪れた日本では、ザビエル一行は当初はなかば商人と見なされたのではないか。日本の言葉を話さない彼に代わってアンジローらの弟子が説くキリスト教の教えが、海外貿易と何も関係を持たないと感じる人は少なかったに違いない」。ともあれ「日本におけるイエズス会の布教とポルトガル人の貿易は、当初から切っても切れない関係にあった」（二二六－二二七頁）。

上田信《うえだまこと》『海と帝国―明清時代』（前出）は、ザビエルについて、「日本滞在二年三カ月でゴアに戻り中国布教を志し、一五五二年に中国布教のために広東港外上川島に着いたものの入国を許されず、マラリアと思われる病気のために同地で急死した。遺体はゴアに移送されて葬られた」と記している（二一五－二一六頁）。

13　東南アジアの中国人社会の変化

中国人は、かなり早い時代から、東南アジア地域にも進出していた。そして、時代の進展とともに、くりかえし進出していった。いわゆる「華僑」である。一四世紀後半からは沖縄にもそれはいた。「僑」は「①たびずまい。他郷における居住。②たびずまいする。また、他郷に何年も滞在していること。③故国を離れて他国に居住している人。出稼《でかせ》ぎ人《ニン》。〈華僑〉」のことである（新漢語林）。

川崎有三《かわさきゆうぞう》『東南アジアの中国人社会』（山川出版社・世界史リブレット、一九九六年）は、そのような華僑社会がヨーロッパ人のアジア進出にともなって、どのように変化したかを、次のように描いている。

まず、以前はこうであった。一五世紀のマラッカ王国にも、一四～一八世紀のアユタヤ朝（タイ）にも、「継続的な中国人コミュニティ」があったが、その成員の数は「たかだか数千から数万人の規模であった」し、それが「地域社会に与える影響は限られて」いた（二〇頁）。

「状況が大きく変わる変換点となったのは、一六世紀以降東南アジア地域が少しずつ植民地化されていったことである。東南アジアで唯一伝統的な王国を生み出すことがほとんどできなかった**フィリピン地域**にメキシコから太平洋を西進してスペイン人が到来し、マニラを拠点とする植民地支配体制をつくりだすと、そこにも中国人コミュニティが形成されていく。マニラの中国人たちは商人のほかにも職人や技術者たちも多くいて、相当程度に自立的なコミュニティがつくられていたことがうかがわれる。／スペインにつづいて、ポルトガルがインドをへて東進し、**マレー半島**に強盛を誇っていたマラッカ王国を半島南部に駆逐した後も、すでに定着的なコミュニティを形成していた中国人たちは、継続してそのコミュニティを発展させていった。…／つづいて、オランダが**ジャワ島**のバタヴィア（現在のジャカルタ）に植民地支配の拠点をかまえると、ここにも中国人コミュニティが形成されていく。／イギリスのインドへの進出、マレー半島のマラッカの奪還、**ペナン島**の開発、**シンガポール**の建設という一連の事態につづいて起こったのは、マラッカ在住の中国人たちのペナン、シンガポールへの移住による発展であった。／フランスの**インドシナ地域**進出に付随してサイゴン（現在のホーチミン市）、プノンペン、ヴィエンチャンという都市にも中国人たちは進出していった」。「このようにして一六世紀から始まった植民地化の初期においては、植民都市の建設とその都市における中国人コミュニティの形成が起こった」（二一―二三頁）。

ヨーロッパ勢力による力の支配と、この中国人コミュニティとはどのような関係にあったのか。「この時期の特徴は中国人の媒介者的な性格が顕著になることである。ヨーロッパ勢力と現地住民のあいだに立って両者を媒介することが、中国人たちの大きな役割になっていく。買弁的な性格は、現地にあって現地人ではないという中国人の曖昧な性格をそのままあらわしている」(二一四頁)。

第二節　「交易の時代」の東南アジア

1　東南アジアにおける諸商人の絡み合い

「ポルトガルとスペインのアジア海域参入により、経済上、ヨーロッパ、アジア、新大陸が結ばれるようになり、かつポルトガル、スペインの独占交易体制は限定的な地域でしか実行力がなかったため、アジアでは諸地域間の交易活動が活性化し、そこではたすアジア商人の役割が重要となった」。弘末雅士《ひろすえまさし》「交易の時代と近世国家の成立」（前出、池端編『東南アジア史Ⅱ島嶼部』）は、このように述べている（一〇二頁）。ポイントは、①ポルトガル、次いでスペインがアジア海域の交易に参入してきたが、そのことによって、ヨーロッパとアジアが結ばれただけでなく、スペインを介して新大陸（中南米）とも結ばれたのである。これが「世界史の成立」（本章第五節）ということである。②しかし、アジアにおけるポルトガルとスペインの交易体制は、かれらが「独占」を求めても思うようにはいかず、実際上活躍したのは「アジア商人」であったのである。

この東南アジア市場には、**オスマン帝国**も参入してきた。オスマン帝国は「オスマン－トルコ」とも呼ばれ、一四五三年にビザンチン帝国（東ローマ帝国）を滅ぼしたイスラム国家であり、最盛期は一六世紀、領土はアジア・アフリカ・ヨーロッパにまたがっていたが、一七世紀から衰退に向かった。その「オスマン帝国が一五三〇年代以降、紅海経由地中海ルートを発展させ始めると、北スマトラの**アチェ**が勃興し、遅くとも三四年以降、オスマン帝国と直接接触を始めた」。こうして、アチェはポルトガル領ムラカと抗争するようになる。アチェは、スマトラ島の西岸を通ってスンダ海峡とつながり、スマトラ島の胡椒・金・森林産物が輸出されるようになった。胡椒の元々の主産地はインド東部であったが、このころからスマトラでの栽培が増加していった。西ジャワでも、バンテンをはじめ各地で、ポルトガルに対抗してムスリム商人や中国人商人を引きつけて、交易を展開した。バンダ諸島では丁子《ちょうじ》や肉豆蔲《にくずく》を、マルク諸島では丁子を、それぞれバンダ商人やマルク商人が主体になってその交易を活性化させた（一〇二―一〇三頁）。

2　島嶼部港市国家の諸相

引き続き、弘末雅士「交易の時代と近世国家の成立」によって、一六世紀ころからの港市国家の様相を描く（一六世紀後半を含む、図3-2）。

「東西海洋交易活動が活性化した東南アジアでは、ムラカ陥落［一五一一年―来間］後も島嶼部各地に繁栄する港市が誕生した。それにより、以下に述べるような港市国家が隆盛するとともに、港市とネットワークを形成した内陸部に農業社会が展開する」（一〇五頁）。

アチェは、すでに見たように、スマトラ島北端にあり、オスマン帝国と直接交易をはじめるなど、「東南アジア島嶼部における反ポルトガル勢力の代表的存在となった」。アチェは一六世紀の前半期

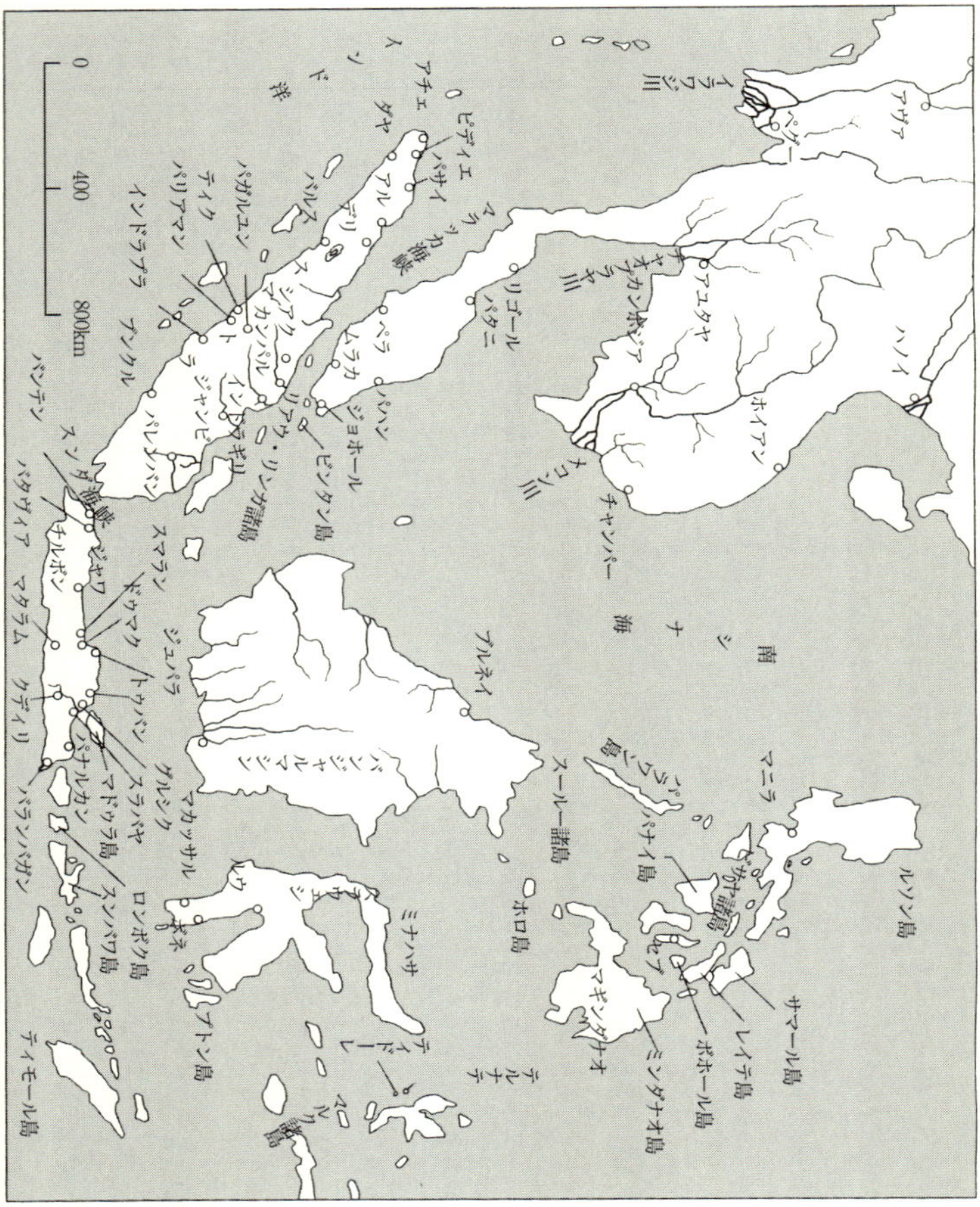

図 3-2　15～17 世紀東南アジアの主要港市と内陸都市

（出典）　弘末雅史「交易の時代と近世国家の成立」，池端雪浦編『東南アジア史⑪島嶼部』（山川出版社，世界各国史 6，1999 年，93 頁）．

に、北スマトラの諸港市（ピディエ、パサイ、ダヤ、バルス、バタ、アル、バリアマンなど）を影響下におくようになった。また、ポルトガルの拠点であるムラカを三度にわたって攻撃している（成功せず）。マラカの東隣りのジョホールをも攻撃している。アチェは「当時の東南アジアのイスラームの中心地でもあった」。**バンテン**は、ジャワ島の西端にあり（スマトラとジャワの間にスンダ海峡がある）、一五二七年に、スンダ・クラパを獲得しようとしたポルトガル人勢力を追放して、「ここをジャヤカルタ（通称ジャカルタ）と改名した」。「バンテンは南スマトラの胡椒産地ランポン地区を影響下にお」き、パジャジャランを征服したが、こうして「西ジャワおよび南スマトラの胡椒産地を影響下においたことにより、バンテンは繁栄の時期をむかえた」。**ジョホール**は、マラカの東隣り、マレー半島の南端にあり、一五三〇年ころに建国された。アチェのところで見たが、ジョホールはアチェと対立していた。それはスマトラ島の東岸地域のカンパル、インドラギリという重要な港市への影響力をめぐるものであった。ジョホールはまた、ポルトガルとも対立していた。**パタニ**は、マレー半島中部の東岸にあり、シャム湾に近接している。アユタヤとジョホールの中間にあたる。ポルトガルによるムラカ占領が、その後の中国・琉球・シャム・ジャワの商人の寄港地となり、胡椒・金・食糧の交易で隆盛した。もともとはシャムの勢力下にあったが、一六世紀後半にはそれを脱した。**ブルネイ**は、ボルネオ（カリマンタン）島の北部にあり、この島の代表的な港市国家である。ここもムラカがポルトガルに占領されたのちに、各地の商人を引きつけた。一六世紀のなかばに、ブルネイ王自身のイスラーム改宗が進行した。その後はフィリピン諸島やチャンパー（ベトナム中部）などに「イスラーム伝道師を派遣する布教センターのひとつとなった」。やがてスペインがブルネイに侵攻したりすることがあり、しだいに影響力を後退させていった。**マカッサル**は、ボルネオ島の東、スラウェシ島の南端にあり、後背地に米作地帯を有し、港市国家として台頭した。「一六世紀の中ごろには、マカッサルは米と奴隷の輸出に依り、ポルトガル人、ムラユ人、ジャワ人、インド人、バンダ人らの寄港地となった」。マカッサル王国が隆盛期を迎えるのは一七世紀である。**テルテナ**は、スラウェシ島のさらに東、マルク諸島にある一つの島である。イスラームの国である。当初はポルトガル人をも歓迎したし、後にスペイン人、中国人などの来航も増えていった。「だが、ポルトガルのカトリック化および香料独占の政策が、やがてテルテナ人のあいだにポルトガルへの反感を生じさせた」。ポルトガルによって、一五七〇年に王（スルタンを名乗っていた）を殺害されて、反感は「極みに達し」、七五年にテルテナ島からポルトガルを追放した。**ティドーレ**は、テルテナ島のすぐ南に近接した島で、「北マルク諸島の南東部からニューギニア島にかけて影響力をもっていた」。テルテナとはライヴァル関係にあり、テルテナがポルトガルを追放してからは、ポルトガルに拠点を構えるのを許した（一〇五–一一三頁）。

一七世紀に入ると、ポルトガル・スペインに代わって、オランダが進出してくる。

3　港市と農業

さらに、同じく弘末雅士「交易の時代と近世国家の成立」によって、一六世紀（一六世紀後半を含む）の港市国家と、背後地の農業との関係を描く。

「港市は香辛料や森林産物、金、食糧などを産出する空間を必要とした。港市の繁栄はしばしば内陸部に豊かな農業空間を形成させた。そして、そうした農業空間にもしばしば王国ができた。そこで多くの人口をかかえることができた場合には、逆に内陸王国が港市を影響下におくこともあった」（一一五頁）。

その例として**ジャワ島**を挙げている。「ジャワ島では、一六世紀前半にドゥマクが、一六世紀後半から一七世紀初めにはジュパラ、スラバヤが米の輸出港として繁栄した」。これらは港市である。その背後地に「二つの農業国家が台頭した」。パジャンとマタラムである。いずれも前代の「マジャパヒト王国の後継者」とされている。一六世紀の後半には、マタラムがパジャンを併合した。「マタラムは、港市との関係を強化するため、沿岸部への影響力の拡大を試みた」。ドゥマク、ジュパラがそれである（一一五‐一一六頁）。

「この時期、港市の内陸部では、農業空間が発展をとげた。河川の河口付近に位置した港市の上流部は、豊かな森林産物や胡椒の産地であったり、水田耕作や焼畑の可能な地であった。一般に港市は、内陸後背地の産地と強固な商業ネットワークを形成したが、港市自身はほとんどが食糧を輸入に頼っており、内陸部にまでそれを輸送することは、一九世紀の後半までまずなかった。このことは、内陸部は港市の産物を搬出しつつ、同時に自らの生産活動を保障できる食糧を生産せねばならないということを意味した。こうした状況下、島嶼部内陸部に豊穣をもたらす権威が台頭する」。その例が挙げられている。スマトラ島中央部の山間盆地に生まれたミナンカバウは、「スマトラ東岸を介してムラカに金や森林産物を搬出した」。しかし一六世紀中葉以降は、アチェの隆盛によって「北スマトラでの影響力を後退させざるをえなかった」。そしてアチェも、「胡椒や金を搬出した内陸部の権威を無視できなかった」（二一七‐二一八頁）。

4 「前期アユタヤ」の崩壊

一六世紀初頭に進出してきたポルトガルによって、「ビルマ世界にもおおきな影響」があった。石井米雄「前期アユタヤとアヨードヤ」（前出、池端ほか編『東南アジア古代国家の成立と展開』）は、次のように述べている。ビルマも、ポルトガルによって「銃火器と、これを操作して在地権力に奉仕するポルトガル人傭兵の活用が強大な統一政権の成立を助け」、アヨードヤ（前期アユタヤ）はその攻撃を受けて滅亡する（二五一頁）。

これを、ビルマの側から見る。いったん統一王朝（パガン朝）が崩壊した後、分裂していたが、「その再統一を果たしたのは、…第一次タウングー朝である」。この王朝は、「南方の沿岸諸港市を支配し、海上交易によって獲得した銃火器とポルトガル人傭兵隊の戦力を、伝統的用兵［戦いで軍隊を動かすこと―広辞苑］と巧みに結合させるによって得た強大な軍事力をもって、対抗地方権力をつきつぎに制圧することに成功した」。こうして、現代のビルマ地域だけでなく、「インド北東端のマニプール、雲南、ラオスそしてアヨードヤを含む広大な地域」を支配下に置いた。そして海域世界への参入をねらって、「ペグーに遷都した」。南へ北へとつぎつぎに戦闘をくり広げ、一五六八年以降、何度かのアユタヤ攻撃の末、一五六九年に崩壊させた。「一三五一年以来、二一八年にわたって強盛を誇ったシャム人の王国〈前期アユタヤ〉は、かくして終焉を迎えた」(二五一–二五三頁)。

第三節　「東アジア世界」の明・朝鮮、そして日本

1　「東アジア世界」と「東南アジア世界」

岸本美緒《きしもとみお》「東アジア・東南アジア伝統社会の形成」（樺山紘一《かばやまこういち》ほか編『東アジア・東南アジア伝統社会の形成』岩波講座 世界歴史 第13巻、一九九八年）は、「なぜ、これらの地域を〈東アジア世界〉〈東南アジア世界〉として取り上げるのか」と問い、次のように答える。「〈東アジア世界〉〈東南アジア世界〉という語はいずれも、近年の歴史学において自覚的に用いられてきた言葉である。そこには、ある国の歴史を〈国家〉の枠内で孤立的に描くのではなく、より広い文化圏における相互交流のなかでダイナミックに展開してきたものとしてとらえようという視点がある」。「同時に、〈東アジア世界〉〈東南アジア世界〉という語は、前近代世界史を、その地域に住む人々自身の主体的な営みのなかでとらえ直そうとする試みともかかわっていた」。「従来、中国文明やインド文明の伝播という問題関心において、またヨーロッパによる植民地支配の対象として、受動的にとらえられがちであったこの地域の歴史のなかに、地域としての固有性と自律性を発見してゆこうとする極めて意識的な問題関心が、そこに存在したのである」（弘末雅士「東南アジア世界」溝口雄三ほか編『アジアから考える 1 交錯するアジア』東京大学出版会、一九九三年）。〈東アジア世界〉〈東南アジア世

界〉という語は、〈国家〉の枠を越えたより広い脈絡を重視する〈ひろがり〉の意識と、そこに生きる人々に共有された独自の文化に着目する〈まとまり〉の意識の交差するところに生まれてきたものだということができる」(三–四頁)。

次に、なぜ「東アジア世界」と「東南アジア世界」がともに「一つの〈世界〉」としてとらえられるのかという問題については、次のように述べている。まず「**東アジア世界**」であるが、西島定生《にしじまさだお》は、その「文化的指標」として「①漢字文化、②儒教、③律令制、④仏教を挙げ」、また「それらが中国王朝の政治的権力ないし権威を媒体として広まっていった、という側面—すなわち〈東アジア世界〉の政治的構造様式としての〈**冊封《さくほう》体制**〉の存在—にも注目している」という。「西島によれば、中国を中心とし、朝鮮・日本・ベトナムおよび、モンゴル高原とチベット高原の中間の西北回廊地帯東部を含んで形成された〈東アジア世界〉は、一九世紀にヨーロッパ資本主義の波が東アジアに及ぶまで、その自己完結性を保った、とされる〔『中国古代国家と東アジア世界』(東京大学出版会、一九八三年。のち西島『古代東アジア世界と日本』岩波書店・現代文庫、二〇〇〇年に収録)〕」(四頁)。

「一方、〈**東南アジア世界**〉が何をもって一つの〈世界〉と見なされるのか、ということについては、東南アジア研究者のなかで繰り返し議論がなされてきた。南北の大きな気候差をもつ〈東アジア世界〉に比べると、東南アジアは気候的にはほとんどが熱帯・亜熱帯地域に属し、豊かな農業資源をもつ高温多湿の地域であるという点では共通している。しかし、〈東アジア世界〉を結びつけていたような文字・思想・宗教・制度の共通性や単一の中心をもつ政治秩序というものは、〈東南アジア世界〉にはほとんど見られない。それぞれの地域固有の聖霊信仰にイスラーム教・仏教などが重なりあった多重的な宗教分布と多様な政治文化、ゆるやかな社会統合と小規模な政治体の並存といった、一見したまとまりのなさがむしろ、東南アジアの特色なのである。それにもかかわらず、東南アジアの生活文化—例えば米と魚を主とする食生活、高床式住居、腰巻スタイルの衣服から檳《びん》榔《ろう》の実を噛む習慣に至るまで—は、この地域に独特の共通の風貌を与えているのであり、それは穏やかな海を通って古来盛んに行われた交流の結果といえよう〔前出、リード『大航海時代の東南アジア』I〕」（四-五頁）。

それでも両者は一六世紀以後の歴史において密接な関係をもつようになる。だから、両者を統一的に描いてみたい、という。「本巻で〈東アジア世界〉〈東南アジア世界〉を併せて扱うのは、前述のような両者の特質の違いにもかかわらず、両者が一六世紀以後にもった密接な関係に注目するからである。一六世紀から一七世紀の初めにかけての東シナ海・南シナ海は、煮えたぎる坩《る》堝《つぼ》のように国家や文化圏の境が曖昧になり、人々が入り交じっていた海域であったということができる。そのなかから、東アジアでも東南アジアでも新しい国家の枠が固まってくるのが一七世紀から一八世紀である。一五世紀、明代前期までの東アジアの動きが乾燥アジアを主軸に展開していたとすれば、一六世紀からはむしろ海を中心として、活発な交易が営まれ、諸勢力が対立抗争し、政治的統合の動きが展開する。陸から海へという重心の推移に注目して、この時期の東アジア・東南アジアの歴史を一つの視野のもとで描いてみたいと思うのである」（五頁）。

2　朝鮮・世祖のクーデタと制度改革

一五世紀半ばにさかのぼる。一四五三年、朝鮮では王権の弱体化を阻止するために、幼帝を廃するクーデタが起きた。山内弘一《やまうちこういち》「朝鮮王朝の成立と両班《ヤンバン》支配体制」（武田幸男《たけだゆきお》編『朝鮮史』山川出版社・新版 世界各国史2、二〇〇八年）は、次のように述べている。「世宗《セジョン》は晩年、病気のため政務を世子（のちの文宗《ムンジョン》）に委ねた。この世子の代理聴政では、書筵を通じて世子の教育にあたってきた集賢殿の官員の政治的発言力が増し、この傾向は文宗即位後さらに強まった。文宗は在位わずか二年で世を去り、一二歳の世子（のちの端宗《タンジョン》、在位一四五二～五五）があとを継ぐと、文宗遺命によって王の補佐役として重視された議政府が政治の中心となり、これに世宗の遺臣の集賢殿の官員やその出身者が強力に参画することになった。幼少の国王のもと、六曹から国王に直啓する制度も廃止された。この状況に不満をもった世宗の次男首陽大君《スヤンテグン》（のちの世祖《セジャ》、文宗の弟、端宗の叔父、嫡出の王子は〇〇大君、庶出の皇子やそのほかの王族は〇〇君の称号をもつ）は、…一四五三年一〇月、クーデタを起こし（癸酉靖難《きゆうせいなん》）、議政府の重臣…らを殺害、反目していた弟の安平大君《アンピョンテグン》をも追放し、のちに死をたまわった。首陽大君は、自ら議政府、吏曹、兵曹の長官を兼職して完全に実権を握り、一四五五年には端宗から位をゆずられて即位した（在位一四五五～六八）。翌年、端宗の復位計画が露見して成三問らが処刑され、七〇人以上が連座する事件が起こった（車裂きの刑を受けた成三問ら六人は、のちに死六臣と呼ばれた）。これには集権殿の関係者が多くかかわっており、世祖はこれを機に集権殿や経筵を廃止し、さらに上王（端宗）を魯山君に降格して追放、結局自殺に追い込んだ」（一七三―一七四頁）。

武官が反旗をひるがえす事件もあった。また、「王位を簒奪《さんだつ》した世祖に出仕することを拒んで、儒教的な節義を重んじる数多くの官僚も政界を離れて下野《げや》した（下野した…六人は、のちに生六臣と呼ばれ、死六臣とともに忠臣の代表的存在とされた）」。これが「のちに地方に**士林《しりん》勢力**が登場する一因となった」。「彼らは当時の父母双系的な家族制度のもと、母または妻の故郷に移住することも多く、儒教的な価値観が地方に普及する契機となり、しだいに開拓などによって農荘《のうしょう》を拡大して在地の支配力を強め」ていったからである。他方、申叔舟《シンスクチュ》など、「世祖を補佐しその功臣として治世の確立に大きな業績をあげた」人びともあり、「おもに首都付近に居住し、広大な農荘と多数の奴婢を所有し、各種の特権を利用して政治的・経済的基盤を固めた」。この流れが、「のちに士林と対立する勲臣と外戚威臣の勢力、すなわち**勲旧《くんきゅう》派**の主要部分を形成した」（一七四―一七五頁）。

朝鮮では、中央では議政府を頂点とした行政機構が整えられるとともに、「地方は全国を、京畿《キョンギ》、慶尚《キョンサン》、全羅《チョルラ》、忠清《チュンチョン》、江原《カンウォン》、黄海《ファンヘ》、平安《ピョンアン》、永安《ヨンアン》（当初は永吉《ヨンギル》。永安をへて咸鏡で定着）の八道に分けて（八道の語が朝鮮全土を意味するようになった）、その下に行政区画として、全国で三三〇余りの府、牧、郡、県がおかれた。これらは道の傘下にある並列の単位で、邑《コウル》または郡《コウル》と通称され、その行政の中心となる庁舎所在地も邑、邑集落、邑内と呼ばれた」。中央から地方へは役人が派遣されるが、「地方の両班《ヤンバン》、とくに同族と結託するのを防ぐため、自己の出身地には赴任を許されず任期も制限された」。在地には両班と、そのもとで実務を担当する「郷吏」があったが、そこに中央役人（「守令《しゅれい》」と通称される）が派遣されてきて、郷吏を隷属させていく傾向がみられるが、かれらは「地方社会で隠然たる勢力をもった」（一七六―一七七頁）。

両班については、第三章第五節で扱う。

3　朝鮮と中国・日本との関係

引き続き、山内による。「明にたいして朝鮮は事大の礼の実践として毎年、正朝（元旦）、聖節（皇帝の誕生日）、千秋節（皇太子の誕生日）、冬至の四回、定期的に朝貢使節を派遣し、このほかにも謝恩、奏請、進賀、進香などの臨時の諸使節があった。使節には学識豊かな文官が任命され、明でさかんに文化的交流がおこなわれ、帰国後提出された報告書などを通じ、明の情報がもたらされた。使節は明との官貿易の機会でもあった。海禁政策をとる明は朝貢による官貿易しか認めず、回賜《かいし》の絹織物や磁器、薬剤、書籍などをえるために、朝鮮側は明の意図以上に使節を積極的に派遣した。しかし、明が要求する歳貢の馬匹《ばひつ》や金銀の調達に人々は苦しみ、ときには未婚の娘や宦官の進献を求められ、早婚の風が生じる一因となったともされる」（一八一頁）。

「事大《じだい》」とは、「弱小の者が強大な者に従いつかえること」であり、「事大主義」とは、「自主性を欠き、勢力の強大な者につき従って自分の存立を維持するやりかた」である（広辞苑）。

また、日本との関係は倭寇対策に翻弄されている。一四世紀のことは、本シリーズ第四巻『琉球王国の成立』上、第三章第二節で述べた。ここでは一五世紀のことを取り上げる。

「朝鮮半島と西日本の沿海地域はもともと密接な交流があり、諸大名や商人による交易が盛んだったが、新王朝の開国後も倭寇の被害はやまなかった。太祖は即位すると、日本の室町幕府や九州探題に倭寇の禁圧を求め、太宗は一四〇一年、商倭《しょうわ》（日本商人）の興利船《こうりせん》（貿易船）の停泊地を、富山浦《プサンポ》（釜山浦《プサンポ》、釜山）と乃而浦《ネイポ》《だいじほ》（薺浦《チェポ》《せいほ》、熊川《ウンチョン》）の二港に制限し、彼らの領主が交付する文引《ぶんいん》（渡航証明書）の所持者以外の貿易を認めず、倭寇として取り締まった。飢饉で困窮した対馬島民が倭寇と化して朝鮮を襲うと、一四一九年世宗は上大太宗の意を受けて対馬を征討した（己亥東征《きがいとうせい》、応永の外寇）が、一方懐柔策として倭寇の首領で投降・帰化する者には官職を与えて（受職倭人という）貿易上優遇した。対馬島主の宗氏には、歳賜として毎年米や大豆などの食糧を送り、貿易上の特権も与えて、倭寇や西日本からの通交者の統制を求めた。／しかし受職倭人が激増し、興利船以外にも、西日本の諸大名が利益を求めて、従来以上に頻繁に使節を派遣するようになると、朝鮮は負担の軽減と統制の強化をはかった。世宗は図書《としょ》（外交文書）などの制度を整備し、停泊地に塩《ヨム》浦《ポ》（蔚山《ウルサン》）を加えて**三浦**とした。三浦には漢城にならって倭館がおかれ、倭人の常住（恒居倭人《こうきょわじん》）を認めるなどの便宜を与えた。また対馬の宗氏に文引の発行権を与え、これが、以降明治初期まで朝日間の外交、通商関係に、対馬が中心的役割をはたす端緒となった。一四四三年には、対馬と歳遣船の制度を定め、対馬からの貿易船の総数と貿易額に制限を加えた（癸亥《きがい》約条、嘉吉《かきつ》条約）。貿易は、日本が進献物を奉じ朝鮮が回賜を与えるという官貿易と、それに付随した私貿易があった。日本からは国産の硫黄、銅、東南アジア産の薬材、香料などが、朝鮮からは綿布、米、人蔘《にんじん》、陶器、螺鈿《らでん》、虎や豹の毛皮などがもたらされたが、日本はたびたび『大蔵経』の賜与を求めた」（一八一―

一八二頁）。

朝鮮からは「**通信使**」（信《まこと》を通ずる使い）が来るようになる。「足利義満が一四〇二年に日本国王に冊封《さくほう》され、当時の明を中心とする東アジアの国際秩序に参加すると、〇四年には朝鮮にもはじめて日本国王の名で使節を送った。室町政権にたいして朝鮮は、朝鮮国王の親書を外交文書に用いて形式上対等の交隣関係を結び、回礼使、通信使を派遣した。通信使は京都までいくこともあり、帰国後使節が提出する報告書や随員の紀行文は、日本の地理、風俗、政治制度、文化などにかんする豊富な情報をもたらした。代表的なものに宋希璟《ソンヒギョン》『老松堂日本行録』、申叔舟『海東諸国紀』などがある」（一八二頁）。

4　官僚と大商人が蓄財する明の一六世紀

岸本美緒「後期明帝国の光と影」（岸本・宮島博史《みやじまひろし》『明清と李朝の時代』中央公論新社・文庫・世界の歴史12、二〇〇八年。初出は一九九八年）は、「一六世紀という時代は、官僚や大商人の人目を驚かす蓄財によって特色づけられる時期だ」といい、次のように述べている。「〈陞官発財《しょうかんはつざい》〉（官僚になって一財産作る）と中国人がよくいうように、一般的にいって中国では、よほど清廉潔白の評判に執着する人でもないかぎり、官僚になることは財産をつくることと不可分に結びついていた。しかしそのなかにも時代的な波がある」。正徳年間（一五〇六～二一年）を境に、それ以前にはそうでもなかったが、それ以後は「官僚は競って利益を追求し、一〇万両以上の財産を築くようになった」。官僚だけではない。「大商人の蓄財も、明末の特徴であった。そのなかでも有名なのは、徽州（新安《しんあん》）商人と山西（山右《さんゆう》）商人である」。それは一〇〇万両（現在の日本円で六〇〇〜七〇〇億程度になろうか―岸本）にもなったりした。「倭寇の頭目・王直も徽州出身者であったが、深い山のなかで耕地が少ない徽州では、多少とも志のある青年は若いころから郷里を出て、血縁のネットワークを利用して広域商業を営むことが常であった。彼らは塩の専売などを通じ、国家財政とも深くかかわっていたのである。／〈無徽不成鎮《むきふせいちん》〉（徽州商人がいなければ町の体《てい》をなさない）といわれるように、江南《こうなん》の商業都市では必ずといってよいほど、徽州商人の商店や質屋が見られた」。「税として全国の農村から吸い上げられた**銀**は、結局、国家財政に寄生するこうした官僚や商人たちの懐に入り、それが明末の官僚・商人の前代未聞の巨富のもとになったということができよう。官僚たちは引退後、巨万の富を携えて郷里に帰り、都市に宏壮《こうそう》な邸宅をかまえて贅沢《ぜいたく》な生活を送る。商人たちの華やかな消費も都市を舞台としている。こうして、窮乏する農村のかたわらで都市が孤立した繁栄を享受する、という明暗の対照鮮やかな明末特有の経済構造が形成されることとなった。都市には金が余っており、何をしても儲《もう》かる。それに対し、農村は不景気で穀物価格は安く土地を所有しても重い税がかかるだけである―こうした状況は、資産家が土地投資を避けて都市産業に投資する風潮を生み出し、都市―農村の経済格差をさらに広げていった」（二九一―一九三頁）。

農業だけでは暮らしていけない農村の人びとは、「副業としての手工業」にも取り組んだ。たとえば養蚕業や製糸業（岸本は生糸業としている）や絹織物業である。まだ「工業」と呼べるほどのレベルではなかったが、それは農村で展開していた。都市は「**城郭都市**」の形をとっていた。「近代以前の中国では一般に、県の役所の所在地は城壁で囲まれていたが、その城壁で囲まれた都市のことを〈**城**〉という」。県は末端の行政単位で、その数は一二〇〇ほどあった。「一県あたりの人口は平均して五～二〇万人程度であった」（九一頁）。その「城壁都市のなかには、さしたる工業はなかった」し、「工業よりもむしろ、明末においてわれわれの目を引くのは、**都市雑業**ともいうべき、種々雑多なサービス業の急速な肥大である」。それには、「奴僕《ぬぼく》や役所の事務員・使用人（胥吏《しょり》・衙《ご》役《えき》）」などがあった。「〈奴僕〉（女性を含めれば「奴婢」という）とは、有力者の家に代々隷属して使役される召使のことである」。彼らは主人に対しては隷属的な関係にあったが、それでも農村の生活よりは好まれたのである。「都市の好景気と農村の不景気のはなはだしい格差は、農村から都市へ向けて人の流れを生み出してゆく」（一九六－一九七頁）。

5　「両班の世紀」の李朝朝鮮

宮島博史「両班の世紀―一六世紀の朝鮮」（前出、岸本・宮島『明清と李朝の時代』）は、柳《ユ》希《ヒ》春《チュン》（一五一三－一五七七）の記した『眉岩《びがん》日記草』（略して『眉岩日記』、死の直前までの一一年間の日記）によって、「一六世紀朝鮮の社会状況」の特質を論じている。紹介は、柳希春という個人に関わることは避けて、一般化できる要素を取り出すことにする。

「一六世紀は、李朝五〇〇年の歴史のなかでも、格別に重要な意味をもつ世紀であった。李朝の国家体制をふつう、**両班《ヤンバン》官僚制**と呼ぶが、この両班官僚制が体制的に成立するのが、一六世紀なのである。そして一六世紀はまた、この体制を支えた両班と呼ばれる、朝鮮独特の支配エリート階層の成立時期でもあった。一六世紀は、李朝五〇〇年の歴史を鳥瞰《ちょうかん》する位置にあるわけだ」(一〇六頁)。

両班官僚制の成立には、官吏登用制度である**科挙**《かきょ》のあり方が大いにかかわっている。これは中国で生み出され、朝鮮はそれと類似の制度を設けたのであるが、「李朝の科挙は、中国のそれと比較して、少数の血縁集団による寡占《かせん》状態と、対人口比でみた文科合格者数の多さという、二つの重要な特徴をもっていた」(一一九頁)。「文科」とは文官を選抜するもので、中国でも朝鮮でも、これがもっとも重視された。他に「武官を選抜する武科」(これは高麗時代にはなかった)、「専門技術者を選抜する雑科」があった(一一四頁)。李朝時代の科挙は、中国のあり方に対比すれば、「でたらめな面があった」が、それでも「極めて少数の文科合格者を輩出した集団がある」、すなわち「少数の血縁集団による寡占状態」がある「一方で、細いながらも科挙をつうじて文字通り立身出世する途《みち》も、けっして閉ざされることはなかったのである」(一二〇-一二一頁)。

さて、「両班」とは何か。「多くの学才ある若者が科挙、とりわけ文科に挑戦し、それに合格することによって世にでていった」、そのような社会状況が背景にある。「両班という李朝独特の社会階層は、この過程ではじめて生まれてくる。つまり**両班**とは、祖先に科挙合格者をもつ父系血縁集団のメンバーをさす階層概念である。科挙こそ両班の跳躍台であった」(一二一頁)。

一方、当時の朝鮮社会には「双系的な親族観念」、すなわち「父系と母系を区別することなく、ともに同族と見なす観念」があった。そのため、「財産相続においても息子と娘を区別せずに、男女均分相続が慣行化されていた」。さらに、「居住形態においても、妻方居住がひろくみられた」。結婚すると、妻の実家のある地に居を構えたり、婚礼の儀式が嫁の実家で行なわれたりする。「男性が嫁を娶《めと》ることを朝鮮語では〈チャンガカンダ〉（婿に行く）と表現するが、当時はまさに〈行っていた〉のである」。「当時の両班たち」は、「妻方や母方を頼って何度も居住地を変えながら、一人の出世人がでると居住地を移さなくなり、子孫たちが代をついで世居するというパターンである。一六世紀の朝鮮は、こうした移住と定着が大規模に行われる、流動的な社会であった」（一三三－一三四頁）。

「**族譜**《ぞくふ》」というものがある。「族譜とは、一人の人物を始祖とする血縁集団の構成員を記録した系譜である。中国では宗譜《そうふ》と呼ばれることが多いが、朝鮮では族譜という名称がもっとも一般的である。一四二三年に編纂《へんさん》された〈文化柳氏永楽譜〉が族譜の嚆矢《こうし》とされ、一六世紀にしだいに多くの同族集団において族譜が編纂されるようになっていった。両班たちが登場するにつれて、彼らが自らの由緒《ゆいしょ》正しさを誇示すべく族譜がつくられはじめたのである」。「その最大の特徴は、ある一人の人物を起点として、その子孫が内系・外系の区別なくすべて収録されていることである」。女婿やその子孫たちも「すべて収録する」。「こうした族譜のあり方は、中国にはまったく例をみないものであり、当時の双系的親族観念を鮮やかに示している」（一三四頁）。

「郷村社会と地方統治」については、次のようにいう。「一六世紀を両班の世紀とよびうるのは、中央政界への**士林派**《しりんは》両班たちの進出のゆえであるが、地方統治の面で両班を核とした体制がこの世紀につくりあげられたことも、同時に重要である」（一三八頁）。「士林派」とは、「当時中央政界を牛耳っていた**勲旧派**《くんきゅうは》の腐敗を批判して、儒教的な道徳政治の実現を主張した、地方出身の新興勢力」のことであるが、「李朝ではその創建以来、王権と臣権、とりわけ王権と宰相権との角逐《かくちく》［互いに相手を落とそうと争うこと―広辞苑］がくりかえされてきた」ものの、世祖《セジョ》の代に、その「強烈な個性」によって「王権の優位」が達成された。その中に士林派を位置づけるなら、「士林派というのは、動揺を重ねてきた王権と宰相権の関係をより安定的なものにすることを目指した政治グループであったと思われる」と、宮島は述べている（一二三―一二四頁）。

　地方に話を戻す。「両班を中心とする地方統治体制の確立の際に大きな役割を果たしたのが、**郷**《きょう》**案**《あん》と呼ばれる両班たちの名簿である」。「郷案は邑《ゆう》を単位として作成された。邑とは、道《どう》の下の地方行政単位である府・郡・県などの通称である。中国で郡・県といえば上下の関係であるが、朝鮮の郡・県は並列の関係であって、人口規模や政治的重要性に応じて、郡とか県の名称をつけられた。郷案とは、邑に居住する両班の名簿である。換言すれば、郷案に名前が登録されることが、その人物あるいはその一族が両班であることの証になったわけである」（一三八―一三九頁）。この郷案への登録の実際を検討してみると、両班とは「科挙合格者およびその直系の子孫という本来の」それから逸脱して、「これに該当しない」にもかかわらず、「郷案に登録され、両班としての社会的認知を受け」るものがあることが分かる。つまり「婚姻関係」を媒介にして、「一族全体が両班としての社会的認知を獲得」することがあったのである（一四一頁）。

　こうしてみてくると、両班を「身分ととらえることは、正確な理解ではない」ということになる。宋俊浩《ソンジュノ》『朝鮮社会史研究』（一潮閣、一九八七年）によれば、両班は「法制的な手続きを通じて制定された階層ではなく、社会慣習を通じて形成された階層であり、したがって両班と非両班との限界の基準がごく相対的であり、主観的なものであった」という（一四一―一四三頁）。

「郷村社会と地方統治」の実態は次のごとくであった。「**郷会**《きょうかい》」という会議が定期的に開かれる。そこには、郷案に登録された両班たちが参加する。「郷会の一つの目的は邑《ゆう》内の両班の親睦と、その勢力の誇示であったが、より重要なのは、**留郷所**《りゅうきょうしょ》の役員を選出することであった。留郷所とは、邑の長官（守令）の地方統治を補佐する機関で、**郷吏**《きょうり》（地方行政事務の担当者、中国の胥吏《しょり》にあたる）の監督や地方の風俗糾正をその任務とした」。「留郷所の役員は、郷案登録者のなかから郷会によって選ばれたが、このことは在地両班たちの組織が地方統治体制の一翼をになったことを意味した」。高麗時代に地方統治の実権をにぎっていたのは「吏族たち」であったが、「李朝時代にはいると、吏族の一部が両班化する一方で、そのまま吏族の地位にあったものは郷吏と名称もかえられて、その力を失っていったのである」。郷吏は単なる実務担当者に転落した。「一六世紀に両班中心の地方統治体制が確立されたというのは、以上のような意味からである」（一四四―一四五頁）。

地方にある留郷所と対になって、中央＝京には**京在所**《きょうざいしょ》が置かれていた。「京在所とは各邑のソウル連絡所であり、現在の日本の○○東京事務所のようなものである。京在所の役割は、各邑から公務で上京した人の世話をしたり、都と地方の連絡にあたることであった」。これによって、「中央と地方の意思の疎通」が円滑に進められた。「これを可能にした最大の要因は、地方出身で高位の[中央の―来間]官職に就くもの、すなわち新興両班層が簇生《そうせい》したことに求められる。…まことに一六世紀は、両班の世紀と呼ぶにふさわしい時代であった」（一四五頁）。

6　銀の流れと後期倭寇

銀については、岸本「後期明帝国の光と影」（前出、岸本・宮島『明清と李朝の時代』）で見ることにしよう。明は北方の軍事費の増大に対処するため人びとに重い負担を押しつけた。「北方に毎年巨額の銀が運ばれることによって、国内では銀不足が深刻化する」（一七七頁）。「それでは当時、全国的な銀不足を解決する道はなかったのであろうか。明の初めには中国国内でも、浙江《せっこう》や福建《ふっけん》を中心に年額一〇〇万両以上の銀の採掘がおこなわれていたが、一五世紀半ば以降、銀産額は低下し、国内産銀に頼ることはできない状況であった。そこに登場したのが、**日本銀**である。日本の銀は一五三〇年代に、まず朝鮮との貿易に登場する。一六世紀初頭には朝鮮での端川《タンチョン》銀鉱の開鉱もあって、銀の流れは朝鮮から日本・中国に向かっていた。しかし一五三〇年代になると、日本から朝鮮に大量に銀が流入しはじめ、逆転現象が起きた。朝鮮側は日本との貿易を厳しく制限するようになるが、一五四〇年になると、日本の銀が中国に向かいはじめ、生糸と銀の交易が劇的に急増するのである。時同じくして起こった中国国内の銀需要の高まりが、日本から中国への銀の流れを加速したのは当然であろう」（一七九–一八〇頁）。

そして、**倭寇**の跳梁との関連である。銀の流れには「中国南部と日本との貿易が活発化した」ことが対応していた。明は海禁政策をとっているから、貿易は自由ではない。「銀の流れは、明朝の作ったダム［海禁政策―来間］によって、制度上堰《せき》き止《と》められていたわけである。そのダムを突き崩そうとする奔流の勢いのなかで、武装密貿易集団である倭寇が急成長したのである」(一八〇頁)。「沿海の取り締まりが緩むと、一五五三年ごろから、海賊集団が毎年のように沿岸地帯を劫略《ごうりゃく》する、いわゆる〈嘉靖《かせい》の大倭寇〉が始まる」(一八四頁)。明朝はその抑圧に苦悶するが、それでも一定の成果をあげつつあった。その結果、「倭寇制圧をほぼ成功させた明朝は宥和《ゆうわ》策に転じ、一五六七年ごろには海禁を緩和して民間の海上交易を許すという政策転換に踏み切った。危険視されていた日本への渡航は相変わらず禁止の対象であったが、民間商人の船が漳州《しょうしゅう》で渡航証明書を受け取ったうえで東南アジア諸地域に赴き、海外貿易を行うことが認められるようになったのである」。また、モンゴル方面の軍事的緊張も緩和された(一八五―一八六頁)。

この、倭寇制圧の成功と、モンゴルの安定が、銀の流れを変化させることになる。「さて、一五五〇年代にともに最高潮に達し、七〇年前後にともに緩和された**北虜南倭**の危機のリズムがなぜ一致するかといえば、それはたんなる偶然でないことがおわかりであろう。両者は、銀の流れを媒介として深く結びついていたのである。北方の緊張が高まるほど銀の北方集中は強まり、国内の銀不足は深刻になる。国内の銀不足が深刻になればなるほど、危険を冒して密貿易に乗り出す冒険者たちの利益も増える。こうして、北方辺境でも東南沿岸でも、暴力的抗争と商業的利益が表裏をなす活発な市場が広がり、漢人と他民族とを問わず、利益に引かれた人びとがそこに流れ込んでゆく」(一八七頁)。

逆にいえば、緊張が緩くなり、他方で銀の流れこむ額が増大すると、密貿易のメリットも冒険の必要性も落ちてきて、さらに緊張は緩んでいくことになるのである。

その緊張緩和は、一五七〇年代に訪れた。「ポトシ銀山の開発などにより一六世紀半ば以降大増産をみた新大陸の銀は、一五五七年にマカオ居住を許可されたポルトガル商人の活動によって、すでに南アジア経由で流れ込んでいたが、一五七一年にスペイン人の手によってマニラが建設されてからは、太平洋の**ガレオン貿易**を通じてさらに大量に中国に流入するようにいたった」。「その後、一七世紀の前半まで、東回り西回りいずれについても、中国は輸出される新大陸銀の最終目的地と見なされていた。中国国内の銀需要により、一六世紀後半から一七世紀前半にかけて、中国はブラックホールのごとく世界の銀を大量に吸い込み続けていたのである。最近の研究によれば、一六世紀の後半に中国に流入した銀は、二一〇〇トンから二三〇〇トン（うち日本銀一二〇〇トンから一三〇〇トン）、一七世紀前半については五〇〇〇トン程度（うち日本銀二四〇〇トン）と推計される」（二八七－二八九頁）。

7　「北虜南倭」と銀

岸本《きしもと》美緒《みお》「中華帝国の繁栄」（尾形《おがた》勇《いさむ》・岸本編『中国史』山川出版社・新版世界各国史3、一九九八年）は、「北虜南倭と銀の流れ」を次のように描いている。「一六世紀のなかばといえば、明朝を悩ました〈北虜南倭《ほくりょなんわ》〉の活動が、そのピークに達した時期である。北虜とは北方のモンゴルをさす。エセン率いるオイラト帝国がエセンの死により瓦解してから、北方ではモンゴル諸勢力の相争う状態がしばらく続き、その間、明側は北方防備のための長城を建築・整備して、九つの軍管区をおいた（九辺鎮《きゅうへんちん》）」。オイラトと、その東方に位置したモンゴル諸部族を、明は「韃靼《だったん》部（タタール部）」と称した。一五五〇年には、モンゴル軍が八日間にわたって北京を包囲するなど、「一五五〇年代は、そうしたモンゴルの侵入が続き、北方辺境の緊張が極点に達した時期であった」。このなかで、漢民族で明朝の施政を外れて長城外に住む人びとが増え、「漢民族式の城壁都市」が建設された。「さて、こうしたモンゴルとの戦いのため、北方の九辺鎮には大量の軍隊を常駐させざるをえず、この軍隊を養うための食糧をどのように調達するかが大問題であった」。明初の時代には、商人に穀物を運搬させ、見返りに塩の専売権を与えていたのだが、そうすることは困難となり、「一五世紀の末には、商人たちが**銀**を直接国庫に納入して塩の専売権をえるというかたちに改められた。すなわち、土地税としておさめられた銀や商人のおさめる銀が毎年大量に辺境に運ばれ、そこで食糧が買いつけられることになるわけである。北方への巨額の銀の運搬は、全国的な銀不足を招いた」。徴税はうまくいかない。「全国的な［中国における―来間］銀不足の一方で、目を世界に転じてみれば、一六世紀はあたかも、世界的な銀産額の激増期であった。東アジアにおける貿易の活発化を支えたのは、まず**日本の銀**であり、少なくとも一五四〇年代には、日本銀がさかんに輸出されていたことが知られる。**新大陸の銀**が東アジアに大量に流通するのはそれよりやや遅れるが、他のヨーロッパ人に先駆けてアジアに進出したポルトガル商人のゴアやマカオを拠点とした活動を通じて、また、フィリピンを領有したスペインによるマニラ建設（一五七一年）以後はマニラを中継地として、新大陸の銀は、東回り西回り双方から東アジアに流れ込んできたのである。国内の深刻な銀不足と海外の銀の豊富化とにより、海外から国内への銀の流れの強い圧力が生ずるのは当然であろう」(二七三―二七五頁)。

他方の「南倭」つまり「南からの倭寇」のことは、ここでは略する。

岸本美緒は、同じ年に『東アジアの〈近世〉』(前出)を執筆している。当然に、重なり合う記述も少なくないが、「本書では、この時期[一六世紀から一八世紀―岸本により来間]の東アジアの歴史に重要な役割をはたしたいくつかの具体的な物品を選び、その物品をとおして東アジアの〈近世〉を描いてみたい」としている(五頁)。その中に銀が含まれている。重複を避けて、紹介する。

「一五世紀の東アジア諸地域[中国・朝鮮・日本など―岸本により来間]では、実効ある明確な貨幣制度がとられないままに、多種の貨幣が雑然と混用されていた」。/日本産銀の生産が増加した「そのきっかけをなしたのは、灰吹法《はいふき》といわれる銀の精錬法が朝鮮から日本に伝わったことである。灰吹法とは、まず不純物を含む銀鉱石を鉛と一緒に加熱して不純物の除去された銀と鉛の混合物をえる。そののち、灰のうえでその混合物を加熱すると鉛が溶けて灰に吸収され、銀が残るという方法である。この方法は、新たに発見された石見《いわみ》銀山などで採用され、爆発的な銀の増産をもたらした」(八頁)。

8 明で銀が求められた理由

岸本美緒も触れていたが、一五世紀までの明のあり方と、その後のあり方に変化が生じていた。上田《うえ》信《だまこと》『海と帝国―明清時代』(前出)で、その事情を整理しておこう。一三七〇年から「開中《かいちゅう》法《ほう》」という制度がとられていた。「中国から見た辺境地帯に軍需品を運ぶ際に、明朝は銀や銅銭などの貨幣をもちいて物資を調達するのではなく、商人たちが軍糧を運んで所定の衛所《えいしょ》や地方行政府に納入したら、代金の替わりに塩の販売権を与えることとした。具体的には、有事《ゆうじ》の際に戸部が掲示を出して商人を募集する。応募した商人が軍糧を運ぶと、納付先の役所は勘合（割り印を押した証明書）とそれに対応する台帳を作成する。証明書と台帳には、それぞれの商人の姓名・納入量およびそれに対して支給される塩の販売許可書（「塩引《えんいん》」という）の数などが記入される。勘合は商人に発給し、台帳は塩の生産地の役所に届けておく。ちなみに許可書一通につき塩二〇〇斤（約一二〇キログラム）の販売が許可された。／商人は指定された塩の生産地に赴き、塩の運送・管理業務を担当する塩運司《えんうんし》などの現地の役所に勘合を提出する。役所は台帳と照合し、割り印と記載事項が合っていれば、塩を発給する。商人はこうして仕入れた塩を、所定の区域（「行塩地《ぎょうえんち》」という）内で販売するのである。商人は塩を販売する際に、常に許可書を携行していなければ、塩の密売人として処罰され、塩は没収される。塩を販売して得た利益で、商人は再び軍事活動の前線や辺境に搬入する物資を買い入れた」（一七三頁）。

「ところが一五世紀なかばころから開中法を支えていた戸メカニズムが不調をきたすと、政府は銀で必要な物資を調達する方がしだいに有利になってくる」。ここで「戸メカニズム」と上田が言うのは、「〈戸〉という単位で人民を把握し、戸を基礎に労働力を直接に徴発したり、穀物などの現物を納入させたりする方法である」（一一六頁）。「政府は銀を手に入れるために、民戸からの納税も、明初には現物で納めることになっていたものを、銀で納めさせるように誘導するとともに、塩についても製塩地において商人から銀を徴収するようになった。集められた銀は北辺に送られ、そこで軍糧などを調達するために使われた。／この納銀開中法《のうぎんかいちゅうほう》が一般的になると、それまで塩の販売を独占していた山西《さんせい》・陝西《せんせい》の商人の地位がゆらぎ、新たな商人グループが参入可能となる」（一八七−一八八頁）。

その銀は、いかにして調達されたか。「一五世紀には浙江《せっこう》や雲南《うんなん》などで銀山の開発が進んだが、その産出量では大国が必要とする銀をまかなうことはできなかった。一六世紀初頭には、朝鮮から中国に銀が向かった。それでも必要量をまかなうことはできなかった。事態がそのまま進めば、東ユーラシアの交易は失速し、朝貢メカニズムの枠組みに支えられて細々と続けられるに終わったことであろう。／危機的な状況のもとにあった一六世紀の三〇年代に、日本の銀が一大供給地として現れたのである。日本は銅銭や生糸などの中国物産を必要とし、中国は日本の銀を渇望していた。ところが寧波の乱以降、明朝は日本から来航した船舶を厳重に警戒し、朝貢にともなう交易にもそれまで以上に強く制限を加えるようになった。だが交易の奔流は、もはや帝国の力で抑えることはできなかった。中国と日本とのあいだの交易は、朝貢メカニズムを越えて民間の武装した海洋商人によって担われるようになる」（一九九頁）。

9　「開発の時代」朝鮮と輸出品・銀

一方、この時代の朝鮮は「開発の時代」であった。宮島博史に戻る。「干満の差を利用した干拓と、そこでの水田造成が活発に進められた」。「済州島からもたらされた査山稲という品種」によって、「従来の稲に比べて二倍もの収穫が得られる」ようになった。両班の「中の上」の財産規模として、「三〇ヘクタール前後の農地と、一〇〇名前後の奴婢」という数字が示されている。農地とともに奴婢が重要な財産であったのである。中央の官僚たちは、以前の給田はなくなり、「俸禄だけが支給された。俸禄は毎月支給される俸と、三カ月ごとに支給される禄に分れていたが、禄が中心であった」。この『眉岩日記』の執筆者である柳希春《ユヒチュン》の場合（本節5）は、「従二品」で、その禄は「一年に米四九石、麦二石、大豆一七石、小麦八石、紬《つむぎ》五匹、綿布一四匹、楮貨《ちょか》八張であった。楮貨とは楮《こうぞ》でつくる紙幣で、楮貨一張は米二石に該当した。官僚としての俸禄だけでは蓄財はとても無理であるが、高級官僚としての希春には、俸禄以外にさまざまな表・裏の収入源があった」。①地方からの進上《しんじょう》物の分給、②公奴婢・私奴婢の支給、③「さまざまな贈答品」などである。「こうした副収入は俸禄の何倍にもあたるもの」であった。時代はまだ「現物経済」であり、「貨幣経済」は未発達であった。

宮島は、最後に国際的に影響した問題を語っている。「一六世紀前半におけるもっとも大きな国際問題は、**銀の貿易**をめぐるものであった。明への朝貢の負担をなくすため、世宗代以後は金銀の採鉱を抑制する政策がとられていたが、一六世紀初に新たな採銀法が開発されて、事態は急変する。新たな採銀法とは、鉛から銀をとりだす方法で、一五〇三年に金甘仏《キムガムブル》と金倹同《キムゴムドン》がこの方法を発見したとされる。これによって、従来鉛の産地として有名であった咸鏡南道の端川《タンチョン》で銀が大量に産出されるようになった。そしてこの銀が禁輸の網をくぐって、中国にさかんに輸出されたのである。

さらに一五三八年以後、日本からも多くの銀が流入し、これも中国に密輸出された。／銀の輸出をになったのは朝貢使節に随行する商人たちであり、彼らは絹製品などの高級品を輸入した。そして勲旧派の政府高官が、これらの高級品の需要者であった。／銀の貿易をめぐる新しい事態は、さまざまな問題をひきおこした。日本への綿布の大量流出、奢侈の風潮、中国との貿易路にあたる地方の疲弊などがとくに大きな問題であった。また国内に金銀は産出せずとの理由で、明への貢銀負担をかわしていた朝鮮にとって、銀の密輸出が発覚することは、朝貢そのものを危うくする可能性を秘めていた。したがって政府は銀の輸出を厳禁する措置をとったが、肝腎の政府中枢部が密貿易を必要としたため、なかなか実効があがらなかったのである」（一六九－一七〇頁）。

10　日本銀と倭人ネットワーク

村井章介『世界史のなかの戦国日本』（前出）によって、日本を中心に、朝鮮・中国・ポルトガルの動きを描く。

「『銀山旧記』によれば、石見《いわみ》銀山の発祥は一三〇九年の大内弘幸による発見にさかのぼるというが、確実なところでは、一五二六年、神谷寿禎《かみやじゅてい》が海上から南方に光り輝く山を見て銀鉱脈の存在をさとり、山師三島清右衛門と共同で採掘を始めた。この山が仙ノ山、別名銀峯山《ぎんぷせん》である。寿禎は有名な博多の豪商神谷宗堪《そうたん》の祖父にあたる人であり、三島清右衛門は出雲西部の港町口田儀《くちたぎ》の出身で島根半島北岸にある鷺浦《さぎうら》（大社町）銅山を経営していた。銀山の発見が日本海沿岸航路を西へ延びる日本海沿岸航路を背景に行なわれたことが明瞭である」。「一五三三年には、寿禎が博多から宗丹・桂寿という技術者を連れてきて、朝鮮伝来の灰吹法《はいぶきほう》と呼ばれる銀精錬法を導入、それ以後爆発的な増産をみた」。「一五二六年に石見で鉱石の採掘が始まり、三三年に灰吹法の導入により増産をみた日本銀は、当初は国内の需要はわずかであり、大半が輸入の決済に宛てられたり、あるいは輸出商品として、海外に流出していった」（一六六－一七〇頁）。

目次謙一《めつぎけんいち》「石見銀山と銀の生産・流通」（前出、川岡《かわおか》・古賀《こが》編『西国における生産と流通』）も、同様のことを、次のように述べている。「『旧記』冒頭では延慶年間（一三〇八～一一）銀の採掘が始まったとするが、襲来した蒙古軍へ銀を与えて帰すといった事実と異なる記載もあり、そのまま信用はできない。／続いて、大永六年（一五二六）博多の商人神谷寿禎《かみやじゅてい》が、出雲国田儀《たぎ》の人で同国鷺《さぎ》銅山の主三島清右衛門と銀鉱石の採掘を始めたことが記される。寿禎は当初鷺銅山で銅を購入するために日本海を航行中、船上から仙ノ山に霊光を見た。そのことを清右衛門へ話したところ銀山の存在を教えられ、三人の穿通子（採掘者）吉田与左衛門・同藤左衛門・おべに孫右衛門らと採掘を始めた。そして、多量の銀鉱石を博多へ持ち帰った寿禎一族は大いに栄え、迩摩《にま》郡馬路《まじ》村の灘・古柳・鞆岩の浦には銀鉱石を買い取るための船が数多く来て、石見銀山は諸国から集まった人々で大いに賑わったという。／さらに天文二年（一五三三）、寿禎は博多から宗丹《そうたん》と桂寿《けいじゅ》という人物を伴って石見銀山を訪れ、鉱石を融解し銀を取り出す工程を始めさせたという。これがいわゆる灰吹法《はいふきほう》で、銀鉱石に鉛を加えて溶かして銀と鉛の合金である貴鉛を生成し、さらに灰の上で貴鉛を加熱して鉛を灰に染み込ませた後に銀のみを取り出す技術である。灰吹法の導入により現地での銀精錬が可能となるため、生産量は飛躍的に増大したと推測されている。／以上の記述のうち宗丹・桂寿について、秋田洋一郎氏は宗丹を後代の神谷宗堪の混入として排し、〈おべに〉の記述を採用して慶寿〈禅門〉とされた。〈禅門〉呼称が情報伝達者として吉田ら三人の〈大工〉と区別されている点から、慶寿が朝鮮国内より灰吹法を獲得しうる対朝鮮貿易の関係者だった可能性が高いことを指摘されている［「一六世紀石見銀山と灰吹法伝達者慶寿禅門—日朝通交の人的ネットワークに関する一試論」『ヒストリア』二〇七号、大阪史学会、二〇〇七年］」。目次謙一はこの意見に賛同している（三一二-三一三頁）。この点は、次に見る村井の見解とは異なっている。村井は、「対朝鮮貿易の関係者」ではなく、「密貿易」に関わる人々と想定しているのである。

村井に戻る。日本銀はまず朝鮮に流れた。しかし銀の生産は朝鮮が先行している。「端川など朝鮮の銀山では、銀を含む鉛鉱（含銀鉛鉱）が採掘され、これから灰吹法によって銀を分離する技術が発達していた」。「寿禎らが石見銀山を発見した二年後、はやくも日本銀が朝鮮に流入した。灰吹法が銀山に定着した一五三三年をへて、一五三八年ころになると、倭人が朝鮮にもちこむ品のほとんどが銀になっている」。倭人たちが銀の代わりに求めるのは綿布であり、その流出を懸念する朝鮮側は、銀の日本からの流入を制限しようとした。「一五四〇年代になると倭銀問題はあらたな段階にはいった。倭人のもちこむ銀があまりにも多量で、公貿易による対応の限界を超えてしまった」。「一五四二年の…史料から推して、倭銀が朝鮮に本格的に流入しはじめたのは一五三三年ころ、すなわち石見銀山に灰吹法が定着したのとほぼ同時である」（一七二-一七八頁）。

史料を提示して、次のようにまとめている。「朝鮮半島南部の地方役人の家が、ソウルの商人と倭人との密貿易のアジトになっていた。おなじ場所が灰吹精錬の秘密工場でもあり、鉛をそこに売りこんでいた倭人たちが、やがて灰吹法の技術を学び、日本へもち帰った。灰吹法の流出ルートは、〈柳緒宗［地方役人―村井により来間］―宗丹・桂寿［前出の技術者―同］―神谷寿禎〉といった人的連鎖として理念化できる。むろん緒宗と宗丹らの間をつなぐ史料があるわけではないが、宗丹らが朝鮮人の工人だとすれば、緒宗のような有勢者の保護下にあった可能性は大きい」（二〇二頁）。

日本銀は、次には中国大陸に流れていった。日本銀は、初めは「朝鮮半島を経由して」中国の中枢に、そして「遼東の辺境地帯」にも流れていった。「一六世紀のこの地域では、中国中央部のめざましい発展に刺激されて経済ブームが起きており、朝鮮半島をしのぐほどの活気をみせていた。そこで利益を手中にした実力者たちの代表が、李成梁、毛文龍、そして後金（清）の太祖ヌルハチである。かれの手元にも日本銀が蓄積されていたかもしれない」。のちの清の勢力形成にも関わっているというのである。そして、日本銀は朝鮮半島を経由することなく、「東シナ海を横断する直航ルート」でも中国に伝わるようになり、むしろ「このほうが太かったと思われる」。それは、「倭人や中国人密貿易商」によって運ばれた（一七九‐一八二頁）。

この日本銀の流れに、ポルトガルも加わってくる。マカオに拠点を得たポルトガルは、日本に向けて白絹・金・麝香《じゃこう》・陶磁器を運び、日本からはもっぱら銀を受け取り、中国からその白絹などを買い付けた。日本銀はヨーロッパに搬出されるのではなく、中国に吸引されていったのである（一八三‐一八五頁）。

11　中国でのポルトガルと日本

中国でのポルトガルと、中国の倭寇と日本の倭寇が絡み合った動きを、上田信『海と帝国―明清時代』(前出)によって、見ていこう。「日本の銀が登場する以前、明朝の海禁政策を犯して行われた密貿易は、東南アジアとの往来の比重が大きかった。中国は東南アジアに産する蘇木やコショウなどの物産を輸入し、陶磁器などを輸出した。中国の物産は、東南アジアの港市を経由して、さらに西アジア・ヨーロッパへ運ばれていったのである。/この東南アジアとの密貿易の拠点となったのが、福建省の**月港**《げっこう》であった。この港は別名を月泉港《げっせんこう》と呼ばれ、沿海部の都市である漳州《しょうしゅう》の東南に位置する」。以前は泉州港《せんしゅうこう》が東南アジアとの交易の拠点であったが、「一六世紀に入るころ、土砂の堆積のために港としての機能を低下させていた。泉州港に代わる新たな港として、急成長を遂げた港が、この月港であった」。ここが密貿易の巣窟となっていったのである(二〇〇頁)。

「一六世紀になると、インド洋を経て東シナ海に進出してきたポルトガル人が、この月港に姿を見せるようになる。一五一七年に…ポルトガル商船が広東《カントン》で明朝の官憲によって駆逐されると、彼らは新しい拠点を求めて北上し、月港の付近に停泊するようになった。さらにスペイン人や日本人なども、交易のために訪れるようになる。…月港を拠点とした商人たちは、明朝が行う海禁にもとづく密貿易の取り締まりに対抗するために、武装した」(二〇一―二〇二頁)。

この「一六世紀に、月港をしのいで急成長を遂げた港が、江南地域の外洋に浮かぶ舟山列島の一角に位置する**双嶼港**《そうしょこう》であった」。ここは明朝が倭寇対策などのために「無人化」させたこともあったが、結局は「明朝の支配から離脱した人々」の居住する空間となっていった。「一六世紀にまずポルトガル人が進出し、双嶼港を拠点に定めた。初期には、福建出身の商人達が、ポルトガル商人を手引きしたと思われる。時期は嘉靖三-四年（一五二四-二五）ごろである。陸地から離れたこの拠点は、明朝の取り締まりを逃れて交易を展開するうえで、月港よりも優れた条件を備えていた。やがて江南《こうなん》を商域として押さえていた徽州《きしゅう》出身の商人たちも、双嶼港に往来するようになる。さらに一五四〇年ごろから日本の銀が本格的に中国に向かって流れ出るようになると、江南と日本とを結ぶ海路に位置する双嶼港は、中国・ポルトガル・日本などの商人が集う国際交易港の様相を呈し始める」（二〇二-二〇三頁）。

双嶼港を管理した海洋商人は、初めに李光頭《りこうとう》（李七《りしち》、福建商人）で、次いで許棟《きょとう》（許二《きょに》、徽州商人）であった。「海に乗り出した許棟のグループは、陸に根をおろした新安商人と商取引の慣習を共有していたため、ポルトガルや日本の商人が必要とする中国物産を容易に入手することができた。海と陸とのあいだに、人材と物資と通貨としての銀をめぐるチャネルが形成された。このチャネルを伝わって海洋に身を投じ頭角を現した海洋商人の代表者が、のちに倭寇の大頭目として名をとどろかせる**王直**《おうちょく》である」。まだ許棟の下にあった王直だが、日本に渡航したり、寧波にいた日本人を双嶼港に案内したりしていた（二〇四-二〇五頁）。

一五四八年に、浙江巡視都御史・朱紈《しゅがん》が双嶼港を攻めて、倭寇に大打撃を与える。「この事件を契機に、海洋商人たちは明朝と敵対せざるを得なくなる。双嶼港を拠点としていた海洋商人は王直のもとに結集し、舟山と大陸とのあいだに位置する烈港《れっこう》に新たな拠点をつくり、日本とのあいだの交易を続けた。王直は他の海洋の勢力を吸収しながら勢力を拡大し、東シナ海を制圧するにいたる。嘉靖三二年（一五五三）官軍により拠点の烈港を再び攻撃され、王直は中国沿海から退いた。この事件を契機に、〈嘉靖大倭寇《かせいだいわこう》〉と呼ばれる事態に発展する。／大倭寇と呼ばれる状況は、中国沿海で海上勢力を統轄するものが姿を消したことで統制が効かなくなり、一部のグループが暴走したために発生したと考えられる。とくに目立った活動を展開した徐海《じょかい》は、王直とたもとを分かったあと江南地方で掠奪を繰り返した」（二〇六―二〇七頁）。

「一方、双嶼港を退いた王直は、どのように変化したのであろうか。一つは海上活動の拠点を、明朝の官憲の手が届かない日本の沿海に定めたことである」。それが五島《ごとう》列島や平戸《ひらど》である。これらの地に「それまで双嶼港に来航していたポルトガル人が、多く参集するようになったと伝えられる」（二〇七―二〇八頁）。

12　王直の日本での活動と「海禁」の緩和

上田信は、次のように述べている。「一五四一年に王直が平戸に来航したとき、領主の松浦隆信《まつらたかのぶ》は賓客を迎えるように応援し、自ら屋敷を明け渡したという。松浦家に伝わる『大曲記《だいきょくき》』には、〈平戸津《ひらどつ》へ大唐《だいとう》（中国）から五峰《ごほう》（王直の号）というものが来て、印山寺屋敷に唐様に館を建てて住み着いた。それを手がかりとして大唐の交易船が絶えず、さらに南蛮《なんばん》の黒船も初めて平戸津に来航するようになり、南蛮の珍しい物産が毎年のように到着し、京や堺の商人をはじめ各地のものがみな集まり、西の都と人々が呼ぶようになった〉とある。日本に交易拠点を設けると、東南アジアと中国、日本とを結ぶ交易をほぼ独占した。王直は中国・ポルトガルの商人を呼び寄せ、平戸に交易港としての繁栄をもたらした。／王直は単に利益を求めて活動するだけでなく、明確なヴィジョンを持っていたと考えられる。徽王《きおう》と名乗り一つの政権であることを自他ともに示すとともに、王直は明朝に海禁を解かせ、海洋商人たちの交易を公認させようとした。嘉靖三一年（一五五二）以降、巨艦を率いてしばしば官軍を破るようになると、明朝の側でも倭寇の被害を鎮めるために、王直の要求を受け入れ、投降させようとする方策が出された。その立案者は、王直と同じく徽州出身の浙江・福建都御史の胡宗憲《こそうけん》（号は梅林《ばいりん》）であった」（二四九－二五〇頁）。

王直と胡宗憲は、ともに「海禁」解除の希望と意志を持っていた。そこで王直は、胡宗憲の使が五島列島の福江《ふくえ》までやって来て、帰国を促したのに応えたのである。しかしながら、胡は王を捕えた。「胡宗憲は海禁を解除しようとプランを練り、その後の交易を統轄させる人材として、王直を投獄はするものの丁重にもてなした」。胡宗憲の議論に答えて唐枢《とうすう》が、「海禁」の「利点と問題点」を論じ、「中国と夷《い》とは、それぞれ特産物があり、貿易を途絶することは難しい。利のあるところに、人は必ず向かうものである」とした。従来の「尊卑の秩序」（華夷秩序）に対して「華夷同体」とすべきという「新しい」視点を提起したのである。「ところが朝廷では、王直や胡宗憲が期待したように事態は進まなかった。官僚の大半は、海禁を解くことに消極的であったためである。その危惧は明朝の朝貢メカニズムのなかで常に問題を引き起こしてきたということに集約され、日本との交易を公認した場合に生じるトラブルであった。胡はついに王直を杭州において斬首せざるを得なくなった。嘉靖三八年（一五五九）一二月のことである」（二五〇―二五一頁）。王直については次節4を参照。

それから八年、事態は展開した。「王直の死後、倭寇が急速に収束に向かうと、明朝もまた海禁の緩和に向けて動き始める。ついに隆慶元年（一五六七）に〈東西二洋〉、すなわち華南からヴェトナム・マラッカ方面に向かう西洋航路と、中国から台湾・フィリピンを経てブルネイ方面に向かう東洋航路について、対外交易を行うことが認められた。…東南アジアと中国とのあいだを往復する交易船は、交易許可証にあたる号票文引《ごうひょうぶんいん》を所持し、そこには貨物の明細、乗組員の氏名・風貌・戸籍などを記載し、海防官が検査することになっていた」。「ただし、日本との交易は依然として厳禁され、日本からの密輸品であった火薬の原料である硫黄・銅などの輸入も禁止されていた」（二五一頁）。

「朝貢システム」から「互市《ごし》システム」への動きが始まった。「互市」とは「対外交易」という意味で、「互市システム」の命名は上田信のようである。「海禁緩和にともない中国側の交易拠点となったのが、福建省漳州の月港《げっこう》であった」。いったん双嶼港《そうしょこう》に移っていた中心が、この月港に戻ってきたのである。一六世紀後半から一七世紀にかけてのことである。「一五六七年には、港の管理を行うために県の行政機関が置かれ、海上交易が公明正大に行われるようにと海澄《かいちょう》県と名づけられた。海防館（のちに靖海館と改称）という海上での治安維持にあたる官署が置かれ、港を出入りする商船を検査し、税金を徴収し、密輸品を摘発したのである。／月港における交易は、朝貢を管轄していた礼部の統制を受けない。朝貢メカニズムでは、国ごとに船舶が寄港する港が指定され、入貢する機関も規定されていた」。「これに対して月港における交渉では、こうした規定がない。日本を除くどの国の船舶も寄港することができ、商船がもたらした貨物はすべて商品として扱われ、水《すい》餉《しょう》・陸餉と呼ばれる関税として銀で支払うことになっていた。税金を支払うことと引き替えに、交易許可証にあたる号票文引が発給されたのである」。「つまり朱元璋が定めた朝貢メカニズムとは異質な交易が、一六世紀後半に追加されたことになる。この新しい仕組みを、**互市システム**と呼ぶことにしよう。このシステムの導入は朝貢そのものを変質させる契機となった。表面上は、日本との交易は禁止されていたが、東南アジアの諸港において日本の商船と中国の商船が出会い、取引を展開することまでも取り締まることはできない。これ以降、日本と中国の海洋商人は、いわゆる出会い交易を組織し、ヴェトナムのホンアイ、タイのアユタヤなどにいわゆる**日本人町・唐人《とうじん》（中国人）町**が形成されるようになる。海域世界は新たな段階に入ったのである」。「互市システムは、朝貢を否定して生まれたものではない。朝貢メカニズムにもともと存在していた交易活動を、礼の秩序の体系から独立させて運営しようというものである。そうすることで中国との交易を切望する海外の諸勢力を満足させ、倭寇のような武装勢力の経済的な基盤を奪い、福建などで密貿易に関わっていた地域有力者をも満足させ、さらに帝国を運営するための銀を必要としていた明朝は関税収入を得ることができる。しかし、もし海外の勢力が明朝との政治的な交渉に入ろうとすれば、背後に隠れていた朝貢メカニズムが作動し、礼が求める秩序に従って動かざるをえなくなる」（二五二－二五三頁）。

第四節　「後期倭寇」と「倭寇的状況」

1　後期倭寇の胎動

田中健夫《たなかたけお》『倭寇―海の歴史』（講談社・学術文庫、二〇一二年。初出は一九八二年）は、「一六世紀の倭寇の胎動」を次のように述べている。田中は「後期倭寇」とはせず「一六世紀の倭寇」という。

まずは、そもそもの明の政策の、実際の姿を次のように描いている。明朝は、対外政策としては「朝貢船貿易の制度」を、国内政策としては「海禁政策」をとったが、「商品流通経済がかなりすすんだ段階で、このような政策を強行することは、はじめから無理なことであった。明初以来二〇〇年間の海禁の時代に、公許を得ない私貿易すなわち密貿易が執拗《しつよう》にくりかえされていた事実がなによりの証拠といえよう。一五世紀～一六世紀になると、貿易の主流はすでに朝貢船貿易ではなく、密貿易に移ってしまったといってもよい状態となったのである」。海禁令は数次にわたって出されているが、そのことは「中国人が海外に出て活動する者が少なくなかったことを逆に証明するものである。違反した者には極刑《きょっけい》が科せられたが、下海者は一向に減少せず、むしろ増加の一路をたどった。明代の初期の海禁は〈下海通蕃〉の禁止、すなわち外国人との交易が禁止されただけだったが、中期になると〈寸板《すんぱん》も下海《げかい》を許さず〉という言葉がつねに用いられるようになり、中国人同士が海上で交易することまで禁止された」（一一二―一一三頁）。

もともと「福建《ふっけん》・広東《カントン》・浙江《せっこう》などの諸地方の塩商人と米商人を中心とする商人群」は、海上活動を抜きには生活が成り立たないほど、海に依存していた。また、「現職および退職した官僚」（郷紳《きょうしん》）が、商業資本と結合して財を成し、郷里または他郷に定住して、政治的にも経済的にも大きな権力を握るようになっていった。「郷紳は禁止されていた大船を造り、特権商人たる牙行《がこう》「仲買業者―広辞苑」に貨物を集積させ、取り締まりの官司には賄賂《わいろ》をおくって密貿易にのりだしたのである」。それは取り締まりの対象となるが、彼らはそれに対抗して「武装集団」となり、「海賊集団とも結んで、官憲に対立するようになった」。さらにもう一つ、「やがてこの地方には、ヨーロッパ船の北上や遣明勘合船の廃止にともなう日本人の参加があり、東シナ海を舞台とした大倭寇発生の条件はここに充分にととのえられたのである」（一一四―一一五頁）。

村井章介『世界史のなかの戦国日本』（前出）は、次のように述べている。「一六世紀になると、シナ海上の倭寇の動きも復活するだけでなく、一四世紀の前期倭寇にはなかった新たな相貌を帯びはじめる。海禁によって海外活動が非合法化された中国人商人が、下海して直接密貿易に携わるようになり、かれらを中心にシナ海をとりまく地域で活動する交易者たちが結集した集団、これが倭寇の実体となってゆくのである。一四世紀段階の倭寇と区別して、これを〈**後期倭寇**〉と呼んでいる」。琉球との関係についても言及している。「かれらは中国大陸沿岸の密貿易ルートを通じて南海方面の物資を中国・日本・朝鮮へもたらしたから、琉球の中継貿易にとってもっとも手ごわい競争相手となった。一七世紀の初頭に琉球の国家的自立が奪われるにいたる種子が、ここに蒔かれた」

（三四頁）。薩摩の侵攻のことである。

「明や朝鮮は海禁を強化したり海防をひきしめることで倭寇に対抗しようとしたが、倭寇はむしろ郷紳《きょうしん》（中央・地方の官僚を輩出する在地有力者層）や、経済発展で財力をたくわえた豪商と結んで、明や朝鮮の国内経済へくいこむ勢いをみせた」（三四頁）。

そこに、ポルトガルも入ってくる。彼らも取引を認められていないのであるから、密貿易業者であり、それが日本人とも結びつくようになる。「こうして、一六世紀のシナ海域では、国家間の合法的な交通にかわって、さまざまな人間集団を包含する〈倭寇的勢力〉が地域間交通の主役となっていった。もはや人間の動きの総体としては、国家的交通の衰退にもかかわらず、未曾有の活況を呈したといってよい。こうした**〈倭寇的状況〉**こそ、一七世紀に権力的集中をとげたあらたな国家権力が対決をせまられた相手だった」（三五頁）。

米谷均《よねたにひとし》「後期倭寇から朝鮮侵略へ」（池亨《いけすすむ》編『天下統一と朝鮮侵略』吉川弘文館・日本の時代史13、二〇〇三年）は、一六世紀の倭寇、「後期倭寇」の複雑さを次のように指摘している。①「その構成員の出自が極めて雑多である」、すなわち日本人・中国人・朝鮮人・ポルトガル人などである。これら「母語を異にする人間集団が、環シナ海の沿岸島嶼《とうしょ》部に雑居していた」。②彼らはまさに「マージナル・マン」であり、「自分の都合に合わせて、民族なるものの境目《さかいめ》を行ったり来たりする存在であった」。③「彼らの行動が神出鬼没であり、かつ他の倭寇勢力と離合集散を繰り返して活動しているため、その行動を追跡することが容易でない」。④「倭寇とよばれた集団は、暴力的な海賊としての一面と、あまたの珍宝財貨をもたらす海商としての一面を、時と場合そして相手に応じて変幻自在に使い分けていた」（一二五－一二六頁）。

中国の「冊封体制と海禁政策」により、琉球は「繁栄を享受した」し、朝鮮の「受図書《じゅとしょ》・受職《じゅしょく》・歳遣船定約《さいけんせんていやく》の制」により、対馬は「繁栄を享受した」。「しかし一五四〇年代以降、環シナ海地域には異変が顕著にあらわれるようになった。浙江《せっこう》や福建《ふっけん》などの沿岸島嶼《とうしょ》部から、中国船が解禁を破って日本や琉球方面に続々と押し寄せるようになったのである。まず琉球であるが、一五四二年に、福建漳州《しょうしゅう》の商人陳貴《ちんき》が大船に乗って琉球に来航し、同地停泊中の広東潮陽船《ちょうようせん》と貿易の利を争って殺傷事件を起こしたため、琉球側に貨物を没収されて明に送還された事例があげられる。もともとこの潮陽船の那覇入寇は、琉球側の官吏の手引きもあってなされたことが後日判明するが、琉球側は中国船による紛争を警戒したためか、一五四四年から四六年に渉って首里《しゅり》城の城壁強化工事を行ない、一五五一年から五三年にかけて那覇港防備のための屋良座森《やらざむい》グスクを築いている（上里隆史・二〇〇〇［＝「琉球の火器について」『沖縄文化』36－1］、真栄平房昭・二〇〇一［＝「東アジア海域世界と倭寇」尾本恵市・浜下武志・村井吉敬・家島彦一編『海のアジア』5］）。また同様に、日本においても、このころ肥前の平戸《ひらど》、豊後の神宮寺浦《じんぐうじうら》や佐伯浦《さえきうら》、薩摩の阿久根《あくね》、大隅の種子島《たねがしま》、肥後の天草《あまくさ》、伊勢、摂津、越前の三国湊《みくにみなと》などの地においても多数の中国船が来航していることが確認できる。このうち一五四一年に豊後神宮寺浦に来航した中国船については、翌年朝鮮に来た偽日本国王使の書契のなかに、それらしき船団の消息が伝えられている。それによれば、明の南方に住む商人八十余名が、風にあおられて豊後に〈漂着〉したため、彼らの希望によって琉球経由で帰国させたという。おそらく福建近辺の中国船が、海禁を破って日本に赴き、さらには琉球へ出帆して貿

年表　1540-50 年代の倭寇

西　暦	事　　　項
1541	中国船(明の南方の商人 80 余名)，風にあおられて，豊後神宮寺浦《じんぐうじうら》に「漂着」する．彼らの希望により，琉球経由で帰国させる．
1542	福建璋州《しょうしゅう》の商人陳貴《ちんき》，大船に乗って琉球に来航し(琉球側官吏の手引きあり)，同地停泊中の広東潮陽船《ちょうようせん》と争って殺傷事件を起こし，琉球側に貨物を没収されて明に送還される．
1544-46	琉球，首里城の城壁工事を行なう．
1551-53	琉球，那覇港防禦のため，屋良座森《やらざもり》グスクを築く．
1544	対馬島民，倭寇事件(蛇梁倭変《サリャンわへん》)を起こす．
1544-47	正体不明の不審船「荒唐船《こうとうせん》」(搭乗は中国人)，朝鮮半島の西部から南部に渉る沿岸島嶼部に集中的に現れる．「漂着」だったが，攻撃された．
1544-46	豊後の大友《おおとも》氏や肥後の相良《さがら》氏による朝貢使，次々に派遣．
1540・45	五島の宇久氏，対馬の島主文引制を無視して，朝鮮に使節．
1552-54	荒唐船(搭乗は日本人も)，朝鮮沿岸に再び出没する．
1554	博多･平戸などの日本人と中国人，済州島に 4 隻の船団で現われる．
1553	対馬島主，朝鮮に対して，西戎《せいじゅう》(西日本の海上勢力)が大明《だいみん》で賊を働いたこと，当年もまた西戎数千艘が中国に向かうとの風聞ありと伝え，沿岸警備を勧告した．
1555	対馬からの警告の 2 カ月後，達梁倭変《タルリャンわへん》起こる．
1555-57	達梁倭変．倭船 70 隻，全羅道の各所を襲撃，済州島でも大規模な戦闘，荒唐船と利害を共にするグループとみられる．
1556	対馬島民・調久《しげひさ》，ソウルに至り，中国人「五峯」(王直)に関する情報をもたらす．使者・蒋州《しょうしゅう》，平戸の王直を伴い，大友義鎮，対馬の宗氏，山口の大内義長らに倭寇禁圧を求める．このとき王直は蒋州の誘いを受けて帰国を決断する．
1557	帰国した王直，官憲に逮捕，収監される．1559 年斬首される．
1550 年代	嘉靖《かせい》の大倭寇《だいわこう》．

(出典)　米谷均「後期倭寇から朝鮮侵略へ」(池享編『天下統一と朝鮮侵略』吉川弘文館・日本の時代史 13，2003 年) により作成．

易を重ねたのであろう」（一二九頁）。「一五四〇年代は、日本国内の諸大名が、従来の構造を破る形で使船を海外に送る動向が顕在化した点も注目される」（一三〇頁）。「環シナ海地域の変容は、五〇年代になるとさらに加速した。一五五二年から五四年にかけて、再び荒唐船《こうとうせん》［正体不明の不審船―米谷により来間］が朝鮮沿岸に出没するようになったのである」（一三一頁）。

以下は前頁の年表にまとめた。

2　三浦の乱

朝鮮は倭寇対応の政策として、「受図書人《じゅとしょにん》の制度」や「文引《ぶんいん》という渡航証明書を発行する制度」（文引制）などを設けていたし、日本への開港場として富山浦《ふさんぽ》と乃而浦《ないじほ》（薺浦《せいほ》）と塩浦《えんぽ》を認め、これを「三浦《さんぽ》」といい、そこには多くの日本人が居住するようになっていた。これを「三浦恒居倭《こうきょわ》」といった（本シリーズ第四巻『琉球王国の成立』上、第三章第二節4、第三節3、および本章第三節3も参照）。

村井章介『中世倭人伝』（岩波書店・新書、一九九三年）は、「三浦の乱」について、次のように述べている。まず、乱以前の状況をくわしく記述してある。「中近世の日朝貿易には、つぎの三つの形態があった。①使節による進上（封進）とそれへの回賜、②官営の公貿易、③双方の商人どうしによる私貿易。／表看板はあくまで①だが、じっさいの取り引き額の大半は②③で占められていた」。取引物品は、日本からは、「赤色染料の蘇木、胡椒以下のスパイス類、そして銅・鑞［錫《すず》―来間」・硫黄・金などの鉱物」が、朝鮮からは「初期には綿紬（絹織物）もあったが、しだいに綿布一本に絞られていった」。こうした取引は公貿易であっても、私貿易であっても、朝鮮の国家財政の負担になっていた。そこで次の事態が起こった。

「一五〇〇年、対馬島主宗材盛《きもり》の使者盛種が銅鉄一一万五千余斤を持ちこんだ。朝鮮は、あまりの多さに、三分の一だけを買い、残りを持ち帰らせた。二年後また売れ残りを持ってきたので、銅五斤半につき綿布一匹半の公定価格を、五斤につき一匹に切り下げて―つまり綿布三匹の値段が銅一一斤から一五斤に高騰したことになる―、三分の一を買うと通告したが、使者は代価をうけとらずに帰った。その二年後またやってきたが、新レートでの取り引きに不満で、また代価をうけとらずに帰った。さらに二年後の一五〇八年、使者貞勝が来て旧レートで買ってくれるよう求めたが、その後のなりゆきはわからない。こじれにこじれたこの問題が、一五一〇年の三浦の乱のひきがねのひとつになったことはまちがいあるまい」（一三四頁）。

他にも、朝鮮半島南辺の居民が、しばしば「水賊」となって事件を起こしていた。そして、一五〇八年には、薺浦《チェポ》から目と鼻の先にある加徳島《カドクト》で海賊事件が起きた。三浦《さんぽ》には多くの日本人が居住しており、彼らが中心だったろうと思われた。さらに、一五〇九年に、全羅道の甫吉島《ポギルド》で済州貢馬船が襲われ、その賊は三浦倭人だとされた。これに抗議して、薺浦の倭人たちが境界線を越えて乱入する事件が起こった。

朝鮮側の取り締まりがきびしくなり、恒居倭《こうきょわ》は対馬の宗氏と結びつつ、抗議したりした。一五一〇年「二月三日、慶尚道の巨済島《コジェド》で四人の倭人が海賊として斬られたが、これは孤草島《コチョド》へ釣魚に向から薺浦恒居倭を朝鮮側が誤認したもので、三浦倭人の憤りはますますつのった。ついに四月四日、薺浦・釜山浦の倭人たちは、宗盛順の代官盛親の指揮する対馬からの援兵を得て、大規模な暴動を起こした。**三浦の乱**の勃発である」。当初は「倭軍」が優勢で、上陸して各地の拠点を攻め、関係者を殺した。しかし、しだいに戦況は思わしくなくなり、「和平」や「講和」を求めたが応じてもらえず、結局多くの死者を出して対馬に撤退した。「こうして、三浦恒居倭と対馬宗氏が計画的に引きおこした暴動は完全に裏目に出て、対馬・朝鮮関係の断絶をきたした。対馬は、営々と築いてきた居留地はおろか、朝鮮とのあいだで保っていたすべての権益をうしなった。一五一二年の壬申約条（対馬・朝鮮の復交条約）で薺浦が再開され、倭館も復活したが、あくまでたんなる倭人入港場としてであって、居留はきびしく拒絶された」（一四六－一四七頁）。

曲折があって、一六世紀半ばには、「倭人の入港場も倭館も釜山一か所にかぎられた」（一四九頁）。

3　細川・大内氏の対立と寧波の乱

田中健夫『倭寇と勘合貿易』（増補版は村井章介編、筑摩書房・ちくま学芸文庫、二〇一二年。初出は一九六一年）は、対明貿易をめぐる、管領家・細川氏と、西国の有力守護大名・大内氏との対立を次のように描いている。

細川氏は代々管領を務める家で、摂津、讃岐・阿波などの四国、淡路・河内・和泉などの畿内とその周辺を要地とする有力な守護大名で、当初から対明貿易にかかわりを持った。そこで「その領内の商人、すなわち兵庫・芦屋・堺の商人で遣明船の客商・従商人として乗り組むものとの間に利害関係が生まれるようになった」(一〇五–一〇六頁)。

一方、「大内氏は細川氏にもまして遣明船とは深い関係があった」。盛衰があったが、「その領国は周防・長門・豊前・筑前・安芸・石見・肥前の七カ国にまたがった。それに大内氏が瀬戸内海および北九州の海賊衆をその配下においていたことは［ことからも―来間］、遣明船の派遣には深い関係を持っていた。海賊衆の向背《こうはい》が航海の安全を左右したからである。また大内氏が支配下においた西国は、前代から中国・朝鮮との通商貿易の盛んな地域であった。博多はその中心で、海運業ははやくから発達し、造船も行なわれ、商人の層も厚かった」(一〇六頁)。この大内氏の支配地域については、同書末尾の「解説 対外関係史の初心」で、村井章介が次のように述べている。「〈大内〉教弘の時は、その領国は周防・長門・豊前・筑前・安芸・石見・肥前の七カ国にまたがった〉とあるが、教弘の肥前守護は一時のみで、石見については邇摩郡、安芸については東西条のみの守護であった」(二七四頁)。

かくして「細川・大内二氏は室町時代を通じて政治上・軍事上の二大対立勢力であった」、「また両勢力と結びついた畿内の商人層と北九州の商人層との対立も微妙である」(一〇七頁)。

田中は本書末尾に「遣明勘合船一覧」を載せている。一四〇一年に足利義満が祖阿《そあ》(同朋衆)と肥富《こいつみ》(博多商人)を使者として送ったことに始まり、一四〇三年にもそれに続き、一四〇四年からは第一次勘合船としての派遣となり、一四一〇年までに六回、二〇年代はなく、三〇年代は二回、四〇年代はなく、以後、五三年、六八年、七七年、八三年、九三年、一五〇六年、二〇年、三八年とあり、四七年の一七次で最終となっている。

「寧波《ニンポウ》の乱《らん》」は、一五二三年に起こっている。「永正一六年（一五一九）ころには大内氏の遣明船派遣計画が具体化し、それに対抗して細川氏の派遣計画も熟した。大内氏は新たに遣明船三隻を豊前池永で艤装し、正徳新勘合の一・二・三号を与え、謙道宗設《けんどうそうせつ》を正史、月渚永乗《げっとえいじょう》を副使として入明させ、彼らの船は大永三年（嘉靖二年、一五二三）四月寧波に到着した。一方細川氏は幕府に強請して、すでに無効となったはずの弘治の勘合一道を獲得し、鸞岡瑞佐《らんこうずいさ》を正史とし、明人宋素卿《そうそけい》を付し、南海路によって入明させた。細川船が寧波に到着したのは大内船の到着に遅れること数日であった。／ここで当然勘合船としての両者の真偽が問題になったわけであるが、宋素卿はいちはやく市舶司に賄賂を贈り、はやく入港した大内船よりさきに、規定に反して細川船の貨物を陸揚げさせて東庫における点検をすませ、しかも嘉賓館《かひんかん》における席次も細川船の鸞岡《らんこう》を大内船の宗設《そうせつ》の上におかせるようにしてしまった。この状態に憤激した宗設らは五月一日東庫から武器を持ち出して鸞岡を殺し、宋素卿らの船を焼却し、さらに素卿を追って紹興の城下に至った。素卿は府衛に護られて少し離れた青田湖に退避した。宗設らは寧波に帰り、沿道で放火乱暴し、指揮袁璡《えんれん》を捕え船を奪って出帆した。細川・大内二氏の対立関係はここに極点に達し、ついに爆発したのである。素卿はその後、明において獄死した。この事件の結果、浙江各官の不正怠慢が指弾され、嘉靖八年（享禄二年、一五二九）浙江市舶太監が廃止された。／大永五年（一五二五）明では**琉球使臣**に託して、室町幕府に対し、叛乱の張本となった宗設を引き渡すこと、袁璡《えんれん》らを帰還させること、などを命じた

「下巻第四章第三節2―来聞」。幕府はこれに対し、享禄三年（一五三〇）に、正徳勘合が賊に奪われたこと、鸞岡《らんこう》らが正使であったこと、などを告げて、新勘合の給与を請求した。大内氏は明に対して日明貿易における特殊地位を釈明する一方、この年ふたたび幕府に対して遣明船の特権の保証について請求し、その権利を手中にした。こうして遣明船は大内氏の独占下に派遣されることになった」（一一三―一一四頁）。

4　双嶼・五島・平戸で活動する王直

後期倭寇の中心人物の一人は、第三節10、11でもふれた**王直**である。米谷均「後期倭寇から朝鮮侵略へ」（前出、池編『天下統一と朝鮮侵略』）は、次のように描いている。「王直《おうちょく》は、徽州府歙県《きしゅうふしょうけん》（現、安徽《あんき》省）の出身者で、本名を鋥《てい》と言い、ある時期から〈五峯《ごほう》〉〈五峯船主《ごほうせんしゅ》〉〈五峯先生《ごほうせんせい》〉と呼ばれた。その前歴については諸書一致しない点が多いが、遊民となった末に、寧波《ニンポー》東方の海上に浮かぶ六横島双嶼《ろくおうとうそうしょ》の密貿易集団に身を投じたようである。この双嶼の地は、一五二六年に鄧《とう》親分（鄧《とう》獠《りょう》）なる人物が〈蕃夷〉（南洋諸国人）を誘引して密貿易の巣窟となった所で、一五四〇年には王直と同郷の許棟《きょとう》らがポルトガル人をマラッカから引き寄せ、ここで密貿易をおこなわせている。ポルトガル人からリャンポーと呼ばれた双嶼には、大きなポルトガル人集落があり、ノッサ＝セニョーラ＝ダ＝コンセイサン（聖母浄配）という名の教会が建てられていたという。王直は、様々な出身地からなる中国人や諸民族が雑居往来する双嶼の地において、同郷の徐惟学《じょいがく》や漳州《しょうしゅう》人の葉宗満《しょうそうまん》・

謝和《しゃわ》らとともに広東《かんとん》へ行って大船を建造し、日本・暹羅《シャム》・西洋（南海諸島）を往来し、輸出禁制品の硫黄《いおう》・硝石《しょうせき》・生糸などを交易すること五〜六年にて巨万の富を築いたという」（一三四―一三五頁）。

そして、この王直がポルトガル人を伴って、種子島に漂着し、鉄砲を伝えたのである（第三章第一節11）。「王直は一五四四年に双嶼に戻って許棟《きょとう》の配下となり、翌四五年、前年から双嶼近辺に居座っていたと思しき寿光《じゅこう》（大友義鑑《おおともよしあき》使僧）を伴って日本に向かい、みたび種子島に来着した。そして博多出身の助才門《すけざえもん》ら三名の日本人を初めて誘引して双嶼に帰り、密貿易を行わせたという」（一三六頁）。

「一五四八年、王直の運命を変える大きな事件が起きた。海上の粛正を志す浙江巡撫朱紈《しゅがん》によって双嶼が陥落し、李光頭《りこうとう》や許棟など主だった頭目が次々と逮捕・処刑されたのである。王直は、この明官軍の双嶼攻撃から辛くも逃れ、李光頭や許棟配下の残党を回収して首領の座に納まった。恐らくこのころ五島に拠点を置き、同地を足掛かりに日本人を誘い出し、中国での密貿易を働きかけたのであろう」。しかし、王直の覇権掌握は同業者たちとの「激しいつばぜり合い」を要した。「王直は、敵対する倭寇の頭目を滅ぼすことによって官憲に恩を売り、なおかつそれを自己の勢力拡大に結び付けるという手段を選んだのである」。こうして、敵対者を抹殺したりして「浙江海上の倭寇王」にのし上がったが、「しかし同時に、彼が倭寇世界で王者のごとき存在と目されるようになったことは、ある意味で両刃の剣のごとき危険を伴った」。結局、「王直は日本へ遁走《とんそう》することとなった」。「一五五三年（嘉靖三二）六月、王直は平戸《ひらど》に逃れ着いた」。自らは平戸に居館を構えて住み、他方「以前からの拠点である五島」には腹心を置いた。このころは多くの中国人が、「平戸と五島、そして博多」に住んでいた。「王直の平戸寄寓もまた、松浦氏の何らかの勧誘が働いたのであろう。中国船の往来は、国内外の人間と財貨を呼び寄せる吸引力となり、彼らの城下に繁栄をもたらしたからである」。しかし他方では「王直が五島に拠点を置いたことが、他の倭寇集団による襲撃を招いた」こともあった（一三六－一四一頁）。結局、王直は「私市《しし》」（私貿易のことカ）を認めるという官側の誘いに乗って、中国（舟山列島）に戻り、逮捕され斬首された。一五五九年のことであった。徐海ら他の集団もその三年前には掃討されていた（一四四頁）。

米谷均は、「倭寇とよばれた中国人海商は、様々なモノ・ヒト・その他もろもろを日本にもたらした。後世に与えた影響の大きさからいえば、そのうち最も重要なものは鉄砲と南蛮人宣教師であろう」と述べている（一四五頁）。

5　一六世紀倭寇と薩摩・大隅・長崎

永山修一《ながやましゅういち》は、「一六世紀倭寇と薩摩・大隅」のことを、松下志朗《まつしたしろう》・下野敏見《しものとしみ》編『鹿児島の湊《みなと》と薩《さつ》南《なん》諸島』（吉川弘文館・街道の日本史55、二〇〇二年）の中で書いている。

「明の国策は進貢貿易体制維持と海禁政策によって自由貿易を禁止していたが、自由貿易の要件は整いつつあった。明の国内経済力の発展や郷紳層の動向を根底に、ポルトガル船の東アジア貿易の展開、さらに日明貿易の衰退・廃止に伴う日本人の自由貿易希求が要因である。しかし、海禁令違犯に対する官憲の取締りは厳しく、密貿易者もまた、対抗上武装化・集団化した。この顕著な例が最後の倭寇とされる嘉靖《かせい》大倭寇であり、最大規模の倭寇王・王直の存在であった」（八四頁）。『籌海図編《ちゅうかいずへん》』（一五六二年、鄭若曾著）の「倭国事略」は「倭寇根拠地の筆頭に薩摩、第二群に大隅・種子島をあげている」。薩摩・大隅の「代表的な港湾」として東から油津・肝属《きもつき》・山川・鹿児島・阿久根・坊津・久志・穎娃《えい》・根占・川内《せんだい》・志布志、下大隅を挙げ、島嶼では七島・硫黄島・種子島が記されている。

一方、『日本一鑑《にほんいっかん》』（一五六五年、鄭舜功著）には、京泊・市来・片浦・泊・久志・坊津・山川・揖宿《いぶすき》・谷山・鹿児島・宮内（正八幡宮カ）・加治木・入来《いりき》・高須・下津・島・根占の地名が、地図にも示されている（八四-八五頁）。

「『種子島家譜』（『鹿児島県史料旧記雑録拾遺家わけ四』）では、五峯を〈大明の儒生五峯〉とし、『日本一鑑』海市の条には五峯は王直としている。『明実録之部』（一五五五年四月条）に〈海酋王五峯ト倭夷ヲ糾結シ、海上ヲ縦横ス〉とあり、明の海禁政策のなかで自由な貿易を求め、交易ができなければ掠奪を繰り返したことで倭寇王と世に恐れられた五峯は王直と同一人物である。五峯に冠せられた呼称には、海商、奸商、海賊、首悪、賊首、海酋《かいゆう》王、中国叛人、海寇等がある。倭寇の実態について『日本一鑑』に〈日本の夷は、皆華人を以って倭を勾《こう》し島を離れ、名は商と称すと雖《いえど》も寔《まこと》は寇盗と為す、故より商に従う者有ること鮮《すく》なし〉と、記述している。まさにこの倭寇の中心人物が王直である。王直の日本での根拠地は五島であり、当地では老船主と呼ばれていたことが、『明史』胡宗憲伝に記されている。種子島に鉄砲が伝わった歴史はあまりにも有名であるが、その反面、ポルトガル人を乗せた船が明船であったこと、船主が倭寇王・王直（五峯）であったことは知られていない」（八五-八六頁）。

佐伯弘次《さえきこうじ》「戦国の争乱」（『〈新版〉長崎県の歴史』山川出版社・県史42、一九九八年）は、次のように述べている。「一六世紀なかばごろから中国の海商が九州に来航し、住み着いて密貿易や海賊行為を行うようになった。後期倭寇といわれる人びとである。彼らの日本への進出はヨーロッパ人の日本進出と時期を同じくしていた。九州の大名たちの多くは彼らを領内に受けいれたため、中国貿易の拠点が博多から九州各地に移った。平戸に根拠地をおいた王直や鄭芝龍《ていしりゅう》（鄭成功《せいこう》の父）はその代表である。これらの中国海商によって勘合貿易を上まわる海外産品が日本にもたらされることになった」（一一八頁）。佐伯はまた、「王直」と題したコラムの中で、次のように述べている。「嘉靖二七年［一五四八年－来間］、双嶼は明政府のために壊滅し、王直は日本の五島《ごとう》に逃れた。五島の福江には、現在でも王直が使用したという六角井戸や明人堂が残っている。その後王直は五島から平戸に移り、松浦氏の庇護をうけた。ここを拠点として貿易や海賊活動を行ったのである。平戸は従来から日明貿易の中継港であったが、中国海商の移住により、勘合貿易後の日明密貿易の拠点となった」（一一七頁）。

6 影響を受ける琉球

『〈旧版〉沖縄県の歴史』（前出）で、上原兼善は次のように述べている。「一六世紀も半ばをむかえると、これまで鎮静の様子をみせていた倭寇がふたたび猖獗《しょうけつ》［（好ましくないものが）はびこって勢いが盛んであること―広辞苑］をきわめ、沖縄側もその影響を受けざるを得なくなる」。「倭寇は沖縄近海にも出没した」（七二頁）。

原田《はらだ》禹雄《のぶお》『琉球と中国―忘れられた冊封使』（吉川弘文館、二〇〇三年）は、次のように述べている。「嘉靖三五年（一五五六）、倭寇が浙江省《せっこうしょう》で敗れ、逃れて海に出て、琉球の近海に来た。世子《せいし》の尚元《げん》は、兵を出してこれを迎え撃ち、全滅させて、捕虜になっていた中国人六名を救出した。嘉靖三六年（一五五七）一二月、中山王世子の尚元の使者は、この六人を送り返し、請封した。世宗は、中国人の救出と送還を嘉《よみ》し、勅《ちょく》を賜り、銀五〇両と絹織物を尚元に授《さず》けた」。「海禁を続けた明の政策に対し、中国沿海の人々の経済的欲求が高まり、遂に爆発した。嘉靖の大倭寇《だいわこう》である。倭寇とはいえ、実態はほとんどが中国人で、海上で私貿易に従事する人々である。倭寇は、嘉靖四三年（一五六四）に鎮圧されるが、隆慶元年（一五六七）に、海禁は解除される。これ以後は、封貢よりも、海商たちが貿易の主役となってゆく。封貢の当事者もまた、否応なく倭寇にまきこまれた時代である」（四〇-四一頁）。

　朝貢＝進貢貿易を本筋とする琉球の立場は、その存立意義を実質だけでなく、形の上でも喪失していったのである。

第五節　「画期」としての一六世紀

1　さまざまな「近世」と「まとまり」

岸本美緒《きしもとみお》「東アジア・東南アジア伝統社会の形成」（前出、樺山ほか編『東アジア・東南アジア伝統社会の形成』）は、「一六世紀はなぜ画期なのか」を論じている。「東アジア・東南アジアにとって、一六世紀がなぜ時代の画期と見なされるのであろうか」（五頁）。「内陸アジア史家ジョセフ・フレッチャーは、…〈単一の「近世 early modern」史は存在するか〉と問いかけつつ、一五〇〇年から一八〇〇年の世界の諸地域において、相互に関連した同時的な発展が見られることを主張している。…統合された〈近世史〉は確かに存在したのである、という」。「フレッチャーのいう〈統合 integration〉を支えた要因の一つが、この時期に世界を駆け巡った新大陸の銀であることは、疑いないであろう。しかし、東アジア・東南アジアでも共通に見られる経済活動の活発化を、西欧の〈大航海時代〉のもたらした波及的効果として受動的にのみとらえることもできない。この地域での〈交易の時代〉はすでに一五世紀に始まっていたという見方もあり、また、東アジアでの貨幣経済の拡大に伴う緊張した需要がなければ、新大陸銀がそれほど大量に流れ込んでくることもなかったと思われるからである」（六頁）。そのことを検討していく。

まず、「東アジア・東南アジア諸地域の歴史学において、一六世紀から一八世紀という時期の時代区分上の位置づけは様々である」（六頁）。それは、以下の如くである。

日本史　一五六八年～一八六七年を「近世」とする。

中国史　明《ミン》末清《シン》初（一六～一七世紀）を一つの画期と見なす。

朝鮮史　一六世紀末～一九世紀半ばを「近世」とする。

そして、東南アジア史。「東南アジア史研究における時期区分としては、アンソニー・リードが〈交易の時代 the age of commerce〉と呼ぶところの一五-一七世紀の交易の興隆が、一つの時代を画する現象として多くの研究者の認めるところとなっている。リードによれば、東南アジアにおける活発な交易とそれに伴う国家形成の動きは、一五世紀に始まり、一五七〇年代から一六三〇年代にそのピークを迎え、一六八〇年代には終焉《しゅうえん》したという」。「それに対し、東南アジア大陸部の諸地域では一八世紀にも商業の発展は続いていた、という見地から、西洋史とちょうど同時代の一五世紀から一八世紀を東南アジアの〈近世 the early modern era〉と見なそうという説もある」（八頁）。

「以上みたように、東アジア・東南アジア史学においては、それぞれの地域において若干のずれはあるものの、一五-一六世紀を始期とし、一八-一九世紀を終末とする三〇〇年余りの時期を一つのまとまりとしてとらえる見方が、かなり有力であることが知れる」（八頁）。

同様のことを、岸本美緒は「後期明帝国の光と影」（前出、岸本・宮島編『明清と李朝の時代』）でも述べていた。「今日の歴史学においては、明末清初という時代は、一般に中国史上有数の発展期と見なされている。それは、一六世紀から一七世紀にかけて、〈近代〉への発展を予感させるようなさまざまな事象が中国においても堰《せき》を切ったように噴出するからである」。その現われとして、「都市経済と長距離商業の発展、〈資本主義の萌芽〉と称される富農経営やマニュファクチュアの展開といった経済面の新動向に加えて、出版業の隆盛にともなう情報量の急激な拡大、専制政治に対する批判の高まり、陳腐な道徳的説教よりも自分の心の内面を重視しようとする態度、などの思想上・文化上の新潮流」を挙げている（一七三―一七四頁）。

また、「それではなぜ、この時期にこのような変化が現れたのであろうか」と問い、次のように答えている。「一六世紀という時代は、世界史的にみても、激動の時代であった。この時期の北半球を鳥瞰《ちょうかん》してみるならば、ヨーロッパでもアジアでも、国家・地域間の紛争や統合、新興階層の勃興《ぼっこう》、都市の発達、人と物資の流動化、社会不安と宗教的革新、秩序の根源を問う新しい社会思想、などの共通の事象を見ることができる。そこには、新大陸の豊富な銀に支えられた国際商業の活発化とそれにともなう地域的・階層的緊張の増大という共通の背景があった」。なお、このような変動は、世界中どこでも同じように展開したのではなく、「それぞれ独自の方法で」対応したものであった（一七四―一七五頁）。

2　伝統社会の形成

岸本美緒「東アジア・東南アジア伝統社会の形成」は続けて、「それぞれの国家が独特の社会を形成したのも、この時代であった」とし、「本巻の題名にある〈伝統社会の形成〉という語について」、次のように説明している。「一つには、一六世紀前後の変動期に台頭した諸勢力によって作り上げられた新たな支配体制が、その後一七‐一八世紀の歴史過程を経て、今日にも繋がる国家の地理的・民族的枠組をつくり出したということ。今日われわれが〈日本〉〈中国〉〈ビルマ〉〈タイ〉などの語で思い浮かべる今日の国家の領域は、それほど古い起源をもつものではなく、一七‐一八世紀に固まっていたものが多いのである。さらに、今日われわれが〈日本的〉〈朝鮮的〉などと考える生活様式や社会編成の特質の多くは、この時期に定着してきたものであること。近代の改革派・ナショナリストにとって克服すべき旧制度として、あるいは逆に民族意識を支える固有の美点としてとらえられた社会制度や慣行の多くは、この時期に一つのスタイルとして確立した。そしてまた、それぞれの国の特徴をもつ制度や慣行の成立が、近代ナショナリズムとはまた違う形ではあれ、他国との対比における自意識の強化を伴っていたこと。〈鎖国〉〈海禁〉ないし海外交通の減退という形で国を〈閉じる〉方向へと向かってゆく動きは、一七世紀‐一八世紀の東アジア・東南アジアに広くみられたものであったが、それは自文化への即自的な埋没というよりは、それぞれの地域における意識的な選択の側面をもっていたのである。一六世紀における交流の経験は、自国の制度・文化への対自的視線をおのずと生み出すものであったし、〈夷狄《いてき》〉の清《しん》が中国の支配者になったということは、周辺諸国の自尊意識に複雑な影響を与えずにはおかなかった」（九頁）。

　われわれは、本書の冒頭で、日本史における戦国時代の意義についてみたのであるが、それはいわば「日本らしい日本」がそこで成立したというものであった。そのような「それぞれの個性ある社会」が形成されたということは、ひとり日本だけでなく、広く東アジア・東南アジアにも共通の事態だったのである。それは、次の「近代」の側から見れば、批判・克服の対象ともされるものでもあったが、ナショナリズムの芽生えの時代ともいえるものだったのである。

3　一六世紀における国際秩序の変化

一五世紀と一六世紀を比べて、国際秩序がどのように変遷したかについて、岸本美緒「東アジア・東南アジア伝統社会の形成」は次のように述べている。

「一五世紀も後半になると、中国でも商業活動の活発化や都市生活の奢侈《しゃし》化、土地価格の高騰など、経済的活況を示す現象が現われてくるが、それに先立つ明代前期（一四世紀後半から一五世紀半ば頃）は概して経済の沈滞した時期であった」。そのことが東南アジアの小規模港市国家の隆盛をもたらしたのである。「あたかもこの時期、東南アジアで「交易の時代」と称されるような商業活況の時期が始まるが、それは、明の海禁と相表裏する事態であるといえよう。中国商人の活動が抑えられていたこの期間に海上交易で繁栄したのは、東シナ海・南シナ海の小規模交易国家であった」。もっとも、明の存在はやはり大きく、東南アジアの港市国家群は「南海物産の大量需要者」である明の存在と、その軍事的な背景があってこそ、活躍できたのである（一三頁）。その代表として、岸本は「**東の琉球**」と「西のマラッカ」を挙げている。「この両者は、一五世紀の初めに政治的なまとまりとして成長し、一〇〇年あまりの商業的繁栄を享受し、一六世紀以降の朝貢秩序の解体と外部勢力の支配のなかで、次第にその地位を低下させてゆく」。琉球人は自ら出掛けていったが、マラッカはその位置の優位性に依拠して、各地の商船の集まる港として繁栄した、と岸本はいう。その体制が壊れたのが一六世紀である。「一五世紀の東アジア・東南アジアの国際秩序を支えていた朝貢制度の枠が打破され、明の北辺及び東シナ海・南シナ海を覆ったいわばアナーキーな状況のもとで、新興軍事勢力が成長してくるのが、一六世紀の状況といえよう」(一五頁)。

4 ユーラシアの枠を越える「世界史」の成立

このシリーズの第三巻『グスクと按司』第四章第二節6で、主として杉山正明《すぎやままさあき》の議論を紹介して、「世界史の誕生」を論じた。①クビライは「ユーラシア世界を史上はじめて**一個の全体像**にまとめあげ、中華の歩みも大きく変えた」。クビライは「中央ユーラシアの遊牧国家の伝統と中華世界の中華帝国の方式を合体させたうえ、さらに海域世界をも取り込んで、きわめてゆるやかではあったものの政治・経済の〈システム〉といってよいものを出現させた」。②「染付＝青花＝ブルー・アンド・ホワイト」は、中国の「高質の磁器をつくる技術と産業力」と、イランの「コバルト顔料による絵付」の材料と技術、「青と白」を「聖なる色」とするモンゴルの「需要と嗜好」、この三者が合体して生まれた「染付は、まさにユーラシア新時代の産物であった」。③モンゴルは、このように実態として「世界史」を創り上げていっただけでなく、「世界史」そのものを著述として生みだした。「一三一〇年に完成した『集史』は、モンゴルがみずから語るモンゴル帝国史であるとともに、おそらくは真の意味で、世界史上はじめてあらわれた世界史ともなった」(五七-六〇頁)。

このことを踏まえたうえで、この一六世紀という時代を、「世界史」を新たな段階に押し広げた時代としてとらえることが求められている。それは、いわば「旧世界」（ユーラシア大陸）にほぼ限定されていた段階から、いわば「新世界」（ヨーロッパ主導でのアメリカ・アフリカ・オセアニア）を加えた段階へ、進んだのである。

一九九五年に、歴史学研究会が『講座世界史』をシリーズ全一二巻として刊行した（東京大学出版会）。そこでは、「世界史の成立の端緒を、いわゆる〈大航海時代〉に求めた」（まえがき）としているが、第一巻「世界史とは何か―多元的世界の接触の転機」は、「I　多元的世界の接触」「II　大航海時代」の二部構成となっている。つまり、この講座のいう「世界史の成立」すなわち「大航海時代」以前に、ほぼ半分のスペースを割り当てているのである。それは、「世界史成立の端緒は一三世紀のモンゴル帝国にあった、いやもっと前、イスラーム世界の形成からだ」という「反論」を意識してのことだという（一頁、西川正雄）。

清水宏祐《しみずこうすけ》「十字軍とモンゴル」（同上書）も、杉山正明と同様に、「〈世界史〉型の歴史書のなかで、最も有名なものはラシード・アルディーンの業績である。イル・ハン朝のガザン・ハンに仕えたラシード・アルディーン（一三一八年没）の『集史』は、まさに世界史というにふさわしい内容をもつ」、「これは、まさしく真の〈世界史〉と呼ぶべき、画期的な叙述である」、「イスラーム世界と、非イスラーム世界の歴史が、一人の歴史家の視点で、内容的にも統合され記述されたことは、それ自身が〈世界史上の大事件〉と呼ぶにふさわしい」と述べている（三九-四〇頁）。

羽田正《はねだまさし》『東インド会社とアジアの海』（前出）は、そのことを次のように指摘している。「ユーラシア大陸だけに注目するなら、紀元前の時代から東と西の間には交渉があったし、一三〜一四世紀のモンゴル時代にはユーラシアの東西を緊密に結ぶ陸上と海上の交通が相当程度に発達していた。しかし、アフリカや新大陸も含めた世界全体が商品流通と人の移動によって緊密につながり、人類史上ではじめて地球が一体化したのは、一六世紀になってからである。まだそれほど大きな流れとは言えないかもしれないが、現在から振り返ってみると、この時期の人とモノによる地球の一体化こそ、その後の世界史の流れの方向を決める大きな要因だった」(二一頁)。

5　マルクスとケインズの一六世紀転換論

一六世紀に世界史的な転換を見たのは、マルクスもケインズも同様であった。

カール・マルクス『資本論』(一八六七年)は、「貨幣の資本への転化」の冒頭で、次のように述べている。「商品流通は資本の出発点である。商品生産、および発達した商品流通—商業—は、資本が成立する歴史的前提をなす。世界商業および世界市場は、一六世紀に資本の近代的生活史を開く」(日本共産党付属社会科学研究所監修、資本論翻訳委員会訳、第一巻、新日本出版社、一九九七年、二四九頁)。

商品流通のないところに資本は生まれない。商品の流通が発達してきて、商業が生まれることを前提にして、資本は成立する。商品の流通が発達して世界商業が生まれ、世界市場が生まれた、その一六世紀に、資本の近代的な、本格的な時代が到来した、資本主義の時代になった、と述べているのである。

ジョン・メイナード・ケインズについては、増田義郎《ますだよしお》『略奪の海　カリブ―もうひとつのラテン・アメリカ史』（岩波書店・新書、一九八九年）から紹介しよう。「ドレイクのもたらした富は、六〇万ポンドという莫大な金額にのぼった。エリザベス女王は、四七〇〇％の配当金を得たという。ゴールデン・ハインド号のもたらした富について、経済学者ジョン・メイナード・ケインズは『貨幣について』（一九三〇年）という論文の中でつぎのように言っている。〈ほんとうのところ、ドレイクがゴールデン・ハインド号に乗せて持ち帰った略奪品が、イギリスの海外投資の源泉となり基礎となったと考えてよい。エリザベス女王は、その配当金で外債を全部清算し、おまけに残金の一部（約四万二〇〇〇ポンド）をレヴァント［地中海東部沿岸地方―広辞苑］会社に投資した。そして、このレヴァント会社の収益をもとに、一七、八世紀を通じ、その利益からイギリスの海外関係の基礎がつくられたところの東インド会社が組織されたのである。というようなわけで、エリザベス朝、ジェイムズ一世朝（一五五八―一六二五年）の経済発展と資本蓄積の実りの大部分は、こつこつと働く人間がもたらしたものというよりは、むしろ不当利得者のおかげである、と言えることは、右の例から明らかであろう。…世界史の一時代に、実業家や投機家や不当利得者にとって、これほど旨いチャンスが、これほど長くつづいた例はなかろう。この黄金時代に、近代資本主義は誕生したのである〉」（七七―七八頁）。

6　ウォーラーステインの「近代世界システム」論

イマニュエル・ウォーラーステインは「近代世界システム」論を展開している。『近代世界システムⅠ　農業資本主義と「ヨーロッパ世界経済」の成立』（川北稔《かわきたみのる》訳、岩波書店・現代選書、一九八一年。原著の初出は一九七四年）は、まず「はじめに―社会変動の研究のために」で、「人類史」の「分水嶺」の一つである「近代世界の誕生」をどのように捉え、かつ描くかについての思考過程を示すことによって、私（ウォーラーステイン）が「近代世界システムの基本的要素を分析するという、この試みを始めた」理由を説明した。

そこで「四つの主要な時期を区分する」として、次のように述べている。

①一四五〇年から一六四〇年までの時期（世界システムの起源とその初期）＝「この段階の世界システムは、まだいわばヨーロッパを中心とする世界システムの域を出ない」。

②一六四〇年から一八一五年に至る時期＝「このシステムが強化されていく時代」。

③一八一五年から一九一七年までの時期＝「近代工業の発展に伴う技術革新によってはじめて可能になった、〈世界経済〉の全地球的な規模への発展」。「この発展はあまりにも急激かつ大規模だったので、実際上システムそのものの再編をひき起こした」。

④一九一七年から現代までの時期＝「こうして成立した〈資本主義的世界経済〉がいっそう強化されてゆく」。そこでは「〈革命につながりがちな〉緊張関係」が問題となる（以上、一一―一六頁）。

ウォーラーステインは、本文を次のように描き進めている。「一五世紀末から一六世紀初頭にかけて、ここにいう〈ヨーロッパ世界経済〉が出現した。それは、帝国ではないが、大帝国と同じくらいの規模を有し、大帝国と共通の特質をいくつかもっていた。ただし、帝国とは別の、新たな何かなのである。それは一種の社会システムであり、この世界がまったく知らなかったものである。また、これこそは、近代世界システムの顕著な特質をなすものである」。そのシステムは「世界経済」とも言い換えられている。それは「文化的な紐帯《ちゅうたい》」とか「政治的な連携」とかによっても補完されてはいるが、「すぐれて〈世界経済〉である」からである。「このシステムを構成する各部分の基本的なつながりが経済的なものだからである」（一七頁）。

この「1 近代への序曲」は、「ヨーロッパが資本主義的な〈世界経済〉を生み出す寸前にまで至った理由」を述べたものである（五六頁）。要点は次のようになる。ヨーロッパでは、封建的な社会機構のもとにあり、その「最盛期には、国家権力はもっとも弱く、マナー所有主つまり領主が全盛をきわめていた」（三一頁）。あるいはこうも述べている。「当時のヨーロッパは、概して封建的な状態にあった。つまり、比較的小規模で自給的な経済単位から成っていたのである。しかも、この経済単位は、マナー経済のなかで生み出される僅かばかりの農業余剰を一握りの貴族階級が収奪するという、むき出しの搾取を前提として成立していた」（三九頁）。マナーはヨーロッパ型の荘園だとしておこう。それが「一四・一五世紀の経済不振と領主の年収の減少」に直面し、折からの「戦争技術の変化」によって「戦争コストの増大と戦争に要する人員の増加」を迫られるなか、国家の強大化を図ろうとすれば、農民たちへの徴税の強化に抜け道を見出さざるを得なかった。それはしかし、「農民叛乱」を頻発させることになった（三一―三二頁）。また気候の変化もあった。「以上論じてきたように、慢性的な過剰搾取とそれが原因となった農民叛乱がまず経済不振をひき起こし、ついでそれに気候条件が食糧不足と疫病というかたちをとって付け加えられたのだとすれば、〈危機〉に陥っていたのが社会的・物質的な諸条件の総体であったことも、見やすい道理である」（三八―三九頁）。このような「〈封建制の危機〉は、長期趨勢の変化と短期の循環性危機と気候の悪化の複合体であると仮定するのが、もっとも適切であろう。／まさにこうした諸要因の複合体の強烈な圧力のもとに、深刻な社会変化が起こったのである。ヨーロッパは、いまや経済的余剰の新たな収奪形態を生みだそうとしていた。すなわち、資本主義的〈世界経済〉がそれである」。もっと端的に「ヨーロッパの領土的拡大こそが、〈封建制の危機〉からの脱出策の鍵だったのである」とも述べている（四一頁）。

これが一六世紀にアジアやアメリカに進出してくる、ヨーロッパ側の事情である。ウォーラーステインは、それがなぜポルトガルに始まったのか、また、中国が世界に出てくるのではなく、なぜヨーロッパが出てきたのか、についても論じている。

7　村井章介の一六世紀論

村井章介『世界史のなかの戦国日本』（前出）は、ウォーラーステインに触れながら、次のように述べている。

ウォーラーステインの「世界システム」論は、地球上にはそれぞれの時代に、それぞれの領域に「世界システム」が存在したとしつつ、しかし近代以前のそれは「構造的にきわめて不安定で」あった、「しかし一六世紀にスペイン・ポルトガルが地球を一周して、地球規模の連関を作りあげたことを端緒に成立した、近代世界システム＝資本主義世界経済は、主導権こそイベリア両国からオランダ・イギリス（とくに後者）そしてアメリカへと移ったものの、システムそのものは五〇〇年間も存続し、発展をとげながら現在に至っている」と論じている。「世界システム」は数多く存在したが、資本主義世界経済という「世界システム」のみが繁栄できたのであり、それは「その内部に単一のではなく、複数の政治システムを含んでいたからこそ」できたのである。「したがって個々の国民国家には栄枯盛衰があっても、資本主義世界経済そのものは発展を遂げることができた」（一三－一四頁）。

ウォーラーステインは、「ヨーロッパ世界システム」を論じているが、そのさい、ポルトガル人がアジアに来てみたとき、「アジアには独自の世界システムが存在していた」のであり、したがってそれに対してポルトガルはほとんど何もなしえなかったのであり、そのことをウォーラーステインは見落とさなかった。しかし、「アジアの世界システム」を正面から取り上げるには至らなかったし、それは「われわれアジアの研究者こそがはたすべき課題だ」と村井はいう（一六－一七頁）。

そして、一六世紀論である。「一六世紀、イベリア両国が地球を逆まわりしてアジアに出会ったことにより、有機的連関で結ばれた地球規模の〈世界〉が、ヨーロッパの主導権のもとで端緒的に成立した。その波は、確実にユーラシアの東の涯《はて》にある日本列島にまでうち寄せた。〈世界史のなかの日本〉という命題は、このとき真の意味をもって成立したのである」(一七頁)。

ここで村井は、琉球にもかかわる、「ポルトガル人メンデス＝ピントがその著『東洋遍歴記』のなかであけすけに語っている」章句を紹介している。「この島(琉球)についてここで簡単に何か話してみたい。それは、いつか我らの主なる神がポルトガル人を鼓舞して、第一にかつ主としてその聖なるカトリックの教えの高揚、発展のために、そして次にそこから手に入れることのできる多くの利得のために、この島の征服を意図させることを思し召すような場合に、どこから踏み入るべきかを、また、この島の発見によって獲得される多くのものを、そして島の征服がいかに容易であるかを、知らんがためである」。これがピントの文章である。しかし、それは琉球という特定の島が主題ではない。村井は、ポルトガル人が何をしに来たのかを露骨に示すものとして、この文章を紹介しているのである。

ポルトガル人は、「第一にキリスト教の伝道のため、第二に貿易の利得のため、ある地を征服することを、神がポルトガル人に命じたときに備えて、どこから侵入すべきか、征服後に何が獲得できるか、そして征服がいかに容易かをひろく知ってもらうために、その地について語る、というのだ。そしてスペイン人がインディアスで行なったことは、それを地でいくものだった(ラス＝カサス『インディアスの破壊についての簡潔な報告』)。／しかしアジアにおいては、なりゆきはまったく異なっていた。ポルトガル人がアジアでも植民帝国の形成を夢みていたことは、右に引いた琉球についてのピントの一文からも明らかだが、現実にポルトガルがアジアにおいてなしえたことは、すでにアジアで活発に機能していた交易ルートへの割りこみと、いくつかの戦略的・経済的な拠点の確保を出るものではなかった。インディアスでのように、現地の経済構造を根底から変更し、ひいては人口の激減をすらひきおこすような事態は、アジアでは起きなかった」（一七－一八頁）。

村井はここから、「ヨーロッパ世界経済」とは別に存在した「中国中心の世界システム」について、「それはどのような政治と経済の連関のうえになりたっていたか」を究明し、その「サブシステム」としてあったということのできる「日本やその周辺」のそれを見つめつつ、それらが「ヨーロッパ世界経済」との接触によって「どのように変貌していったか」を、自らの課題として掲げているのである（一九頁）。

第六節　一六世紀前半の日本

1　物流構造の変化と商人の再編

中島圭一《なかじまけいいち》「室町時代の経済」（前出、榎原編『一揆の時代』）は、次のように述べている。「中世における物流の大きな部分を占めるのが、最大の消費地たる京都・鎌倉への荘園年貢《しょうえんねんぐ》や商品の運送であった。しかし一五世紀を通じて在地勢力による荘園侵略が進み、年貢の運上《うんじょう》は次第に減少していく。また、京都における応仁《おうにん》の乱《らん》（一四六七～一四七七）と関東における享徳《きょうとく》の乱《らん》（一四五四～一四七八）の後、それまで京都・鎌倉の公方《くぼう》の許《もと》に参候《さんこう》していた守護大名の大半《たいはん》が被官《ひかん》を引き連れて領国へ下ってしまい、彼らの消費物資が京都・鎌倉へ送られる必要もほとんどなくなってしまう。**一五世紀末には**全国的な物流構造が大きく変化していたのである」（一四六頁）。

そのことは、一五世紀に活躍した商人「一族の系譜が、一六世紀になると明確に［は］たどれなくなる」こと、「逆に、一六世紀から一七世紀にかけて統一政権や諸大名の下で活躍する特権商人たちの系譜は、一五世紀以前に遡《さかのぼ》るのが難しい」ことに示《かんしゅ》されている。つまり、「一五世紀の有力商人と一六世紀の有力商人との間には、明らかな断絶が看取されるのである」（一四六頁）。

「一五世紀末～一六世紀」は、「中世的経済構造が崩れてくる」のであり、例えば「座《ざ》」と呼ばれる中世商人たちの「同業者組織」についての史料は、この時代に増えてくる。そのことからも「一五世紀〜一六世紀への商人の勢力後退が背景にあったと考えて誤りあるまい」。この新しい同業者組織は、かつての「山門系の旧勢力」ではなく、それと「対抗」して、「新興の土倉・酒屋の主導で作られたもの」である。それは「俗名を名乗る」（一四七―一四八頁）。

2 戦国期の土地制度と惣村の展開

惣村については、本書第一章第一節8「戦国の村落」でも取り上げた。ここでは、藤木久志《ふじきひさし》「戦国期の土地制度」（竹内理三編『土地制度史Ⅰ』山川出版社・体系日本史叢書6、一九七三年）による。

藤木は、永原慶二《ながはらけいじ》が「中世後期の三世紀ほどをとくに**大名領国制**という体制概念でとらえることを提唱した」のに対して、そうではなく、「中世をひとつの**荘園体制社会**として」理解し、「戦国期を中世＝荘園体制社会の最終段階として位置づける」方向で考えたいという。この問題を「都市貴族である荘園領主たちの側から荘園の壊滅をかたる」のではなく、「農民の側にのこされた史料をもとに」探るという（四四九―四五〇頁）。

藤木は、史料を提示しながら、次のような諸点を抽出している。①公文《くもん》（下級荘官職）や領主が、その荘園内の農民たちから田・畠・屋敷・山林などの土地を買い集めているが、その「じっさいは、それぞれの地片からの収益のある部分を、地片の売り手の側が買主に、年ごとに納付することを意味するばあいがふつうであ」る。それは、「地徳」「徳分」「作間《さくあい》」「加地子《かじし》」などと呼ばれる「地代額」である（四五一頁）。②「荘園の農民たちは、その零細な耕地片の売却にあたって、その一筆ごとの土地につきまとう多様な負担義務の内容を、買主取り分とは区別して、まことに念入りにその売券上に銘記していた」（四五二頁）。③一三世紀以来の「荘園ほんらいの収取体系」と、この一六世紀のそれは「まことに密接な関連性が察知され」る。それでは実態はどうかというと、「一六世紀の公方《くぼう》年貢＝定年貢」は、「けっしてたんなる帳簿上の数字、つまり荘園領主の作りあげた虚構だったのではなく、現実に負担義務として、一六世紀中期すなわち近世統一権力の成立の前夜にいたるまで、農民たちを束縛し続け、確実に実現されていたのである」（四五三‐四五五頁）。④年貢のほかに、「山河公事《くじ》」と「節季《せっき》物（公文進納）」が、一三世紀初めから一六世紀後期まで、収め続けられていた（四五五‐四五七頁）。⑤一六世紀の「荘園領主的収取機構」は、表面的には「伝統的な均等名《きんとうみょう》＝〝拾名〟体制の形式」になっているが、実際は「もはやかつての均等名体制そのものではなく、それの性格転化にもとづく〝名をや〟〝名本〟体制であった」（四五九‐四六一頁）。⑥「公方年貢という表現」は、年貢がすべての上納物という意味に変わってきたので、「年貢一般から荘園制の収取体系上の収取物を区別する必要から生まれたと考えることができる」（四六四頁）。

藤木は節を改めて、「公方年貢体制下の**惣村**」を論じている。①「本年貢」は減額されながら固定化していき、「本公事」は固定化され続けた。そして両者とも「代銭納化」が一四世紀末期に完成した。ここから「中世をつうじて特徴的な荘園制本年貢体系の固定化傾向は、けっして自然ななりゆきであったわけではなく、つねに衝動的に収奪の強化をめざす荘園領主側の増斗代（賦課率の引上げ）・検注（賦課対象の拡大）権の発動、これに対する荘園村落の農民側の損免要求を軸とする抵抗の日常的な展開という、領主農民間のするどい対立競合関係のなかから生みだされた、すぐれて政治的な帰結にほかならなかった」という。中世農民たちは、「本年貢」を減額し固定化することによって、「荘園領主制」そのものの発展を阻止し、押し止めたのである（四六七-四六八頁）。②この場合、「先議（先例）」を守ることと引き換えに「新儀」（領主側の収奪強化）を拒否するということになる。これは、「新たに成立してくる剰余労働を吸収する」ことを阻止することを意味した（四六八-四七〇頁）。③「惣村」は「地下請《じげうけ》」（百姓請）を成立させたが、それは一面では、「惣村の指導層を構成する有力農民たち（年老《ねんろう》・宿老《しゅくろう》・乙名《おとな》達）」が「荘園領主権力の末端に、給分付きで取りこまれる」ことを意味するとともに、他面では、「宿老層による年貢徴収の強制、つまり惣規制が領主規制に転化したことを示すものに他ならぬ」。そしてそのことは、それまでの外部の領主の監視が、内部の領主の監視に変わったことであり、「かえって厳しく重い強制・束縛としておおいかぶさることになったであろう」（四七〇-四七一頁）。④このような観点は、これまでの惣村論（それは「自治論」の性格があった）とは異なっているということになろう。地下請は、領主的強制が惣規制に転化されたものであり、そのことによって「個々の農民を荘園領主的土地所有から自由にはしなかった」のである（四七三頁）。⑤もちろん、そのことは「まぎれもなく中世農民がそのたたかいによって荘園領主からかちとった貴重な成果であ」り、「地下請をかちとることによって、中世農民は負担を軽減させ、固定させ、新儀をはねのけたのであった」。とはいえ、④のことは見逃せない（四七四頁）。⑥この状況のもとで「農民層分解」が起こる。その「もっとも基本的な契機」は、「年貢公事の過重負担＝収奪」にあった。一般の農民が天災・病気などで年貢支払いができなくなった時、惣の中の高利貸しに捕われて、「私的隷属化」の道に落ち込んでいく。そのような隷属化を主導するのは、「在地領主」と「農村内部で指導層として、本年貢体系の実現に関与する公文・名本層」であり、自らの「地主的土地所有」を拡大していく。高利貸は、「出挙《すいこ》」や「頼母子《たのもし》」（講《こう》）の形式をとる。出挙は、播種・端境期に種籾を借り、収穫期に返済するもので、頼母子は、中上層農民や在地の寺庵を対象としていて、表面では相互扶助の形となっているが、実際上は「高利収奪」であった（四七五‐四七九頁）。⑦戦国期の農民層分解は、一方で開墾による土地面積の拡大や、畑作物の生産拡大によって、下層農民層でも上昇傾向を持っているのであるが、「にもかかわらず、最終的にそれがかれら農民層の手もとに、上昇への物質的基盤となる形でとどまりえないで、全体としては、ごく一部の名主層への土地の集中という、かなり甚だしい両極分解、つまり少数の中間層の生成と、多くの農民層の再度の没落として進行し続けた」のである（四七九頁）。⑦「荘園領主的土地所有」（「荘園領主・国人領主的土地所有」）に含まれない、「農民的土地所有」の成立という事態もある。それは、「荘園領主的土地所有」が本年貢負担を田地にのみ背負わせているため、そこから外れた「屋敷地」や「畠地」の部分に成立してくる。新たに開墾された畠地には公方年貢負担はないので、それが集積されていくのである。「このような公方年貢体制に属さず、排他的に所有できる土地を、惣有田の中核としてすえることによって、はじめて惣村は荘園体制からの〝自立〟の物質的基礎＝惣的土地所有を確立しえたことになるといえる」（四七九‐四八七頁）。

藤木の最後の節は「在地領主・戦国大名と荘園体制」と題されている。

3　戦国期の土地所有と「惣村」

前項で見た藤木久志「戦国期の土地制度」は、竹内理三編『土地制度史Ⅰ』（前出）に掲載されたものであったが、ほぼ三〇年後に、渡辺尚志《わたなべたかし》・五味文彦《ごみふみひこ》編『土地所有史』（山川出版社・新体系日本史叢書3、二〇〇二年）が刊行され、稲葉継陽《いなばつぐはる》「戦国期の土地所有」が収録された。

稲葉はその冒頭で、戦国時代（一六世紀）の土地所有をめぐる意見の対立を、「荘園《しょうえん》制の最終段階」（藤木久志説）とみるか、「中世後期を通じて荘園制を破壊しつつ、自己を確立してきた在地領《ざいちりょう》主《しゅ》制の最高の発展段階である大名領国制《だいみょうりょうごく》の展開過程」（永原慶二説）とみるか、と要約している。前者の論については、「戦国期の百姓《ひゃくしょう》が、なお存続する名《みょう》体制に付随する荘園制的本年貢《ほんねんぐ》を負担し続けた事実が確認され、あわせて、本年貢＝公方《くぼう》年貢を上回る剰余生産物＝加地子《かじし》を獲得集積する諸階層の動向が重要視されてきた」。他方、後者の論は、「戦国大名の検地が、公方年貢と加地子をどこまで一元的に掌握したのか、そして戦国大名が検地を基礎にした貫高《かんだか》制―知行《ちぎょう》制でもってどのように在地諸階層を編成し、その軍事権力体系を構築したかが追究された」とする。そして、「ここ一五年間余りの研究は、これらの見解には必ずしも不可欠のものとして組み込まれていなかった、百姓の共同組織としての〈村《むら》〉に注目し、あらたな戦国社会像を提起しつつある。村は、ほぼ一四世紀の内乱以降一五世紀を通じて、荘園制のもとで百姓の集団的再生産の組織としての内実を整えてきていた。いわゆる〈**惣村**《そうそん》〉の成立がそれであり、やがて村は町とともに荘園制から自立し、国制の基礎単位となって、ながく日本社会の性格を規定することになる。戦国時代の一〇〇年間は、こうした日本社会の骨格が形成されてきた時代として、日本史上にあらたな位置づけをえようとしているのである」(二二五頁)。

この議論は、本書冒頭の第一章第一節で紹介した勝俣鎮夫の議論と響き合っている。

稲葉の議論は、前半と後半に分けられる。前半は「惣村と土地所有」と題されている。「一四世紀の内乱をへた中世後期、畿内《きない》を中心とする地域に、荘園制の内部からみずから〈惣《そう》〉と称する新しい村落=惣村が成立してくる」。惣村は、「それを構成する個々の小経営の土地所有を規制する主体として歴史上に登場した」。それを、山野と耕地に分けて考察していく(二二六頁)。

「当該期の村落空間は、〈ムラ〉と呼ばれる居住空間(屋敷地《やしきち》)を中核に、その外を〈ノラ〉と呼ばれる耕地=田畠、さらにその外側に〈ヤマ〉と呼ばれる山野が存在するという、三重構成をとっていた」(二二六頁)。

まず、山野=ヤマである。それは「第一に耕地にほどこす肥料採集の場として、第二に薪《まき》(柴《しば》)などの燃料採取の場として、第三に都市に供給する非農業的産物の採取の場として、重要であった」。これが「惣村全体による共同用益の対象」となっていた。この「共同用益」を「知行」ともいう。このような「山野の知行」をめぐって、境界争いが出てくる。その場合、「近隣第三者の〈中人《ちゅうにん》〉としての調停による和解」か、「各国の守護《しゅご》法廷や室町幕府《むろまちばくふ》法廷への提訴」かで対応する。

つまり、「惣村は、生産力の発展によって自然発生的に成立したのではなく、近隣との権利闘争を通じて集団全体の利益を追求するために、個々の成員の私権を制限する、集中度の高い政治的組織として形成されたのである」。こうして成立した惣村の内部には、「実力行使を担う〈若衆《わかしゅう》〉と、近隣の調停や公権力への訴訟に奔走する〈老者《おとな》〉という年齢階梯による共同体的分業が成立しており、若衆と老者はつねに緊張関係にあった」(二二六―二二九頁)。

次に、ノラ＝耕地部分である。ここは「年貢・公事《くじ》の村請《むらうけ》(地下請《じげうけ》)」がある。「村請は、村側の要求をもとに荘園制の本年貢や公事を対象にして一四世紀以降成立し、一六世紀には一般化する」。その具体的な内容は、①年貢・公事の負担地は、惣村が認定した「名」と呼ばれる耕地であり、その負担者は登録されている。②「登録耕地の総面積と斗代《とだい》は惣が決定し、個々の登録住人は惣に対して年貢を負担し、未進の場合は惣が名地《みょうち》を没収して、別の住人に宛行《あてがい》・売却する」。③領主への納入と差額が生じた場合は、惣の財政に繰り入れ、あるいは埋め合わせる。④惣が領主から「損免」を認められたら、その配分は惣で行なう」(二二九頁)。

このようにして、荘園領主と個々の百姓＝小経営との直接の関係が切れ、間に惣村が立つことになり、惣村は百姓から年貢を収納し、また経営に対して「勧農」(農事奨励)の責任を担うことになる。戦国期には、惣村は地主に対する村請も成立した。地主に代わって地主徳分《とくぶん》を収納するのである。また、惣村は「個々の耕地・耕作者の年々の実情に沿いつつ、全体の再生産をコントロールするようになった」(二二九―二三〇頁)。

惣村は、領主の代替《だいがわ》り時に「指出《さしだし》」という文書を新領主に提出するが、それには従来の年貢・公事負担の内容と下行《げぎょう》(領主からの下し物)内容を記している。それによると、公事物には四季折々の山野河海の産物があてられており、これに対して領主からも下行がある。また、「村がつとめるべき夫役《ぶやく》・陣夫役《じんぷやく》」も申告している（二三〇頁）。

4　年貢・公事の収納は困難に

山田邦明『戦国の活力』（前出）は、この時代に従来の年貢・公事の収納が困難になってきた様子を次のように描いている。まず、従来のことである。「もともと荘園や郷村の百姓たちは、それぞれの場所で決められた年貢や公事《くじ》を領主に納めていた。毎年の作柄を見て年貢量を決める方法と、豊凶にかかわらず決まった年貢を納めるやり方があり、旱魃《かんばつ》などで実りの少ないときには年貢や公事を減らしてもらうよう訴えることもよくあった。領主と百姓の間に立つ代官《だいかん》は、現地で百姓たちと交渉を重ねながら、どの程度の減免にするかおとしどころを決め、領主の了解をとったうえで徴収にあたった。郷村ぐるみの年貢減免の訴えや、百姓の年貢未進は古くからあったが、幕府は政治体制が安定し、公家《くげ》や寺社の権威も健在だった時代には大幅な年貢減免は実現されず、百姓たちは決まった年貢や公事を毎年納めつづけていた」（五二頁）。

これが変化してきたのである。「長い年月の間に蓄えた力を背景に、郷村の百姓たちは決められた年貢を出すことを拒否しはじめるようになる」。京都の祇園社《ぎおんしゃ》、近江高島郡木津荘《おうみたかしまこうつ》を領する西塔院《さいとういん》などで、それは起こった。「たんに年貢を未進するだけでなく、年貢徴収役の代官《だいかん》に対して狼藉《ろうぜき》を繰り返す百姓たちもいた」（五〇頁）。

「応仁の乱のあとの幕府政治の動揺によって、こうした安定的な年貢収納は各地で破綻《はたん》をきたしてゆく。公家や寺社の所領を中心として百姓たちの年貢未進の動きが広がり、これに対処するために幕府の奉行人《ぶぎょうにん》奉書が発給されたが、どれほどの効果があったかは疑わしい。現地の管理と年貢徴収にあたる代官たちも、場合によっては百姓と結託して、領主に年貢を届けないことすらあった。また各国の守護《しゅご》や地域に根を張る武士たちも勢力を伸ばし、郷村に迫って年貢を出すよう要求し、そのため領主のもとに年貢がこなくなることも大きな悩みの種だった」。和泉国《いずみのくに》の日根野《ひねの》荘では、領主（関白の経験のある九条政基《くじょうまさもと》）が代官を罷免してみずから現地に乗り出したりしたが、「守護」側の介入と百姓の抵抗が入り乱れて、三年たってもうまくゆかず、また代官の支配に戻った（五二一―六四頁）。

5　戦国大名の家臣たち

山田邦明『戦国の活力』は、「戦国大名に従っていた家臣たち」の実像を次のように描いている。かれらは、「鎌倉時代以来の御家人の系譜を引く国人、南北朝・室町時代のころに守護に従って台頭してきた武士、近年になって召し抱えられ頭角を現わした者と、その出自は様々だが、みな固有の所領をもち、百姓から年貢を取っている存在だった。規模の大小はともかく、家臣たちはそれぞれ独立した領主であり、その所領においては、みずからの流儀や慣習に従った支配を続けていたのである。考えてみれば戦国大名自身もひとつの領主で、そういう意味では家臣たちと同じ立場にあるともいえる。戦国大名は領主として家臣を支配しているわけではないから、家臣たちの所領の百姓から年貢を取るわけにはいかない。大名が年貢を徴収できるのはみずからの所領（直轄領）の百姓からだけであり、家臣たちの所領支配には原則的には立ち入ることができないのである」（一六二頁）。

戦国大名と、その家臣である領主たちとの関係は、一様ではなく、いずれが強いか弱いか、ケースはさまざまであった。

「おのおのの家臣はみな独立した領主だから、百姓から徴収した年貢を大名に上納するということはないが、領国一円に賦課される段銭《たんせん》［段＝面積比例の負担―来間］や棟別銭《むねべちせん》［棟＝戸数比例の負担―同］については、自分の所領の百姓から集めたうえで大名に上納しなければならなかった。築城や城の修理などにかかわる普請役もきわめて重要な賦課で、家臣たちは所領規模に見合った人足を提供する義務を負っていた。／このような諸役を家臣たちに賦課するためには、それぞれの家臣の持高《もちだか》をきちんと把握していなければならない。そのため戦国大名は**検地**などによって家臣の所領高の掌握に努め、場合によってはこれらを一覧できる帳簿を作成した」。それは、「東国の戦国大名の間では」「貫高で所領の規模を表わすという方法」がとられた。家臣たちに賦課する負担には「いざ出陣というときにそれなりの兵士を率いて参陣する」こと、すなわち「軍役《ぐんやく》」もあった（一六八―一六九頁）。

家臣そのものの内容もさまざまであった。「大名のそば近くに仕える近臣だけでなく、大名と直接主従関係を結び、大名から給地《きゅうち》を与えられたり、所領を安堵《あんど》されたりした武士が、広義の家臣といえようが、伝統的な大領主から、一村規模かそれ以下の所領しかもたない侍に至るまで、その実態はさまざまだった。そして独り立ちできないような家臣は、ある程度の力をもつ上位の家臣のもとに編成され、出陣のときはこれに従うこともあった。このような関係のなかで、上に立つ者を寄《より》親《おや》、これに従う者を同心《どうしん》とか寄子《よりこ》と呼ぶ。同心・寄子は寄親に従うが、大名と直接つながる家臣でもあるという両面をもつ存在だった」(一七一頁)。

6　戦国大名の指出検地

杉山博『戦国大名』(前出)は、戦国大名の検地について、次のように述べている。「戦国争乱に勝ちぬくための条件は、まずなによりもみごとに組織された規律ある軍事力であった。しかしもちろんそれだけでは十分というわけではない。戦力・国力のもっとも大きな源泉である領内の農民をどのように支配し、かれらの生みだす農業生産物をどのように掌握するかが、戦国大名に負わされたきわめて大きな課題であった。／かつての守護大名たちは農民支配の不徹底さのゆえに、抬頭する国人・地侍の前にあえなく没落していった。それにとって代わる戦国大名たちが、ふたたび前者の轍《てつ》をふむことをさけようとするなら、この課題に正面からとりくむことをさけてはならない。じじつ、戦国大名は農民支配のしかたにおいて、それ以前の領主たちとはまったくちがう徹底さを示しはじめている」。具体的には、次の如くである。「戦国大名は家臣(寺社も含む)に所領を宛行《あておこな》うことにより、その所領からの年貢を家臣に与え、そのかわりに家臣から軍役をとりたてた。つまり、家臣の知行地の年貢は家臣の蔵におさめられ、大名自身の蔵には入らなかった。…大名は大名で、御領所《ごりょうしょ》などとよばれる直轄地をもち、そこから上がる年貢を自家のものとしたのである」。つまり、「戦国大名の領国内には、大名自身の直轄地としての御領所と、給地または私領とよばれる家臣らの知行地との二つがあった」(二一九-二二〇頁)。

そこで、検地をする必要性が出てくる。「領国体制を強化するためには、戦国大名は家臣らの知行地に対しても、軍役ばかりでなく一定の租税を賦課し、その税制を確立・強化しなければならなかった。そこで戦国大名は家臣らに、その所領の明細書を提出させ(指出《さしだし》を徴すといった)、それにもとづいて賦課をおこなうことになった。こういった土地調査のやりかたは**指出検地**といわれる。そののちの太閤検地のように、領国内の土地に直接検地竿《けんちざお》を入れて田畠を実測するやりかたとは、その点、違っていたわけである。/守護大名らの領国支配は、せいぜい領国内の在地領主層を被官とすることができただけで、土地と農民の直接支配にまでにはおよばなかった。戦国大名はこの指出検地というやりかたを通じて、給地までを確実につかんでゆくのである」。「そのうちもっとも早く指出検地をおこなったもの」は、「永正三年(一五〇六)の北条早雲であるとされている」(二二〇-二二一頁)。

ただ、「太閤検地=丈量検地」「戦国大名検地=指出検地」との理解については、近年、批判が出されている。池上裕子《いけがみひろこ》「検地と石高制」(前出、『近世の形成』)は、「丈量検地である太閤検地に対比して、戦国大名の検地は家臣、名主、村などから面積や収入・納入額などを申告させる指出検地である」とする理解を批判している(一〇三頁)。池上の議論は、太閤検地の項で取り上げる。

7　多様な検地と、各種の百姓負担

山田邦明『戦国の活力』は、次のように述べている。「段銭《たんせん》・懸銭《かけせん》は田や畠の高を基準として算出され、棟別銭《むなべちせん》は百姓の家屋数が計算の基礎となるが、こうした広域税を賦課するためには、前提として田畠《でんぱた》の高や家屋数の設定が必要となる」。家屋数の方は、郷ごとに掌握して、それを基礎に一国ごとの家屋数も掌握していったのである。他方の、田や畠は以前から掌握されていたものがあるにはあったが、実状からは大きくかけ離れていた。「現地に存在する田や畠を改めて調査し、増《ぞう》分《ぶん》があれば対応することが求められたのである。／こうして多くの戦国大名は実地調査、すなわち検地《けんち》を繰り返し実施した」。検地には、領主の代替わり時に行われるもの、「夫役《ぶやく》（領内から徴用する人夫）」の増徴のためのもの、「百姓の隠田《おんでん》［隠《かく》し田《だ》―来間］告発によって行なった」ものなどがある。「検地の方法もさまざまで、検地役人が現地に臨んで実地検分する場合もあれば、郷村から明細書を差し出させて検地を実施したことにする、いわゆる**指出検地**《さしだしけんち》の方法をとることもあった」。古い帳簿に載らない田畠が発見される場合が多かったが、田畠からの収益分のなかの名主への留保分、**内徳**《ないとく》（地代・小作料）とか**加地子**《かじし》（質入れ地などの利息分）と呼ばれるものが新たに掌握されて、高が増えることも多かった。そしてこうした増分は大名のものになるという決まりがつくられることになる」。「検地は大名の直轄領と家臣などの知行地の区別なく実施された」（一八七―一九〇頁）。北条氏の例では、漁村に対しては、魚の種類や大きさにより「それが何文に相当するか」を決め、銭ではなく魚そのものでの納入を求めたし、また、船の隻数に応じて課する「船役銭《ふなやくせん》」もあった（一九二―一九四頁）。

定時の負担だけでなく、さまざまな負担があった。「領国の人々から段銭や棟別銭を広く徴収することで、大名の財政は成り立っていたが、ただ銭を集めるだけでなく、人々の労務提供も求めなければ、さまざまな事業を進めることができない。そこで大名たちは領民の労働、いわゆる夫役を徴発するシステムも同時に整えてゆくことになる。／人々の動員を必要とする事業のうち、もっとも重要なのは、やはり城郭などの普請だった。城の検地をはじめとする普請にかかわる夫役は〈**普**《ふ》**請役**《しんやく》〉と呼ばれ、領民から提供される夫役の中核に位置付けられてゆく。／北条氏の場合、城の普請や土木工事のために、領内の郷単位に貫高《かんだか》に応じて〈大普請役〉という役を賦課していた」（一九四―一九五頁）。「城の普請は毎年のことで、郷の百姓のなかから決まった人数が駆り出されたが、これだけでなく、戦いに出るときに武士に従って雑事にあたる人も郷村から徴発された。陣中にあって業務にあたる人という意味で〈**陣夫**《じんぷ》〉と呼ばれる」（一九七頁）。「書簡や物品の運送」のためには「街道の宿場から決まった数の伝馬を供出させるシステムが整えられてゆく」（二〇〇頁）。さらに、「古くからの伝統を誇る寺院と、そこに住んでいる僧侶たちも、こうした課役を逃れることはできなかった。北条氏や今川氏の場合、陣僧《じんそう》役・飛脚《ひきゃく》役と諸公事《くじ》などが寺に対する課役の中心にあったことが知られる」（二〇八頁）。

第七節　戦国時代の九州

1　勢力の交代

杉山博『戦国大名』（前出）は、戦国時代を経て、勢力の交代があったことを、次のように述べている。「応仁・文明の乱をくぐり抜けたとき、九州に君臨した二つの権威は地に落ちていた。一つは室町幕府が南朝の征西《せいせい》将軍宮〔懐良《かねよし》親王―来間〕に対抗して派遣した九州探題の権威であり、もう一つは古代律令機構の大宰府の事実上の最高責任者である大宰少弐《しょうに》に鎌倉時代以来代々補任され、ついにその少弐をもって姓とした少弐氏（武藤《むとう》氏）の権威であった。／九州探題は中国の守護大内氏の軍事的援助によって、わずかに命運を保っていたが、大内氏の傀儡《かいらい》としてすでに有名無実化していた。少弐氏も永享《えいきょう》年間に大内氏によって大宰府を追い出され、対馬の宗《そう》氏や肥前の土豪を頼って各地を転々と流浪する身となっていた」（三四六頁）。

少弐氏は、ただ追われただけではない。「大宰府を追い出された少弐氏は、大内氏に対抗できるほどの組織された軍事力をもっていなかった。しかし足利将軍が各地を流浪しながら、しかも戦国大名をあやつることができたとおなじように、少弐氏もまた九州の在地土豪を引きつける不思議な力をもっていた。これがその後大内氏にたたかれてもたたかれても、少弐氏が息を吹き返し、大内氏に対抗できた秘密である」。一四九一年には、大友氏と結んで、いったん大宰府を奪回している。「この少弐・大友氏の同盟は、大内氏の北九州支配をおびやかす、容易ならぬ事態であった」。しかし、一四九七年、大内氏は少弐氏を攻め、大宰府から再び追い出し、さらに肥前国に追撃して、滅亡させた。滅亡とはいっても、残党の抵抗は続き、また少弐氏傍流と大友氏の連合軍が生まれ、大宰府奪還の手前までゆく勢いを見せた。「ところがそのころ流浪将軍の足利義尹《よしただ》（義稙《よしたね》）は、将軍義澄《よしずみ》のため京都を追い出されて、大内義興《よしおき》を頼って山口に下向して来ていた。そしてふたたび京都に上洛することを意図し、後顧《こうこ》の憂《うれ》いをなくすため、永正四年（一五〇七）、大内・少弐・大友・渋川・菊池・島津・伊東らの九州の諸大名に和平を命じ、大内氏を豊前・筑前国守護に、少弐氏を肥前国守護に、大友氏を豊後国守護に、菊池氏を肥後国守護に任じて平和共存政策をとった。／これによって、大内氏と少弐・大友氏など九州在地守護勢力との抗争はいちおうの終止符が打たれた。しかし大内氏の筑前守護が既成事実として安堵された形となったことは、九州から大内氏の勢力を駆逐しようとした少弐・大友氏の敗北を意味していた」（三四八―三五一頁）。

次は肥後国の**菊池氏**である。「南北朝動乱期をつうじて、菊池氏は征西将軍宮を奉じ、利害得失によって変転きわまりない動きを示した九州在地土豪の中で、終始南朝方として活躍した。……しかし南北朝合一によって世が平穏になると、菊池氏は活動の余地を失い、しだいに色あせていった」。そこに「一族の内紛」が続き、大友氏の介入が始まり、菊池氏家臣団の分裂もあり、一進一退があったが、結局は一五二〇年、大友義長《よしなが》を継いだ義鑑《よしあき》の弟を菊池氏の家督につけることに成功し、「長年の大友氏の念願がようやく達せられ、菊池氏の正統は完全に断絶した」（三五一―三五三頁）。

柳田《やなぎた》快明《よしあき》「中世肥後の地域社会と領主たち」（松本《まつもと》寿《す》三郎《みお》・吉村《よしむら》豊雄《とよお》編『火の国と不知火海』吉川弘文館・街道の日本史51、二〇〇五年）は、次のように述べている。菊池氏が衰退していったものの、その「重臣」や「国人たち」のうちからは「一国規模の戦国大名は成長しなかった。かれらは、しばしば豊後大友・肥前竜造寺《りゅうぞうじ》・薩摩島津の各氏と連繋あるいは集散をくりかえした。時に戦いはこれら戦国大名の代理戦争的性格を有した。肥後が筑後とならんで〈草刈場〉と形容されるのはこのためであった。天文年間以降、肥後国に強い影響力をもったのは大友氏だったが、天正六（一五七八）年日向国耳川《みみがわ》合戦で大敗して以降、北部では竜造寺氏、国中および南部では島津氏の勢力が急速に拡大していった」（四九頁）。

杉山博に戻って、**大内氏**の動向に移る。「このように大友氏が肥後方面の勢力伸長に腐心していたころ、大内氏は筑前守護として政治の中心大宰府、および経済貿易の中心博多を押えており、事実上九州に君臨する形になっていた。少弐氏も組織された軍事力をもたなかったので、大内氏との大きな衝突は見られなかった」。しかし、一五二八年に、少弐氏が大友氏と結んで対抗してきたので、大内氏［義興《よしおき》から義隆《よしたか》に代が変わった―来間］は攻め手を送ったが敗れ、少弐氏は竜造寺氏や鍋島《なべしま》氏の奮闘もあって力を増していった。ところが竜造寺氏が大内氏に抱き込まれたため、少弐氏は大内氏の軍門に下った。大内氏は朝廷や幕府に工作して、「少弐」の上の「大弐」の官位を得た。一方、肥前の実権は竜造寺氏に移った。一五三八年、大内義隆は大友義鑑と和睦して、「かつての大友氏の所領であった筑前国内の所領数カ所を義鑑に返した」。それでも対立は解消することはなく、「大内氏と大友氏の対立はしだいに先鋭化し、ふたたび戦乱の様相を呈して来た」。このような中、一五五一年、大内義隆が家臣の陶隆房《すえたかふさ》（晴賢《はるかた》）の反乱にあって自殺した。「これによって大内氏の北九州支配は終止符が打たれた」（三五三―三五七頁）。

南九州の島津氏の動向は、次項に譲る。

2　戦国時代の九州

外山幹夫《とやまみきお》『中世の九州』（教育社・歴史新書、一九七九年）は、「戦国期の九州」を次のように描いている。

九州には、「古代以来の九州の名門」（少弐《しょうに》氏・菊池《きくち》氏・阿蘇《あそ》氏ら）あり、「室町・戦国期ににわかに台頭してきた国人領主」（竜造寺《りゅうぞうじ》氏）あり、「守護職を世襲して守護大名となり、これから戦国大名に推移してきた」連中（大友《おおとも》氏・島津《しまづ》氏）あり、という状況であった。

まず、豊後《ぶんご》を本国とする**大友氏**を軸に見ていく。大友氏は、一六世紀に入ると、戦国大名化への道を歩み始める。それは親治《ちかはる》の時代に始まり、それを継いだ義長《よしなが》が領主権の一層の拡大につとめ、「最初の戦国家法であるいわゆる〈大友義長条々事書《ことがき》〉を発布」した。次の義鑑《よしあき》は「主として豊後本国の統治につとめ」、さらに義鎮《よししげ》（宗麟《そうりん》）が「九州六カ国の制覇を達成した」。

大友氏は、本国の豊後だけでなく、周辺に影響力を広げていった。筑後には三池《みいけ》氏・三原《みはら》氏・田《た》尻《じり》氏などの「中小の国人領主」たちがいたが、これを傘下に収めた。肥後では菊池氏が南北朝期から勢力を張っていたが、大友氏は阿蘇氏や詫磨《たくま》氏を利用して、肥後守護職を乗っ取った（以上、一九二―一九五頁）。

大友氏はまた、北九州に伸びてくる大内氏《おおうち》（西中国）と対抗するため、少弐氏と提携していた。その大内氏は九州に攻め入り、少弐氏を討つ。この間、少弐氏の家臣である竜造寺氏・鍋島氏《なべしま》（竜造寺氏の臣下）の抵抗を受けたが、竜造寺氏を巻きこみ、少弐氏を滅亡させた。大内義隆《よしたか》は少弐氏の上位にあたる大宰大弐《だざいだいに》に任ぜられ（大宰府の長官が大弐であったが、実際に置かれることはほとんどなく、少弐を続けた武藤氏が「少弐氏」を名乗るようになったのであった）、竜造寺氏を肥前代官とする（一九五―一九六頁）。

次は、南九州の**島津氏**の動向である。一六世紀前半の島津氏は、一族内の抗争が絶えなかった。これが安定に向かったのは、島津貴久《たかひさ》のころである。貴久は伊作忠良《いざくただよし》の子で、大永六年（一五二六）に先代・勝久《かつひさ》（奥州《おうしゅう》家）の養子となり、守護職を譲られた（伊作家も、島津氏の分かれであり、先祖を共にしている）。しかし、勝久の室《しつ》（のち離縁）の弟・実久《さねひさ》（薩州家）が反抗し、一〇年余も抗争が続いた。その後も本田董親《ほんだただちか》との抗争もあったが、「貴久は天文一九年（一五五〇）伊《い》集院《じゅういん》から鹿児島に居を移して内城《うちしろ》を築き、ここを本拠とした。ようやくにして貴久の大名権力が安定に向かったのである」（二〇〇―二〇一頁）。

3　九州と倭寇

田中健夫《たなかたけお》「不知火《しらぬい》海の渡唐船」（『東アジア通交圏と国際認識』吉川弘文館、一九九七年。初出は一九九一年）は、この時代の九州と明の交易資料を次のように紹介している。「戦国期八代《やつしろ》を領有した相良《さがら》氏の海外交渉に関する基本史料は、『大日本古文書 家わけ第五 相良家文書之一』と『八代日記』のみといってよい。…二史料とも天文期のものが中心で」である、と指摘している（一四八頁）。ここでは、前者については琉球の項で扱うこととして、後者のみを取り上げる。

『八代日記』の「内容は、相良氏の動静をはじめ社会経済の動向や気象などについても詳細な記事がある」。田中は、その中から「対外関係の全史料」を年表風に書き出している。それは天文七年（一五三八）から永禄元年（一五五八）まで、二六項目にわたっている。「右の二六条の記事によって知られるのは、八代が交通の要衝であることを反映して、海外事情、渡航船・来着船の情報、海賊の動向などに関する情報が輻輳《ふくそう》する［集まる―広辞苑］地点だったこと、外洋航行船を造る能力をもっていたこと、商業地として繁栄していたらしいこと、それに何よりも重要なことは渡唐船団の発航基地であったという事実である」（一五五―一五七頁）。

具体的には、次のとおりである。①渡洋を目的にした「市木《いちき》丸」「市木丸二世号」の造船や進水の記事がある。②渡唐船に関する記事が多い。③「薩摩甑島《こしきじま》より二階堂《にかいどう》某が八代に来て唐船（渡明船）を発航させる」記事がある。④田中は、天文二二・二三年（一五五三・五四）の記事を、『明史』「外国伝、日本」の条と対比しつつ、この「両年は、嘉靖《かせい》大倭寇の最盛期といわれた時期で、日本の五島に根拠を置いた**王直**の行動が頂点に達した時期であり、日本人の参加も当然多数にのぼったと考えられるのである」と述べている。⑤市木丸は、「中国で倭寇船団の中にあって密貿易に従事していたと考えられる」。⑥「渡唐船発遣の主体が、相良晴広・同頼興・かさ屋［商人―田中により来間」・徳淵森《とくふち》〔球磨《くま》河口の徳淵に住居を持っていた商人―同〕であること」が分かる。「徳淵は他国の商人も来訪して商行為を行う地点だった」し、「市木丸の進水地だった」し、「渡唐船の帰着地だった」（一五八－一六〇頁）。

かくして、「不知火海は海路の要地であり、渡唐船が頻繁に来住した地点であった」のである。そして「一方、この海は海賊の横行する海でもあった」。「不知火海をふくむ西九州の多島海は、多量の物資が往来する豊かな海でもあったのである」（一六〇頁）。

4　島津氏の家督相続

日隈正守《ひのくままさもり》「戦国大名島津氏の九州制覇」（前出、『〔新版〕鹿児島県の歴史』）は、次のように述べている。外山幹夫と異なる内容を含んでいるので紹介する（〔〕は来間）。

「従来島津氏は、守護から守護大名、戦国大名へ順当に移行したといわれていた。しかし各移行段階では、一族内で激烈な抗争がおきていた」。「島津勝久《かつひさ》は、島津貴久《たかひさ》〔伊作忠良の子で、勝久の養子〕に守護職を譲与した〔一五二六年〕。忠良は、樺山《かばやま》氏と提携し、勝久に離反した伊地知《いじち》氏を討伐し、その所領を勝久老中肝属兼演《きもつきかねひろ》に宛行《あてが》い、兼演との私的な主従関係構築を意図した」（一四五頁）。

続けて、実久がいったん権力を握った様子を描いている。「しかし薩州家《さっしゅうけ》当主島津実久《さねひさ》は、貴久の守護継承に反対した〔勝久は奥州家＝本宗家、忠良は相州家、実久は薩州家、さらに豊州家もある」。薩州家の祖好久《よしひさ》は兄忠国《ただくに》の守護代で、勝久の妻は実久の姉妹であった。島津氏一族内の地位と勝久の姻族の立場から、実久は貴久の守護継承に反発し、勝久の守護職復帰を求めた。貴久の守護継承後わずか一カ月で、勝久は守護職を悔返《くいかえ》して［後悔して取り消して―広辞苑］守護に復帰した。勝久は自己の地位確保のため、菱刈《ひしかり》・北郷《ほんごう》氏らに官途《かんと》任命状や知行宛行《あてがい》状を発給して味方とすることに躍起となった。勝久は、以前罷免《ひめん》した老中たちを再登用した。しかし勝久のこの行為は被《ひ》官《かん》層のなかに亀裂をうみ、被官層分裂の原因となった。勝久被官層の対立は激化し、被官同士の殺人事件までおきる事態となった。この結果勝久に切腹を命じられた川上氏派の被官層は、天文四（一五三五）年島津実久のもとに結集し実久とともに鹿児島を攻めた。勝久は、実久に国政を譲渡し帖佐《ちょうさ》にのがれたので、実久は鹿児島にはいった。勝久出奔《しゅっぽん》後、後継争いは実久と忠良・貴久父子とで争われた」。当初、実久側が優勢だったが、しだいに逆転していった。「実久と忠良・貴久父子との勢力関係は、天文八年ころから変化しはじめた」。直接の戦闘もあったが、国人層が貴久側についていったことで決着した。「天文一四年、貴久は北郷《ほんごう》氏ら一族庶家から守護として認められ、島津家当主が名乗る〈三郎左衛門尉〉を称しはじめた。天文一九年に鹿児島にあらたにきずいた御内城に入城した。戦国大名島津氏も、このときに成立したと考えられる（山口研一「戦国期島津氏の家督相続と老中制」『青山学院大学文学部紀要』28、一九八六年、等）」（一四六－一四七頁）。

　ちなみに、山口研一は次のように指摘している。「相州家側の記録である『島津国史』の中での実久の扱いは、あくまで、勝久→貴久という正当なる家督譲渡に楯ついた反乱軍のそれでしかない。だが、果して本当にそうなのであろうか」と問い、検討した結果、「実久が一時、薩摩・大隅・日向の大半の領主層の支持を受け、守護と仰がれた時期があったという結論を得た」（山口前出論文、前出、新名編著『薩摩島津氏』二四五頁）。その「結びにかえて」は次のようになっている。「島津氏一四代当主勝久は、自らの政治体制強化のため、老中を大幅に入れ替えるなどして直臣団の反発を招いた。勝久が相州家忠良の子貴久を養子に迎え、これに守護を譲ったのは、同家の力を借りて揺らぐ体制を立て直すためであった。ところが、薩州家実久の圧力もあり、勝久は守護職を悔返してしまった。ここに、勝久と実久と忠良・貴久の三者による守護職を巡る争いが始まるが、本宗家家臣団や有力国人領主層の大半が支持したのは、実久であった。実久は彼らの支持のもとに鹿児島に入った。こうした事態に対して、忠良・貴久は再度勝久と結ぶことによって巻き返しを計り、南方衆と呼ばれた薩摩半島南部領主層の支持もあって、半島内での優劣逆転に成功した。その後勝久家臣などを配下に取り込み、老中体制を整備し、徐々に国人領主層の支持を取り付けていったのである。この様に当時の薩摩の守護職は、勝久→貴久→勝久→実久→貴久という順序でかなり激しい争奪戦が繰り広げられたのであった」（同、二七二頁）。この理解に接することなく、それに拠らなかった外山幹夫と、拠った日隈正守の違いであろう。

岸田《きしだ》裕之《ひろし》「統合へ向かう西国地域」（前出、有光編『戦国の地域国家』）は、次のように描いている。「島津氏は、室町時代から薩摩・大隅・日向三ヵ国の守護職を有していたが、その支配は全く不均質であった。大隅・日向は国人領主連合による地域秩序が形成されており、薩摩では島津家当主と一族の結束がはかられながら支配が行われていた」。そこで島津氏は、自らの中枢である薩摩地域を「どう固めるか」という課題と、大隅・日向の「国人領主連合」（国衆や国衆連合）を「どう取り込み、編成するか」という課題を抱えていたということになる。「一五二七年（大永七）に島津勝久が相州家島津貴久に三カ国守護職を譲与するが、それを機に三カ国は内乱状態に入った」。しかし、国人領主たちは、「次第に大名権力のもとに編成されていく」。つまり、「大隅や日向に所領を有する島津氏一族の豊州家や北郷氏が、島津氏一族という輪と、大隅・日向の国衆連合という輪の両方に属し、それゆえに島津氏と国衆間の紛争調停機能を負うとともに、両者を取り次ぐ役割を果たしていること、それが結果的には国衆らの島津氏への〈御奉公〉を促し、島津氏の権力編成に組み込まれる」のである。結局は「一五五二年の島津氏一族の連署起請文」が成立する（八八―九一頁）。

5　島津氏・九州の諸大名と琉球

徳永和喜《とくながかずのぶ》「倭寇と貿易の時代」（前出、松下《まつした》・下野《しもの》編『鹿児島の湊《みなと》と薩南《さつなん》諸島』）は、次のように述べている。「文明六（一四七四）年の遣明船は坊津《ぼうのつ》で硫黄を積載し、島津氏警護のもと渡航した。明応五（一四九六）年帰朝の遣明船では、島津忠昌は警護の功の綸旨《りんじ》を受け、島津忠朝も細川氏から感謝状を得ている。大永三（一五二三）年、世にいう「寧波《ニンポー》事件」を起こした謙道宗設《けんどうそうせつ》は細川船正使であり、それに伴い事前の策として細川氏は島津忠朝と種子島氏に各使者を派遣し警護を依頼していた。この遣明船派遣による大内・細川抗争が明国寧波を舞台とした大事件へ発展した。結果は日明貿易停止となり、以後再開された天文七（一五三八）年遣明船派遣からは大内氏の独占となる。天文一六（一五四七）年の遣明船を最後に大内氏滅亡によって日明貿易も途絶えることになった。しかし、この航路上の権益は以後島津氏発展の基盤となった。／遣明船の南海路が見出されたことで、意外な権益を島津氏が手に入れることになった。それは、細川氏から遣明船警護を依頼され、その警護依頼を検断に［格段に─来間］強化し、ついには、琉球通交船に対する通交権を主張するようになっていったのである。近世初期の琉球出兵の根拠が島津氏の虚構である琉球通交権益であり、琉球出兵の琉球所有権主張の根拠にされている。時に、島津氏こそが南九州最大の海上勢力所有の領主であったともいえる」（八三─八七頁）。

池亨《いけすすむ》「戦国期の地域権力」（前出）は、「流通の広域的展開と戦国大名のかかわり方」を次のようにいう。ここでは一例だけ掲げる。「西国の諸勢力は、すでに一五世紀から中国・朝鮮・琉球などと貿易を行ない、経済力の強化に努めていた。豊後の大友氏も、日明の勘合貿易に警固役・輸出品（硫黄）の調達役として参加していた。このことは、領国内の生産・流通路の掌握や大型船の就航など、流通支配にも大きな意義があった。一六世紀になると、独自の貿易活動はさらに活発となる。大友氏は、種子島・琉球などの南西諸島との交流を強め、また〈南蛮〉へ船を派遣して直接交易を目指し、島津氏との対立を引き起こした。明との間では、倭寇禁圧要求の見返りに勘合を要求するなどの直接交渉を行ない、家臣らが帰順を決めた王直《おうちょく》に随行して浙江の舟山列島に渡っている。彼らは王直とともに明側の弾圧に遭った後、華南に向かい福建で商取引を行った。大友氏自身が、倭寇的貿易に参入しているのである（鹿毛 二〇〇三＝鹿毛敏夫「一五・一六世紀大友氏の対外交渉」『史学雑誌』一一二─二）」（三二一─三二二頁）。

［著者紹介］
来《くり》間《ま》泰《やす》男《お》
1941 年那覇市生まれ．1970-2010 年沖縄国際大学．現在は名誉教授．著書に『戦後沖縄の歴史』（共著，日本青年出版社），『沖縄の農業（歴史のなかで考える）』（日本経済評論社），『沖縄経済論批判』（同社），『沖縄県農林水産行政史 第 1・2 巻』（農林統計協会，九州農業経済学会賞学術賞を受賞），『沖縄経済の幻想と現実』（日本経済評論社，伊波普猷賞を受賞），『沖縄の覚悟―基地，経済，〝独立〟』（日本経済評論社），『沖縄の米軍基地と軍用地料』（榕樹書林），『人頭税はなかった』（同社）など．
また，日本経済評論社から「沖縄史を読み解くシリーズ」を刊行．
住所：〒 903-0815 那覇市首里金城町 1-33-210
e-mail：kurima_yasuo@nifty.com

それからの琉球王国（上）
日本の戦国・織豊期と琉球中世後期　シリーズ沖縄史を読み解く／5

2016 年 9 月 25 日　第 1 刷発行

定価（本体 3600 円＋税）

著　者　来　間　泰　男
発行者　柿　﨑　均
発行所　株式会社 日本経済評論社

〒 101-0051 東京都千代田区神田神保町 3-2
電話 03-3230-1661　FAX 03-3265-2993
E-mail: info8188@nikkeihyo.co.jp
振替 00130-3-157198

装丁＊奥定泰之　中央印刷／根本製本

落丁本・乱丁本はお取替えいたします　Printed in Japan

ISBN 978-4-8188-2440-9

来間泰男著　シリーズ　沖縄史を読み解く（全五巻）

1　稲作の起源・伝来と〝海上の道〟　本体上3200円、下3400円

2　〈流求国〉と〈南島〉――古代の日本史と沖縄史　本体3800円

3　グスクと按司――日本の中世前期と琉球古代　本体上3200円、下3400円

4　琉球王国の成立――日本の中世後期と琉球中世前期　本体上3400円、下3600円

5　それからの琉球王国――日本の戦国・織豊期と琉球中世後期　本体上3600円、下3200円